日本语言文字脱亚入欧之路

RIBEN YUYAN WENZI TUOYA RUOU ZHILU

——日本近代言文一致问题初探

——RIBEN JINDAI YANWEN YIZHI WENTI CHUTAN

齐一民 著

知识产权出版社

全国百佳图书出版单位

图书在版编目（CIP）数据

日本语言文字脱亚入欧之路——日本近代言文一致问题初探／
齐一民著 . —北京：知识产权出版社，2014.7
ISBN 978 – 7 – 5130 – 2815 – 8

Ⅰ . ①日…　Ⅱ . ①齐…　Ⅲ . ①日语－语言史－研究－近代
Ⅳ . ①H360. 9

中国版本图书馆 CIP 数据核字（2014）第 145395 号

责任编辑： 刘　睿　刘　江		**责任校对：** 董志英	
特约编辑： 姜　颖		**责任出版：** 刘译文	

日本语言文字脱亚入欧之路
——日本近代言文一致问题初探
齐一民　著

出版发行：**知识产权出版社** 有限责任公司　　网　　址：http：//www. ipph. cn

社　　址：北京市海淀区马甸南村 1 号　　　　邮　　编：100088

责编电话：010 – 82000860 转 8113　　　　　责编邮箱：liurui@ cnipr. com

发行电话：010 – 82000860 转 8101/8102　　　印　　刷：北京科信印刷有限公司

开　　本：880mm×1230mm　1/32　　　　　印　　张：13

版　　次：2014 年 7 月第一版　　　　　　　　印　　次：2014 年 7 月第一次印刷

字　　数：289 千字　　　　　　　　　　　　定　　价：40.00 元

发行传真：010 – 82000893/82005070/82000270

经　　销：各大网上书店、新华书店及相关专业书店

ISBN 978 – 7 – 5130 – 2815 – 8

摘　　要

　　"言文一致"是对日本自明治维新开始到"二战"结束的语言变革过程的统称，其内容包括文字（"国字"）、文体（"国文"）以及通用语（"国语"）和文学等诸多方面，所涉及的对象包括日本的民俗社会和国家形态等诸多层面，可以说，近代日本国家的形成是与言文一致密不可分的，因此，对言文一致内容的揭示和深入研究是研究日本近代国家和社会不可缺少的一个重要步骤。

　　日语语言文学上的言文一致的过程与日本建立新的国家模式以及"脱亚入欧"的理念相辅相成。言文一致的主旨是脱离原有的汉文、汉文表达模式并增加表音文字的比重，从而趋近欧洲的语音文字，因此研究言文一致发生的历史背景和原因，对研究日本如何实施"脱亚入欧"战略并最终成为一个具有扩张性质的国家，也会起到重要的参考作用。由于日本的言文一致过程与中国从晚清开始的白话文运动有着很大的相似性，中日两国以汉字为基础的文化同源性注定为日本的言文一致和中国的白话文运动以及中国近代语言文学的变革提供了同质性的变革和进化平台，因此，对日本言文一致过程的揭示和研究，又自然地构成进一步理解和研究中国白话文运动的"扩展研究"。在这个意义上，日本的言文一致是中国白话文运动研究不可或缺的比较和参照对象。

　　本书围绕"国字—国文—国语"三个有机联系的问题核心，展开近代日本对汉字、汉文和国语变革的内容和原因分析，力求从宏观的、比较的、发展的视域把握研究对象，同时将当代国际关系中错综复杂的矛盾和互动纳入研究的问题意识，做到语言文化的理论研究和现实的有机结合，为解读当代日本的国家文化形态特征提供参考和借鉴。

　　本书共由六章构成。第一章"绪论"；第二章是对言文一致现象发生的原因和背景的分析；第三章至第五章研究从"国字"到"国文"再到"国语"的逐级演变；第六章分析日本近代文学和言文一致的关系。

目　录

第一章

绪论：言文一致问题研究的
学术史和方法论

第一节　问题的提出和主旨概述

对近代日本的社会文化来说，发生于 19 世纪晚期直至 20 世纪中期的语言变革都是至关重要的。社会的变革和语言的变革相互作用，其变革的力度和深度都是前几个世纪所未有的。日文中的"言文一致体"❶ 就是日语中的口语体的代称。被有些学者称为"言文一致运动"❷ 的是日本近代也就是从明治维新（1868 年）开始直至 1946 年完成❸的语言转型，即日本口语体的普及和确立过程的统称。❹ 关于中国汉语的"言文一致"，刘进才指出："言文一致可以引发两个层面的问题：一是书写符号上的，要求口说的'言'（或曰口语）与手写的'文字'一致，这是改革汉字实行拼音化首要解决的问题，怎么说就怎么写；二是文体层面上的，不触动方块字的改革照样也能达到，即是书面文章与符合日常生活的口语。"❺ 与中国实现言文一致过程相比较，日本语言的言

---

❶　日文："言文一致体"。

❷　日文："言文一致運動"。

❸　按照山本正秀"七个时期"的划分方法，"言文一致运动"的最后一个时期是"成长、最后完成期"，终止于1946年。山本正秀：《近代文体发生的史的研究》，岩波书店1965年版。

❹　日本的近代语言转型是否应该被称为一场"运动"？这仍然是一个富有争议的话题。

❺　刘进才：《语言运动与中国现代文学》，中华书局2007年版，第43页。

文一致化除了以上所指的两个语言文字层面的意义之外，还意味着日本现代文学的诞生，而且与明治国家体制的确立为同一时期。❶它的内容不仅包括书面语与口语的统一，还涵盖全新的思维范畴和语言体系的形成。

中国在晚清和"五四"时期也发生了一场相似的语言和文学的急速转型运动。从被转变的对象、内容和涵括的范围来看，日本的言文一致趋向和中国清末民初，尤其是"五四"时期发生的"三大语文运动"（白话文运动、国语运动和大众语运动）以及同时发生的汉字改革运动有着很大的相似性。而所有这些起始于晚清的语文运动直至新中国成立之后的诸项语言变革运动，宏观目标是实现"言文一致"，是实现书面语言和口头语言的统一。追溯晚清和"五四"时代的语言革新可以发现，最早这一命题是局部受日本的影响而发端；通过驻日、留日的诸多学者和政治家的媒介，日本的言文一致对中国晚清"文"向"言"趋同的努力产生过深远的影响。❷

关于本书写作的动机和问题意识的产生，从以下几个方面陈述：

第一，寻找日本近代文学"之本"。"语言是存在之家"，在本书中，笔者试图用研究载体——近代日本语言的革新作为研究的"内容"本身，或者说将语言变化过程以及原因的

---

❶ 虽然前岛密在"明治维新"的 1866 年就发出"言文一致"的呼吁，但"言文一致运动"正式发端应始于明治时期。

❷ 晚清白话文运动和"五四"白话文运动中的诸多代表人物如黄遵宪、梁启超、王照、裘廷梁、陈荣衮、吴汝纶、林獬、鲁迅等有在日本"言文一致运动"期间在日本游学的经历，受到"言文一致运动"的启发和影响。

研究作为研究的核心，通过勾勒从明治维新直至"二战"结束后的重大"语言事件"——包括废除汉字、罗马字化、拉丁化运动等，以其作为主轴来展现近代文学史的"内容"，来描述近代日本社会的发展和变化。若能以这样一种新的语言本体观的眼光来重新观照日本现代文学形成初期的言文一致文学语言观，便可以发现，它不仅仅是单纯的语言工具的革命或文学形式上的革命，更是思维方式的革命，是深刻的思想运动。因此可以说，近代日本文学革命是通过现代白话语言系统的确定来实现的。

　　第二，从日本在汉字表中增加数量的争论中看研究问题的"当下性"。2010年，日本《朝日新闻》上刊登了一篇对前日本语学会会长、早稻田大学名誉教授野村雅昭的采访，标题是《莫要再增加汉字，日本语或将灭亡》（《常用漢字を増やすな　日本語が滅びる》）。❶野村雅昭在采访中极力反对正在酝酿并即将付诸实施的对"常用汉字表"的修改。当时日本政府拟于2011年通过内阁发布作为日本社会汉字使用指南的新版"常用汉字表"。新表在原有基础上增加196字，删除5字，共计2 136字。这是自1946年"当用汉字表"（1 850字）、1981年"常用汉字表"（1 945字）之后，日本时隔29年进行的"二战"后第三次汉字改革。此次总计增196个汉字，大幅超过1981年。❷作为日本语言的著名学者，野村雅昭反对进一步增加汉字的数量，他说："我们应该限制汉字的数量，如果不那么做的话，日语就会灭亡！"

---

❶　《朝日新闻》2010年6月26日，第10版。

❷　同上。

"制定'常用汉字表'是为了让全体国民无障碍地读写汉字，是为了帮助'疏通'字义，成为社会生活中应用汉字的依据，但这次修订违背了这个宗旨。"❶野村雅昭对修编《常用汉字表》的反对是明治维新以来"言文一致运动"在当下日本的余波。这篇报道所围绕的所有核心议题：关于日本语言的国际性、关于汉字数量的多少、关于汉字笔画的烦琐、关于表音的日本假名和表意的汉字符号的功能以及孰优孰劣等，我们几乎都能够在本书中寻找到它们的踪迹，或者说这个日本 21 世纪文字的又一个"小小变动"，完全可以被视为从明治维新之后开始直到"二战"结束后的 1946 年才最终完成的言文一致路程在 65 年过后的"未完成叙事"的又一个组成部分，是同一个"故事"的新时代续写。这个时代的"新"和中国崛起后汉语的地位有关；这个时代的"新"也和东亚汉字圈在世界版图中的重新定位有关。变换一种说法就是，言文一致的话题在 21 世纪还仍然是个"活着"的话题，是个可以被重新注入生命力，可以在新的背景，用新的姿态、新的视觉、新的视野、新的心态进行研究和复习的课题。

第三，从语言文字中寻找日本近代国家的嬗变性和侵略性之本。近代日本是个嬗变性和扩张性兼具的国家。日本通过明治维新跃上"文明"台阶之后，在福泽谕吉"脱亚入欧"思想的指导下走上了一条"脱亚"之路。1894～1895年，甲午海战日本取胜之后东亚原本以中国为核心的"华夷体制"进一步崩溃，1900 年日本重兵参与镇压义和团运动，

---

❶ 《朝日新闻》2010 年 6 月 26 日，第 10 版。

《辛丑条约》之后"华夷体制"全面解体而日本却一跃成为亚洲强国。1902年，日本和英国缔结同盟，跨出了"入欧"的第一步。之后，日本通过1904年的日俄战争等一系列战争崛起，并利用第一次世界大战续行其"脱亚入欧"的战略，直至"二战"日本彻底战败，这个从明治维新开始的企图凭坚船利炮独据亚太、"开拓万里波涛，布威于四方"的野心才被彻底击破。

那么，在"脱亚入欧"的国家整体战略之下，日本内部的语言和文化又走过了怎样的"脱亚入欧"之路并与之配合呢？其答案就是日本从明治维持开始探索的"言文一致"之路。"言"和"文"一致就是"口语文"和"文语文"的统一。在以儒教为主的意识形态统治下，直至明治维新，日本的"文"都是以"汉文"为正统的"文"，"文"和民间口语严重脱离，而大量汉字的存在是使"言""文"不一致的主要原因。因此，实现言文一致之路就演变成一条"脱离汉字、汉文"之路，就是从当时以汉字、汉文为主要载体的东亚"汉字文化圈"逐步脱离出去的道路。由此，"脱亚"的实质变成"脱汉"，"入欧"的内容变成模仿欧洲在语言中增加表音文字（假名）的比重。正因为如此，将"言文一致"的道路表述成一条"语言的脱亚入欧""脱离华夷体制""建立日夷体制"之路，是一条和日本近代国家体制的转变并行和相辅相成的道路，而研究"国家的脱亚入欧"和"语言文字的脱亚入欧"二者之间的互动关系，正是本书的主要目的之一。

第四，以史为鉴，从日本"脱离汉字圈"以及近代与中国的矛盾的研究中探寻中日两国当代关系的处理方法。自从日本19世纪"脱亚入欧"开始，中日两国的关系从近现代直到当代都是始终在"冷热交替"中徘徊，21世纪初开始的岛屿问题上的纷争会使中日在未来的很长时间内进入另一次难以化解的新的对峙状态。那么怎么从日本在历史上对华的"举措"的研究中寻找应对日本的方法呢？或许能从日本在近代文字改革的过程尤其是背景因素中得到局部的有用的答案，因为我们发现，虽然是以"言文一致"为最终目标的日本近代的文字改革是和日华关系密切相关的，尤其是中日甲午战争（日本称"日清战争"）对日本在语言文字上走上一条"脱汉入欧"的道路作用极大，可以说日本的语言改革是和中国在世界的地位以及中日两国之间实力的涨落密不可分的。本书要做的就是再次回到一百多年前中日之间的关系纠葛中，寻找国家关系在两国文字文化之间发生的作用以及最终产生的结果，重新梳理矛盾纠葛之中的偶然、必然的原因，并将其按照逻辑化、条理化的方法处理和归类，从而寻找出一组组中日间文字文化上的基因的谱系以及顺变、裂变的痕迹，进而尝试着将其解读以及解释。据之，或许可以获得对解决处理 21 世纪中日新"嬗变"和新纠结的有参考意义的方案。

第二节　言文一致问题研究的学术史评述

一、研究现状

（一）日本的言文一致研究

近年来有一些关于日本"言文一致"问题的研究成果。

我们可以将与这个课题相关的论文和专著分成两大类别：第一类是关于日本"言文一致"的研究专著；第二类是将日本"言文一致"和中国白话文运动进行对比研究的论文和专著。

日本方面的研究有山本正秀的几部重要的、权威的研究专著，以及驹込武的《殖民地帝国日本的文化统合》、安田敏郎的《帝国日本的语言编制》、长志珠绘的《近代日本与国语民族主义》，以及小森阳一的《日本近代国语批判》等。❶日本学界对于从日本国门打开（德川幕府统治的末期）以至明治维新以后受西学的影响日本语言发生转型的研究成果众多，最为突出的是山本正秀的研究。❷山本正秀并没有停留在从庞大的历史资料中筛选相关的文章并将之汇集成书，在史料的基础上，他还撰写了两部言文一致研究专著，一部是《言文一致的历史论考》❸，另一部是《近代文体发生的历史研究》❹；前者是关于各个相关专题的研究，后者是整体性的研究成果集成。值得特别提示的是，在《近代文体发生的历史研究》一书中，山本正秀将言文一致历史划分成"发生期、第一自觉期、停滞期、第二自觉期、确立期、成长完成前期、成长完成后期"七个时期。

柄谷行人在他的著作《日本现代文学的起源》的第八部分中集中讨论了语音中心主义（phonocentrism）和日本明治时期

---

❶　雷晓敏："日本'言文一致'与中国白话文运动"，载《天津外国语学院学报》2008 年第 2 期。

❷　无论在"言文一致"史料的收集还是在史料的研究方面，山本正秀都是这个研究课题上的集大成者。他的研究成果时常被中日相关课题学者引用。

❸　《言文一致の歴史る論考》，樱枫社昭和四十六年（1971 年）版。

❹　《近代文体発生の史的研究》，岩波书店 1965 年版。

"言文一致运动"的关系问题。柄谷行人说，他在20世纪70年代考察明治时期的"言文一致运动"问题时受到西方语言思想的启发。但他认为，虽然不可否认幕府末年汉字废止案以后的运动是在西洋的影响下发生的，但在18世纪的日本国学中已经有了语音中心主义。那是由佛教僧侣中通晓梵文的学者们掀起的，他们试图用语音中心主义对用汉文所写的《日本书记》和仿佛留下了古代口语的《古事记》进行语言学分析，从而找到古代口语中的"古之道"。柄谷行人认为基于上述史实，第一，语音中心主义不能作为仅仅局限于西洋的问题来讨论；第二，语音中心主义与现代的民族国家问题无法分离出来。"在日本，民族主义的萌芽主要表现于在汉字圈中把表音性的文字置于优越的运动中。但是，这并非日本特有的事情。在民族国家形成上，虽有时间先后的不同，然世界上无一例外地要发生这样的问题……我将把文字、书写语言与民族国家的问题放在更普遍的场域来考察"。❶

柄谷行人的从语音中心主义的角度反观日本近代文学史的思考方式，为本书的写作提供了一种方法学方面的暗示：能否将近现代西方语言学方面的通用理论导入中国近现代文学史的研究？比如，能否将鸦片战争后直至民国后期的现代文学的发展和变异的过程，也用一种"语言中心主义在中国的实践"来解析呢？再有，日本近代的"语音中心主义"通过言文一致的实现而体现，中国的"语言中心主义"通过白话文而通行，是否可以将二者合而为一地进行考察，得出一

---

❶ ［日］柄谷行人著，赵京华译：《日本现代文学的起源》，生活·读书·新知三联书店2003年版，第195页。

个"东亚语音中心主义在 19、20 世纪的推行"的议题并将之深入考察和研究呢?❶

絓秀实在他的著作《日本近代文学的诞生——言文一致运动和民族主义》(《日本近代文学の誕生、言文一致運動とナショナリズム》)(太田出版社 1995 年版)中，将意识形态和国家主义、民族主义的概念导入言文一致运动的研究。他在研究中运用了本尼迪克特·安德森的《想象的共同体》，即国家民族主义的概念，将"明治文学"和"言文一致"整合到一个同步的体系之中，认为日本现代国家民族的形成就是由近代文学的萌发和壮大催发而成，而"言文一致"又能作为一个统合的概念概括其全貌。本书亦将在意识形态上对"东亚言文一致"——其原因和结果进行试探性的考察。

朝日新闻出版社 2010 年出版了桥本治的《言文一致的诞生》(《言文一致の誕生》)。该书是日本 2010 年的畅销书之一。桥本的著作以文学家对语言文体的贡献为着眼点，着重介绍明治时期对言文一致文本的塑造发生过重大作用的两位作家田山花袋和二叶亭四迷以及两人的作品《蒲团》和《浮云》《平凡》。从最早进行口语体小说的创作的角度来说，田山花袋和二叶亭四迷的贡献相当于中国现代文学中的鲁迅。❷而深入最早口语体小说的文本之中，从里面发觉微妙

---

❶ 笔者认为将"语言中心主义"和"东亚"的概念相结合不应以牵强的方式进行，而应该在不作理论预设和概念设置的情形下从史实的梳理和提炼中进行。

❷ 鲁迅的《狂人日记》是公认的"五四"白话小说的开山之作；田山花袋的小说《蒲团》和二叶亭四迷的小说《浮云》也是日本"言文一致运动"中"言文一致体"最早的代表作。

11

的具备"现代性"的成分并将之和作家写作时的动机、技巧等方面联系起来继续分析，也算是一种颇为"时尚"的研究方法。这一点，从桥本治的新作在2010年畅销就能看出。

2010年日本还出版了一部大部头的日本文类发展描述大作，即古桥信孝的《日本文学的流变》（《日本文学の流れ》）。这是一部"文类的通俗发展史"（笔者的评价）。对日本的所有主要文类——从诗歌到随笔，从物语到日记、到"说话文学"——进行了一次从古到今的梳理和发生学意义上的描述。"文类"（genre）和"文体"是两个不同的概念。古桥认为"文体"是个"暧昧的概念"。所谓的"暧昧"，就是文体既可以指"文言文"和"白话文"，又可以指个人的写作风格，比如梁启超的独特文体。那么，"文体"和"文类"之间又是一种什么样的关系呢？尤其是在研究近现代文学的时候，我们会发现"文体"和"文类"同时在发生着变化：新的语言风格和表示方法能促生出新的"文类"——比如，现代话剧和现代诗歌就是新文体口语体的孪生子，再如日本近代的"写生文"就是个近代口语被用于文章后结出果来的"新物种"。那么二者孰先孰后呢？从桥本的著作中我们首先能领略到跨越千年进行"文类"根源追寻的雄心和文采；其次，还能悟出"语言研究"——意识形态和哲学意义上的，要有"语言新房屋"的构思和建设作为奠基石。否则，语言研究就会停留于抽象概念的把玩。还需补充的是，无论是不停建构中的诸多"文类"，还是既"暧昧"又容易飘零的"文体"的概念，用更高层面的视角观之，都是"语言"的问题，都在"语言研究"的大范畴之中。

（二）中国的日本言文一致研究

中国学者章毅、关冰冰在他们的文章中❶对日本学者对"言文一致运动"的研究状况进行了总结，指出日本学者对明治时期的"言文一致运动"的研究主要经历了两个阶段：第一个阶段研究的视角主要来自文学的内部，主要研究的是在近代文学中文体是怎样形成的；进入第二个阶段之后，研究的重点就开始从"国民国家"的角度出发，把"言文一致运动"和日本的"国语"的形成联系起来考察。同时，他们还指出"第一阶段"的研究主要是研究日本近代文学对"言文一致"作出了怎样的贡献，从而很容易造成一种二叶亭四迷、山田美妙等文学家是"言文一致运动"的核心力量的印象，而进入第二个研究阶段之后，研究者们开始用"近代""近代国家"等概念、用安德森《想象的共同体》的理论和思路对"言文一致运动"进行再分析和再认识。也就是说，当学者们用"第二种"观念对"言文一致运动"进行研究的时候，前岛密、森有礼等"语言和国家的改革者"就将二叶亭四迷、山田美妙等文学家的位置给占据了。

2003 年，魏育邻在《"言文一致"：日本近代文学的形式起源——从历史主义到历史化》❷ 一文中指出，"历史主义"是一种隐含"欧洲中心主义"和"内容决定论"的局限性极大的历史观，而美国西方马克思主义者詹姆逊所倡导

---

❶　章毅、关冰冰："日本近代文学与'言文一致'运动"，载《东北师大学报》2009 年第 2 期，总第 238 期。

❷　魏育邻："'言文一致'：日本近代文学的形式起源——从历史主义到历史化"，载《解放军外国语学院学报》2003 年第 2 期。

的"永远的历史化",则是一种着力从"形式"层面寻回"历史"、给予形式以新的重要地位的方法,是一种对"形式"采用辩证的历史态度的崭新观点。文章通过对"形式"进行这种"历史化"的研究,发现日本的"言文一致"实际上是日本近代文学的形式起源,而日本近代文学研究中所谓的"内面"("自我表现",和"写实、客观描写"相对应)也是它的产物。魏育邻还推断"言文一致"的推行和逐步实现实际上是"语言模式"的转换,是对"汉字式语言模式"的否定,他最后得出的结论是日本近代文学是"言文一致"的产物,而非相反,不是"写实"和"内面"孕育了"言文一致",而是前两者恰恰是后者的一对"孪生儿"。他在第二篇相关文章《"言文一致":后现代视阈下的考察》❶中指出,所谓"后现代视阈",就是一种质疑和批判现代线性进步史观的研究态度。魏育邻将"言文一致"研究的范围扩大,指出"言文一致"并不仅仅局限于"现代",早在17~18世纪,日本的"国学"研究对所谓"纯粹日语"的追求就已显露出某种"文言一致"的端倪。2008年,该作者发表第三篇相关论文《日本语言民族主义剖析——从所谓"纯粹日语"到"言文一致"》。❷ 文章继续深入研究"纯粹日语"和"言文一致运动"关系的问题。一般日本学者(比如山本正秀)认为日本现代文学的"言文一致"的形成过程与日本现代民族国家的建立过程同步,将"言文一致运动的起

---

　　❶ 魏育邻:"'言文一致':后现代视阈下的考察",载《解放军外国语学院学报》2006年第4期。

　　❷ 魏育邻:"日本语言民族主义剖析——从所谓'纯粹日语'到'言文一致'",载《日本学刊》2008年第1期。

始点定位在明治维新前后，魏育邻认为应该将现代的"言文一致"问题与早期的"国学"研究联系起来加以考察，以达到较全面和深入地了解日本语言民族主义的目的。应用安德森在《想象的共同体》一书中提出的"语言民族主义"的概念，魏育邻使用"国语"="国民"="国家"的"三位一体"概括日本从明治时期开始从制度层面全面推行的现代民族国家的工程；同样，他用另一个"三位一体"："日语"="日本文化"="日本人"概括18世纪日本的"国学大师"们（契冲、荷田春满、贺茂真渊、本居宣长等）研究"纯粹日语"的企图。从以上三篇魏育邻所发表的关于日本"言文一致"的研究成果中可以看到，他在不同时期对同样一个问题研究的逐步深入，他不仅能将一些西方最新的研究模式逐一尝试地运用到研究的对象之上，而且能站在中国学者的立场上提出与日本学者不同的观点。

刘金举在《深圳大学学报》2006年第5期上发表《日本"言文一致"运动再认识》。该文从意识形态的角度分析日本"言文一致运动"，指出虽然从表面上看日本的"言文一致"是用口语改造书面语，但实际上却是进入近代以来，由于作为封建社会意识形态的、以中国文言文为母体的"汉文训读体"已经不能适应时代发展的要求，所以理所当然地成为意识和思想变革的突破口，也就是说，独创本国的"言文一致文体"是日本近代的重要国策的一环，目的是适应于民族国家意识高涨、建立国民国家的这一政治形势的要求。刘金举认为，"言文一致运动"实际上是在发展史观影响下，明治政府以文学语言以及文体改革为手段所进行的一场意识形态的思想革命。刘金举认为学者们在进行"言文一致运动"的研究时，应该打破"言文一致"就是"言"直接为"文"的字面幻想，深入剖析其实质，那样不仅有助于正确理解亚洲各国近现代文学的起源和发展，也能为文学史的重构开辟新的道路。

《东北大学学报》2009 年第 2 期发表章毅、关冰冰撰写的文章《日本近代文学与"言文一致"运动》。章、关两位学者的文章主要讨论的是日本近代文学和"言文一致运动"的关系，尤其是作家二叶亭四迷的作品《浮云》在运动中所起的作用。他们首先对"言文一致运动"进行了概括性的梳理，将整个运动划分为四个不同的阶段：（1）起源阶段——日本官僚和知识分子对日本语言文字在表述上不便之处的认知；（2）"国字"阶段——包括废除汉字、用假名罗马字替换汉字的尝试；（3）"文体"阶段——从混杂文体诸文体中探寻新文体的努力；（4）"国语"阶段——明治政府介入语言变革，寻找和制定"国语"并用国力将之推广。章毅、关冰冰将二叶亭四迷、山田美妙等文学家所进行的文体改革工作划为"文言一致运动"的第三阶段，认为其意义并非像有些人认为的那样非常之伟大，而仅仅是"言文一致运动"的一个侧面而已。另外，章毅、关冰冰通过日本对"言文一致运动"的第四阶段——"国语"制定阶段中日本政府所起的作用进行考察后，认为"国语"的制定及推广是以政府为中心在整个国家的范围内进行的，"国语"是为国家支配而设置的政治装置，它是语言和国家意识相结合后的产物。同时，他们还认为并非是"言文一致运动"促成了"国语"的形成，正相反，是"国语"的制定使"言文一致运动"得以延续。

　　早在 1985 年，沈迪中就在《辽宁大学学报（哲学社会科学版）》第 5 期上发表《巧合是怎样产生的——中国白话文运动和日本言文一致运动》。沈迪中在文章中首先就同时发生在中国和日本的"言文一致运动"是否是一种"历史的邂逅"发问，然后，他指出中国的白话文运动和日本的"言文一致"运动在五个方面存在相似之处：（1）同一文化传统、同一时代背景决定了时代人物相同；（2）类似的历史处境也促使运动同时发生；（3）近代翻译活动对两个运动的促进；（4）白话文运动和"言文一致运动"的相互促进是双方同达终点的重要原因；（5）社会性质的差异也是两个运动同时毕功的重要原因。❶作为能够追溯的最早研究中国白话文运动和日本"言文一致运动"关系的文章（1985 年发表），沈迪中的这篇论文是非常有价值的。除了指出以上两大运动的相似点之外，沈迪中还指出中国的白话文运动的起点并非是被"错误地把自己参加运动的 1915 年算作白话文运动的开端"的胡适、陈独秀等人认为的 1915 年，而应该上溯到19 世纪 70 年代，即从黄遵宪发出"我手写我口，古岂能拘牵，即今流俗语，我若登简编"的创作主张的时间开始算起。他还认为应该以中国第一份白话报创刊的 1876 年为白话文运动的上限；以全国教材统一国语、报刊书志以白话文刊行的 1922 年为下限。到底中国的白话文运动应该从什么时期算起？晚清（清末）白话和"五四白话"之间的关系如何？"白话文"和"言文一致"两个概念之间又是一种什么

────────────

　　❶　沈迪中："巧合是怎样产生的——中国白话文运动和日本言文一致运动"，载《辽宁大学学报（哲学社会科学版）》1985 年第 5 期，第 70 页。

样的关系？对这些问题学术界有许多不同的观点，沈迪中的观点也绝不能算是权威的，但沈迪中在考察中国的白话文运动时将日本作为一个参照的对象提出并试图在中日之间进行对比分析，是这篇文章的意义所在。进而，他所说的第四点"白话文运动和'言文一致运动'的相互促进是双方同达终点的重要原因"为本领域的研究开拓了一片新的疆土。

杨英华、土屋富枝在《日本の"言文一致"运动と中国の"口语文"运动との比较》❶中指出，日本的"言文一致运动"和与之相隔50年的"五四"白话文运动有着诸多的相似性，并将诸多的相似性的细节放置于日本的明治维新和中国的"五四"运动发生的政治原因的宏观对比之中。例如，明治维新是一场资本主义性质的革命，"五四"运动是在西方列强从资本主义发展到帝国主义之后对中国发动的冲击诱发的；明治维新和"五四"运动都是一种向西方学习、扩大民主的视野、追求民主权利的启蒙运动；两场运动都是在广大民众的参与下发生的；等等。文章指出，表面上看"言文一致"和白话文只是文体上的革命，实质上却是社会巨大变革的一个组成部分，与时代的政治变革有着不可分割的关联。文章还将二叶亭四迷的小说《浮云》和鲁迅的《狂人日记》进行对比，指出二者在"口语文"的形成上在中日语言文学史上具有不可忽视的对等作用。同时，还介绍了"白桦派"代表性作家武者小路实笃的"自由大胆"的语言观及其在日本言文一致运动中扮演的重要角色。由于鲁迅曾

❶ 杨英华、土屋富枝："日本の'言文一致'运动と中国の'口语文'运动との比较"，载《日语学习与研究》1990年第4期。

经译介过武者小路实笃的作品，由此线索，可以进一步探索鲁迅的语言观念和日本白桦派作家之间的影响和互动。作为中日言文一致运动之后两国文字形成的具有同一性的特征，也就是文字文章改革的共同的成果，杨英华和土屋富枝在他们的文章中进行如下的归纳：第一，是"平明性"，即平易明快，具备民众易懂的通俗性。第二，是"细密性"，日本的文体从汉文调的旧式的"简单粗大"，改变为能够为进行细密化思维的"细密繁杂的文体"，中文也从旧式的文言文变成了能够进行细致入微的逻辑表述的白话文。第三，是对俗语的尊重。在文字改革之后将大量的"俗语"吸纳到书面语言之中；这在中日两国也是相同的。俗语就是能够表现日常生活的"活的"语言（而不是被胡适批判的"死的语言"——文言文）。第四，是标点符号的确立。标点符号的使用也是和第一点的"平明性"相关联的。由于加入了标点符号，中日两国的文字在改革后能适用于近现代人进行科学合理的思考。第五，是具备"客观的描写"的能力，即具备表现人生的真实和社会的真实的能力。第六，是"写实"的能力。这和第五点是相辅相成的。文章指出，日本的二叶亭四迷和鲁迅，就是两国性的"写实"的名家。杨英华和土屋富枝对中日进行语言改革后获得的共同成果的总结是非常有价值的，我们或许能在认证和认同这六点的同时，梳理和认识到一个不仅仅适用于东亚，进而可以适用到所有从"文字中心"到"语音中心"演变的共同轨迹和规律并提出疑问：是否所有国家的语言——无论从文字中心到语音中心的演变发生在什么时候——最后，都会终结到这六个特征上面。（具备通俗性和写实性、有标点符号系统，大量夹杂俗语等）呢？

　　刘芳亮在 2004 年第 3 期的《解放军外国语学院学报》上发表了题为"近代化视域下的话语体系变革——中国"五四"白话文运动和日本言文一致运动之共性研究"的文章。文章将"五四"白话文运动和日本的言文一致运动置于"近代化"的视域下进行审视和考察，指出中日两国的话语变革运动表现出"底层的共性"，而这些共性正是两个国家成功推动本国近代化进程的要因。哪些共性呢？其一，是思维方式的变革。洪堡特认为不同的"话语体系"中包含不同的认识世界的方法，反映着不同的思维模式、意识形态和文化倾向。中日的文语体话语的背后是浓厚的封建等级意识、儒学神学思想和直觉感悟式的自闭思维方式；而口语体话语体系则充满着平民意识，给近代科学思维以最大的展开空间。其二，话语权力的平等化。文章借鉴了福柯关于话语与权力的共生关系理论，发现中国的文言文和日本的"文语"都是一种典型的中心权力话语，而通过言文一致运动和白话文运动成就的口语体系，则是以大众口语为基础建构的开放的话语体系。其三，文学的解放。中日两国在经历了近代的话语体系变革后，本国的文学都得到了迅猛的发展，从传统走向现代，并与世界文学接轨。其四，参与现代民族国家的建构。建构现代民族国家除了需要有领土、主权、民族身份等因素外，共同的语言文字——国语，也是不能缺少的。"五四"白话文和"言文一致"运动的推行直接导致"国语"的产生，从而为民族国家的建构提供了必要条件。

　　雷晓敏在 2008 年第 2 期的《天津外国语学院学报》上发表了题为"日本"言文一致"与中国白话文运动"的文章。雷晓敏认为，尽管从形式上看日本的"言文一致"是使文语体与口语体一致、形成一种包含着汉文、和文、直译欧文以及俗语俚语四种元素的新文体的过程，从社会现象看，却是明治二十年前后现代诸种制度的确立在语言层面的表现。而且，言文一致既不是言从于文，也不是文从于言，而是新的"言＝文"。雷晓敏在这篇文章中还指出"言文一致"不是由国家或国家意识形态理论家，而是由小说家来实现的，并且，"言文一致"基本上说是在哪个国家都会发生的。她认为东方近代文化的形成过程分为两个步骤，首先是对于西方近代化逐渐加深认识的过程，其次是根据西方的"精神"重新构建新的民族文化的过程。那么，是否像雷晓敏论说的那样，"言文一致"是在哪个国家都会发生的呢？

《兰州大学学报》2009 年第 2 期刊登了王平的文章：《语言重构的两种向度——日本言文一致运动与晚清白话文运动之比较》。王平将本尼迪克特·安德森"想象的共同体"的理论运用于"言文一致"运动和晚清的白话文运动的比较和分析，指出虽然两个运动皆以"推动教育进步"为指归，均举起了"文言一致"的旗帜，但在表象之下却存在深刻而又微妙的差异，这种差异彰显了语言民族主义的两种截然不同的发展向度。针对有些学者由于日本言文一致运动和清末白话文运动倡导者们（黄遵宪、梁启超、裘廷梁、林獬等）产生过深刻的影响，就将二者相提并论，认为它们均为语言民族主义在不同国度的具体表现的做法，王平提出了自己的看法，认为任何理论都有其应用空间上的有限性，只有通过对一系列具体问题的不停地追问并对历史的细节进行深入、准确的分析，才能真正阐明日本言文一致运动和晚清白话文运动各自的历史蕴涵之所在，同时也才能够对语言民族主义作出全面的理解和把握。那么，王平所说的日本言文一致运动和晚清白话文运动之间的"表象之下却存在着"的"深刻而又微妙的差异"有哪些？日本的言文一致运动只能和晚清的白话文运动相提并论，还是能和晚清、"五四"中国白话文运动的两个阶段都发生关系并且能进行对比性分析？再有，在将西方的理论——诸如"想象的共同体"、"语言民族"主义、"语音中心主义"等——运用到某种发生在东方国家的历史现象的研究时，应该怎样把握理论和史实间的关系，也就是怎么认识和把握理论在"应用空间"上的有限性呢？以上，都是王平文章对我们的启示。

二、以往研究的不足之处和遗留问题

中日两国学者虽然撰写了若干篇有关言文一致的文章并进行过中日之间的对比研究，但尚未有学者系统、全面深入日文文献和同"言文一致"相关的历史典籍的内部进行过细致实证的研究，因此尚有许多问题还没有得到满意的解答，比如：日本近代言文一致（语言革新运动）趋向的成因是什么？这个趋向是必然会发生的吗？在诸多成因之间有无成因之间的互为因果关系？汉字在日本的文字改革中的命运如何？为什么日本企图废除汉字并用其他文字符号取而代之？日本语言变革中一定要对文言文（"汉文"）进行改造吗？作为"言文一致"最终成果的"国语"是怎么产生的？近代日本的文学家在语言转型中扮演了什么样的角色？我们如何对言文一致进行今日的评判？它究竟是一场革命还是一场"危机"？等等。

三、言文一致问题研究的必要性与方法论

日本的言文一致是一场旷日持久的历史性的语言变革，因此我们的研究方法是在大量与原始现象有关的资料中，通过整理归纳和考证构建起"现象"的结构和框架，然后返回来用被勾勒出的、新的"整体结构"构成的新的理解，来反观那些原本零碎分散的元素和现象，赋予其新的意义和"说法"并对其作出新的解释和判断。本书或许可以算作通过日本案例对东亚19世纪末、20世纪初"汉字文化圈"整体变化进行的一次"现象关联分析"的尝试。

在具体研究中，本书在处理语言学、历史学方面的资料方面，首先是尽量不做理论上的"预设"，而是小心地考证和求证史实，但又不停留在"求证"本身，而是适度地展开分析，一切判断都是建立在小心细微的"文本精读"的基础之上。

针对以往这一领域研究在"微观"上的不足，本书将微观研究和宏观研究相结合，立足于丰富的原始材料——尤其是日本"言文一致"历史方面的，将研究建立在近百年来与研究问题相关的充足和翔实的日文原文的史料上进行。微观的史料考证是宏观结论评判的基础，但只有微观的考证而没有宏观的判断也会让微观研究变得没有意义。尤其是在处理历史问题——哪怕是文化方面的，宏观和意识形态上的把握既敏感也必需。

第三节　本书追求的学术目标

一、完成一次翔实的日本近代言文一致问题的"史料初探"

　　正如本书的副题"日本近代言文一致问题初探"所示，本书的写作意义就是旨在进行日本近代语言问题的深入到史料内部的"初探"。所谓的"初探"有两层意义：第一是系统地用中国人的视角和关心的问题点对近代言文一致的史料进行加工处理，从中"初探"出能够为中国所用的内容，并将其纳入一定的有内在逻辑和因果关系的体系和章节之中，如前文所言，这是以往的研究所从未做过的。第二，在上述材料的考证和体系建立的前提下，对考证出来的史料进行初步的价值判断和历史意义判断后，在笔者有限的能力范围之内得出初步和初级的结论。比如"导致日本言文一致发生的三大原因""日本近代语言变革与战争有着特殊的渊源"等。

二、对东亚汉字文化圈结构的现代变化作进一步解读

　　通过对日本言文一致过程的深入研究，我们可以给出近代东亚语言和文学史的一个比较翔实的面貌。尽管本研究并未将朝鲜、越南的近代文学语言史作为考察的对象，只是在"东亚视野"的章节中对之作了简单的介绍，作为东亚的主要汉字大国，中日两国所占比重无疑是足够大的，因此，对

这两个国家语言转变过程的对比分析和"黏合"，就可以大致地使用"东亚"的概念来叙述和概括研究的成果。比如可以将从日本明治维新开始的"废除汉字"和中国"五四"时期的"废除汉字"链接起来，来叙述"东亚地区汉字的存亡"；再比如，也许可以将"五四"的白话文运动的发生线索向前推移，推移到黄遵宪明治初年在日本出使时期的所思所想。总之，本书的中心意图之一就是将同为汉字和汉文使用国但处于"亚文化"地位上的日本带入中国近现代语言文学变革的视野，将我们考察历史的"镜头拉长"，将视距扩宽。

三、尝试从"中日文字语言变化模式"去
总结具有东亚特色的语言转型模式

本书对日本近代语言转型过程的深入展示、解读，发现近代中日两国的文字文体变革史有着极大的相似性，都包括诸如废除汉字的冲动以及实验、借用罗马字（拉丁文）取代象形文、用本土研制的拼音文字（中国的汉字注音，日本的平、片假名等）置换象形的汉字、文体上的改革、"大众语"的打造和普及、"国语"的打造以及推广等，而以上这些文字改革的内容在中日之外的其他任何国家以至于人类的语言变革史中都是少见的，因此笔者将其定义为世界语言变革史上的"中日模式"。这一点，本书通过第二章（日本言文一致发生的世界背景）、第四章（"文体"的变革）以及第五章（"通用语、国语"的形成规律）等探讨从理论上进行了证明。通过对"世界潮流"的梳理，可以感觉到世界范围内从欧洲开始的对书面语言的消极和向口语化语言方向的"整

体转型"，而中日19世纪末开始的文字改革无疑是在其影响下的一个"分流"，但是我们从对与越南、朝鲜的同样是"汉字文化圈"的不同形态的语音转型中发现了中日语言转型的"独特性"，而这种"独特性"是否在现今西方的语言研究的权威著作中被关注和说明？至少在笔者收集和看到的西方的语言研究论著和各类语言"全书"中没有看到。那么这个"中日语言转型模式"的发现就可能有重要意义。首先是因为其独特性，对这一现象的探讨和总结有可能为世界语言史的研究提供新的思路。其次是因为其互动性：中日同为汉字的使用国，一个是母体，一个是客体，但由于汉字是两个汉字使用国的共同的基础，二者在文字上局部同体，因此发生了在文字转型上的"共有模式"以及在统一模式下的互动和彼此影响，但毕竟二者在联系上是局部的，汉字只是日本借用的一种文字符号，因此在发生文字文体的变革时两国的具体做法又不尽相同，那么在相似的模式下，中日语言变革的相似性何在？不同之处又何在呢？这就是本书所希望解答的。

第二章

必然还是偶然——言文一致的时代背景和原因

　　近代日本发生的以"言文一致"为核心的语言变革运动的原因是什么？它是必然会发生的吗？在成因的背后又有无成因之间的互为因果关系？关于"发生原因"的分析方法，一种是"历史主义"的方法，即从历史发展的规律和规律中所显现出的"必然性"进行分析，中国学者魏育邻则主张采用美国新马克思主义学者 F. 詹姆逊所倡导的"永远历史化"的方法，即"着力从'形式'层面寻回'历史'的方法，具体说就是，重新审视形式决定形式的模式，给予形式以新的重要地位，使被结构主义和后结构主义等视为非历史或反历史的东西（形式），显示出历史的最终制约力量"❶。魏育邻之所以试图从"形式"而不是从"历史"本身寻求和分析日本言文一致发生的原因，主要是想避免落入"历史主义"方法所容易掉入的"普遍性、必然性、整体性"或者"欧洲中心主义"的"必然论"的框架，从而避免将"言文一致"完全嵌入"欧洲中心论"和"历史宿命论"的宿命论的模式之中。

　　关于"言文一致"发生的原因，柄谷行人认为："我并不是要从'内面'来观察'言文一致'运动，相反，是想通过'言文一致'这一制度的确立来看'内部的发现'问题。不如此观之，则我们只会越发强调已被视为不证自明且自然的'内面'及其'表现'之形而上学性，而不看到其历史性。比如，说到《浮云》和《舞姬》的'内心格斗'时，人们往往无视其文字表现问题，仿佛'内面'是可以和文字

----

　　❶　魏育邻："'言文一致'：日本近代文学的形式起源——从历史主义到历史化"，载《解放军外国语学院学报》2003 年第 2 期，第 112～113 页。

表现问题脱离开来而存在似的。要之，'内面'本身好像自然存在着的这一幻象正在通过'言文一致'确立起来。"❶显然，柄谷行人是想通过对言文一致的探讨、通过从19世纪后期到20世纪前期发生于日本的语言的变革历史的回顾来"发现"发生于日本文学和日本人心灵的"现代性"变化的缘由，但同时，他声明自己并不想"从内部观察言文一致运动"，这正是本书想要做的工作。在第二章中，笔者先将研究的焦距从东亚拉开，拉到全球视域中的语言变革的大背景下，对之进行语言史学上的国际性的考察，因为单从结果而不是深入言文一致的"内部"观察其发生发展之原生态的"现象"，就轻易地将其结果进行推演，是非常容易陷入唯心主义的路径的。笔者并不完全否定柄谷行人关于言文一致的"内面说"，但是，仅仅从"外面的"、表面的维度轻易地推及"内面"结果，至少是不客观全面的。就比如"文字表现"，柄谷行人这里是指和"汉字"相关的表现，也就是在《舞姬》等作品中使用汉字多少，在后文中可以看到他是将汉字当做发现日本人内在的自我的障碍以及和"语音中心主义"不符的文章符号看待的，由此，他强调在研究作品文本的时候注意"文字表现"。但是，仅仅因为汉字难写就妨碍了"心灵的自我"也是难以成立的，只用一个简单的实例就可以将这种说法推翻——从古至今完全使用汉字的中国并没有因为没有选择拼音文字❷而至今还没实现"现代性"和

---

❶ ［日］柄谷行人著，赵京华译：《日本现代文学的起源》，生活·读书·新知三联书店2003年版，第52页。
❷ 这在"白话文"运动中险些成为现实。

"找到自我"。

关于所谓的"制度"，柄谷行人还说："关于日本现代文学有各种各样的说法，而将其作为'现代的自我'之深化过程讨论的方法则是最常见的。然而，这种把'现代自我'视为就好像存在于大脑之中似的看法是滑稽的。'现代的自我'只有通过某种物质性或可以称为'制度'性的东西其存在才是可能的。就是说，与制度相对抗的'内面'之制度性乃是问题的所在。'政治与文学'这个思考——概而言之明治二十年代的文学也可以由此得到说明——如果不追究其起源的话。"❶显而易见，柄谷行人是在"物质性"和"现代性"以及"自我"几个概念中做抽象的关系置换，但说话的真实意图还是说"汉字"的事情，是在赞扬"言文一致运动"对使用汉字、对汉文的改造以及扬弃，将日本近代文学的真正"起源"和"源头"以及征兆，计算到"汉"因素的取舍上面。

这样的话，也就为我们的讨论留下了足够可深入探讨的"问题"的广阔视域：（1）究竟日本现代文学的形而上学意义上的"现代"起源于何处？（2）言文一致对于日本究竟意味着什么？（3）其发生的诱因是什么？（4）发生诱因有无世界性的普遍性和规律性可循？（5）言文一致对日本汉字、汉文的取舍究竟对日本的意义何在？是真正增强了其"现代性"以及促使日本发现了"内在的自我"吗？等等。

笔者通过对日本实现近代言文一致过程的回顾，在对史料

---

❶　［日］柄谷行人著，赵京华译《日本现代文学的起源》，生活·读书·新知三联书店 2003 年版，第 51～52 页。

进行了深入的观察之后，将导致日本近代走向言文一致道路的原因归结为以下三个：第一，它是在世界口语化潮流的影响下发生的；第二，它与日本近代直接间接参与的战争发生必然的关联；第三，它是在具有新思维的自由思想者的榜样的作用下发生的。

第一节　世界语言变革潮流中的日本言文一致趋向

一、作为亚洲拼音文字趋向之一的日本言文一致

怎么从理论上看待日本近代的"言文一致"趋向？有的中国学者将之和"语言中心主义"联系起来考察。魏育邻指出："其实废除汉字❶不过是表面上的借口，真正用意在于确立'声音语言'的优先地位，即其主张实质上是一种日本式的'语言中心主义'。只要实现了'语言中心'，'汉字'服务于了'声音'，至于是否真正废除了'汉字'，是否真正实现了'言文一致'，是无关紧要的。因为就连提议者本人其实也认识到，'说'和'写'是'大异其趣'的两种行为，不可奢望真正的'言文一致'。那么，在那个时代的日本主张'语音中心主义'的实质是什么呢？……'言文一

---

❶ 前岛密所提出的。——笔者注

致'的推行及逐步实现，实际上是'语言模式'的转换，是对'汉字式语言模式'的否定（用柄谷行人的话说，就是'对汉字的压制'），是一种新的'语言模式'的建立。"❶柄谷行人认为，虽然不可否认幕府末年汉字废止案以后的运动是在西洋的影响下发生的，但在18世纪的日本国学中已经有了语音中心主义。那是由佛教僧侣中通晓梵文的学者们掀起的，他们试图用语音中心主义对用汉文所写的《日本书记》和仿佛留下了古代口语的《古事记》进行语言学分析，从而找到古代口语中的"古之道"。柄谷行人认为，基于上述史实，第一，语音中心主义不能作为仅仅局限于西洋的问题来讨论。第二，语音中心主义与现代的民族国家问题无法分离出来。"在日本，民族主义的萌芽主要表现于在汉字圈中把表音性的文字置于优越的运动中。但是，这并非日本特有的事情。在民族国家形成上，虽有时间先后的不同，然世界上无一例外地要发生这样的问题……我将把文字、书写语言与民族国家的问题放在更普遍的场域来考察"。❷事实上，欧洲关于"语音中心主义"的讨论是20世纪60年代传达到日本并引发日本对"言文一致运动"是否与"语音中心论"发生关联的反思的。尾沼忠良在论文《日本語廃止論と漢字——敗戦直後の議論》中考证，直至1960年的后半期，也就是欧洲开始了对从前一直占主流地位的"音声中心"（语音中心）的语音观进行反思并传入日本之前，即使日本

---

❶ 魏育邻："'言文一致'：日本近代文学的形式起源——从历史主义到历史化"，载《解放军外国语学院学报》2003年第2期，第113~114页。

❷ ［日］柄谷行人著，赵京华译：《日本现代文学的起源》，生活·读书·新知三联书店2003年版，第195页。

从明治维新开始进行过多次"废除汉字"的讨论并实施了多种"汉字节减"的方案，日本从未有过从语音学——也就是从"表音文字"（罗马字、假名）和"表意文字"（汉字）的"见地"讨论这个问题的先例。也就是说，欧洲20世纪60年代关于"语音中心主义"的学术上的反思——正如柄谷行人自己承认的那样，给予了日本一种新的考察明治维新之后的"言文一致运动"（其中包含用假名和罗马字取代汉字的实践）一种新的回顾语言变革历史的维度和工具，同时，也给予了"和日本过去的汉字保护言论味道截然不同的汉字观"❶。林少阳也指出："声音中心主义因为暗蕴着语言的透明性这一前提，自然会忽视语言的物质性。'言文一致'，即日语白话文运动这一'国语'的确立，其中便隐含了'文'与'言'的对立。因为，图式化地说的话，'文'只能比喻性地展现，也就是含蓄的问题，所以，对于'言'来说，'文'正是一种排除了声音中心主义的书写体。"❷

　　显然，在言文一致发生的19世纪中后期"语音中心论"尚未存在，即使前岛密等主张废除汉字的人对象形的汉字深恶痛绝，企图用假名、罗马字等非形象的文字符号置换之，也难以将他们的动机和行为视作某种"主义"。但是，即便不能从某种"主义"和由"主义"引领的"风潮"的角度寻找东亚地区言文一致的必然性，日本周边其他和汉字有关的国家的脱离汉字、用本土的拼音文字代替汉字的大趋势是历史的总体趋向，并在

---

　　❶　北大日语系：《日本语言文化研究》（第七辑），学苑出版社2007年版，第439页。

　　❷　林少阳：《"文"与日本学术思想》，中央编译出版社2012年版，第155页。

20 世纪已经开始显现，比如作为"汉字文化圈"的另外一个地区，朝鲜半岛的背离象形文字的步伐也是在 19 世纪末和 20 世纪初加快的。韩文是朝鲜王朝第四代君主世宗大王率领一批学者于 1443 年创造完成的，并于 1446 年正式公布，被称为"训民正音"。在此之前，朝鲜半岛的居民主要使用汉字来书写，因此韩国的大多数古籍都是用汉字记录而成。直到 20 世纪五六十年代，韩文还是"韩汉混用"，书写中大量夹杂汉字。但从朴正熙时期开始，韩国开始推行"韩文专用"，汉字开始逐渐退出韩国人的日常生活。但由于韩文中 70% 都是汉字词，单用韩文也容易引发歧义。"二战"之后朝鲜和越南等传统的"汉字圈"国家更加紧了"去汉字"的进程并最终将汉字完全取消，中国社会科学院研究员倪峰认为这是出于"民族国家重构"（nation‑building）的目的，这些国家"要建立一个新的认同，这种认同与历史上都是不一样的，这在东亚造成了很大问题。古代的东亚体系以中国为中心，越南、朝鲜等国家作为中国附属国，自身有一种对待中国的自然的向心力，以中国为标准，自然地从属和依附。现在东亚国家都要做在法律意义上平等的国家，这就要对原来的动机做一个否定，要强调自己的主动性，强化差异性，才能确立自己的合法性，在合法性上的自我论证才能剥离彼此的绑定，斩断传统的向心力。越南、朝鲜改掉汉字，就是这个逻辑。所有的东亚国家基本上都处在这样的构建过程中，这也导致东南亚国家之间的矛盾处于高发区"❶。倪峰的上述观点虽然是在中日近期因钓鱼岛发生新的纠纷的时候表述的，涉及的也仅仅包括朝鲜和越南，但笔者认为从"民族国家重构"

---

❶《三联生活周刊》2012 年 9 月 17 日刊，第 74 页。

的角度看，包括日本的中国在东亚的周边国家的文字改革进程不只适合于当代，也同样适合于近代，也就是说，日本、朝鲜、越南的脱离"中国向心力"的冲动和企图其实从西方列强势力到达东亚的时候就已经开始了，表现在文字上就是去除、减少、限制甚至取消汉字以及汉文体，就是逐步增加语言文字中的"本民族成分"的过程，而这个"离心化"的过程具体到日本，正是从明治维新之后开始的言文一致的趋向。可以说"文"与"言"的二元对立和彼此的此消彼长，是19世纪中叶到20世纪中叶在日本发生的语言变革，其结果是二者的在混合下的折中，将现代日本语打造成一种既"文中有言"又"言中有文"的十分独特的"半文半白"混合式语言。

如果将视角放大，反观19～20世纪初的东亚就会发现，基于各种原因急于从"汉字圈"中游离出去的不只是中国周边的包括日本的一些国家，就连在汉字的母体的中国也存在着"向非象形文字的拼音文字"靠拢的冲动。刘进才指出："文字革命是中国现代语言运动的重要组成部分，从晚清以降的切音字运动到新世纪派的世界语言运动直到'五四'以后废除汉字的国语罗马字运动，再到三四十年代的拉丁化新文字运动，这些运动之间可能蕴涵着不同的内在分歧，但在废除汉字以建立所谓世界潮流的拼音文字这一点上却是一致的。"❶中国最早发出文字改革呼声的是王炳耀、卢戆章、康有为、梁启超等人，晚清已经出现了旨在追求言文一致的各种不同的拼音字母方案，比如卢戆章的"切音新字"、蔡锡勇的"传音快字"、王炳耀的

---

❶ 刘进才：《语言运动与中国现代文学》，中华书局2007年版，第38页。

"拼音字谱"、王照的"官话和声字母"等。晚清的这些将汉语用拼音的方法标注的方案的出台主要是基于"图强"的考虑，提案者许多人有过在日本的生活经历（王炳耀、康有为、梁启超和王照等），通过日本这个东西方之间新的桥梁，他们对西方列强拼音文字的便捷和易于习得有了深刻的体会，而日本的言文一致文字改革的成果也为他们提供了有效的参照。尽管他们主要用拼音的方法减少学习汉字的难度，晚清的文字改革者却并未将改革极端化到要求"废除汉字"的程度。比他们激进的是刚进入20世纪之后以法国为基地的中国无政府主义者们组成的"新世界派"，他们提出用波兰人柴门霍夫发明的"万国新语"（Esperanto，世界语）取代汉语，用拉丁文取代汉字，与其应和的是进入"五四"时期之后的钱玄同等人❶。

刘进才所言的"废除汉字以建立所谓世界潮流的拼音文字"其实并不是"世界潮流"，因为"拼音文字"是欧洲文字固然的特征，而"言文一致"早在文艺复兴之后就已经在欧洲各国逐步实现了，毋宁把"废除汉字"说成是19~20世纪的"东亚潮流"，其发生的地区只能是在原本的"汉字地盘"上面。假如能将朝鲜、越南、日本、中国发生在近代（朝鲜的"训民正音"发生得更早）的"脱离汉字，向拼音文字靠拢"的行动进行分类的话，我们大致能从原因和动力、发生的时间特性、结果等几个方面将其总结，结果如表1。

---

❶ 详见刘进才：《语言运动与中国现代文学》第二章："'汉字不死'，'大祸不止'？"，中华书局2007年版。

表 1　东亚国家"脱离汉字"情况

	原因和动力	时间和特点	结果
朝鲜半岛	主动的、由君主主导的	最早，15 世纪，断续的	彻底废除汉字
越南	被动的、被法国人强制的	19 世纪末开始	彻底废除汉字
日本	外来影响的、民间到政府的	明治开始，基本连续，平缓的	部分保留汉字
中国	外来影响的，民间到政府的	晚清开始，连续性的，激进的	保留改造了汉字

　　在上述几个国家中，越南无疑是最终彻底被法国殖民者强制地"拉丁化"的国家，在拉丁化方面虽然日本和中国曾做过反复的和不同范围的实验，但最终未果。韩国的"拼音文字之路"应该说走得最早，是在西方文化尚未"抵达"和冲击亚洲之前，是在其统治者"大王"企图脱离的是汉字的统治的意念下进行的。但"韩咕噜"这种"谚文"的最终被"扶正"是韩国在经历了日本漫长的统治后才最终实现的。由于在日本统治时期日本在韩国推行的"国语"中含有大量的汉字和汉文，韩国在 20 世纪中叶最终将汉字"彻底清除"的时候，企图摆脱的不仅是汉字的母国中国，还有汉字的"次级国家"日本的影子，因此虽然韩文中的字母"韩咕噜"和日本的平、片假名都是拼音性文字，其走向"正统之路"途径却不尽相同，前者更加艰难曲折，后者相对自然平坦。

　　和越南、韩国的拼音文字之路、言文一致之路不同的是日本和中国的模式，笔者之所以将其归类为"日本和中国模式"，是由于从起因上说，日本和中国的道路绝不是越南那样先被法国一类的欧洲拉丁文国家占领之后被强加的，而是一条"自取之路"，但是日本和中国相继的文字改革又都与西方列强 19 世纪的入侵和由此产生的自我觉醒和寻找自强之路有关，因此我们说是在"影响下被动地"走出的道路。之所以说是"被动"的，是因为假若日本和中国没有在与西方"对撞"中产生企图在文字上"脱胎换骨之痛"的话，两个国家是不会在非常短的时间里对延续了千年之久的象形文字传统"下狠手"的，在日本、中国的言文一致过程中出现的改革、保守两个派别和势力的多次争斗和强弱变更之中，我们就能解读出这场"文字蜕皮"之战是多么惨烈、多么惊心动魄和多么让参与者刻骨铭心。之所以按日本、中国的次序将两国的"拼音化、言文一致之路"排序，是因为和越南、韩国的道路相比，日本、中国之路极为相似，且日本在先、中国在后，日、中言文一致之路的内涵和内容也基本一致，都包括汉字、汉文的取舍，拉丁化的选择，大众语的确定，国语的确立等"主要科目"，因此可以将二者放到同一个"模式"中考察。那么，为什么西方文化最早大面积冲击的是中国而不是日本，日本却先于中国进行拼音化和言文一致的改革呢？对此的解释一定是多元的，或许能用"船小好掉头"来形容之，或许能用"亚文明"比"原初文明"更容易改弦易辙和背叛汉字传统来揶揄之，但是我们也不能不正视中国的言文一致之路是部分受日本的影响的史实：中国的汉字的改革是在日本的"皮试成功"之后，才由黄遵宪、梁启超、王照等人将日本的经验介绍回中国，并和胡适从美国带回的白话文思路、无政府主义者们从欧洲带回来的世界语的"火种"汇集到一处，是此三者将中国的言文一致之路的出发的火把点燃的。

二、言文一致鼓吹者对世界语言变化潮流的领悟和追求

日本近代的"白话文运动"（言文一致）是自发的，还是在外来影响下被动发生的呢？根据对日本言文一致发生和发展全过程的回顾和分析，在这个语言演变的漫长的过程中，语言变革的参与者们是有着对世界整体从以书面语言为中心到以口语为中心的转向的领悟和把握的。史料证明，明治时期倡导"言文一致"的学者和作家们是有着"世界语言主义潮流"的意识并自觉不自觉地将日本的"言文一致"运动纳入所谓的"世界潮流"而奉献其中的。明治三十三年（1900 年），"新言语学者"八杉贞利在《明星》第五、六号上发表了题为"国语的统一和文学"（"国語の統一と国文学"）的文章。在谈到国民文学和国语统一之间的重大关系时，他列举了历史上英、德、意等西方国家在语言改革方面的实际例子。其中最被八杉贞利推崇的是 11 世纪对统一英国语言作出过重大贡献的文学家乔叟。作为"大文豪"的乔叟对英语的贡献在于，他"匡正"了当时英语口语和文言语之间的分离，用伦敦方言作为蓝本将英语统一成为一种"言文一致"的语言。八杉贞利认为英国 19 世纪的强大与发生在英国早期的"言"和"文"的统一是密不可分的。接着，八杉贞利赞颂了德国宗教改革家马丁·路德对德语的贡献和《神曲》作者但丁对意大利语的贡献。由于乔叟、路德和但丁等大文豪用经典性的文学作品为自己国家的语言"塑形"，八杉贞利将他们称赞为"文运的天使"。八杉贞利将日本明治时期文言不一致的混乱现状和乔叟时期的英国进行了对比，并从乔叟的实践中得出结论：日本的文、言统一也离

不开"大文豪"们身体力行的创作实践。为了实现日本语言的通俗化改造，八杉贞利呼唤并寄希望于"日本的乔叟、路德和但丁"。❶

八杉贞利在另外一篇文章中还说："关于未来之文体，那些对在社会教育中实施口语为基础的言文一致体仍抱有怀疑的人是荒唐的。"说要想最终完成言文一致的大业光靠搞"纯文学"的人是远远不够的，所有写文章的人都有这个责任。说至今在文章中还残存着"半中古文体"、口语和文章仍旧没有统一，这是日本从事文笔事业的人的耻辱。作为历史残余的"半中古文体"，无论多么貌似珍贵，从文明的进程角度来看也一定要将之废除。并说从他国的先例观之，俄国的"口文一途"（言文一致）就是普希金等大文豪鼎力的成果。❷

最能表现日本言文一致的推行者对参与世界"语音文字大潮"的意愿的恐怕就是明治三十四年（1901 年）发表的"言文一致会"的成立"主旨"（趣旨）了。由林甕臣等人担任"干事"❸的"言文一致会"成立时的"宗旨"（言文一致会趣旨）是研究日本"言文一致运动"发起初衷的一篇重要资料，其中就有许多的"爱国主义"以及对世界潮流评判的言论。"言文一致会趣旨"的全文如下：

---

❶　[日] 八杉贞利："国語の統一と国文学"，载《明星》第五号、第六号《论文》，明治三十三年（1900 年）八月一日、九月十二日。日本国会图书馆藏。

❷　[日] 八杉贞利："文章体の残存は耻辱"，载《日本及日本人》临时增刊第六八九号《现代名家文库大观》，大正五年（1916 年）九月二十日。明治新闻杂志文库藏。

❸　会长是"贵族院"议员、子爵大河内正质，另一位干事是山川直信。

由于我国自始就没有作为标准的语典、文典，言语非常错综复杂，文体也分各种流派，外加文字的数量极多，字画和音读各式各样，在对之进行取舍选择和使用的时候煞费苦心，致使少儿学生在习得时耗费了学校生涯的大半精力，也妨碍人们从事其他有益的门类的学术研究。在欧洲、美国的学生们从实际需要的、专门的学术研究并获得新知识的时候，日本的学生们还依然把七八成的精力耗费在迂阔难懂的国语和国文的修炼之中，这样从理论上来说无论如何我们也难以和他们比肩。因此我们日本人要想成为世界中的国民，要想参与智慧的竞争，要想从智力、财力上凌驾于欧洲人、美国人之上，就一定要在国语和国文上改为言文一致，废除减灭错综复杂的语言以及文体，一定要将学生们的精力转移到专门紧要而且有实用价值的学术研究上来。这并非完全出自我等的信念，而是被数百年历史所证明过的。君不见欧洲诸国在三百年前就渐渐抛弃了作为文章用语的拉丁语而改为言文一致，因此能文明进步、国家富强，但是朝鲜、真（女真）、契丹、满洲、蒙古等国原来就有其国固有的国语和国文，但被他们完全放弃，一而再、再而三地使用起外国的文字；正是因为他们没有采用言文一致的方法，国运才节节退步，其国家才衰落到今天这个地步，其最终的结局不就是亡国吗？已经到了不可挽救的程度，难道这不是证明吗？正是在这种大趋势下，言文一致成为今日最为紧要的事业。近来我国的知识界人士也就此达成了共识，有鼓吹进行国字改良者，也有呼吁改革学制者。不仅如此，政府也竭力为之，在进行了种种审议之后成立了国语调查委员会。该委员会隶属于内阁，从官民中选择委员，致力于对国语、国文、国字进行改良，并逐一付诸实施。然而，从三十四年（明治）的预算案中发现，并不包含国语调查会的费用，因此从明治十八年就由林甕臣提议成立、十七年来始终倡导言文一致的我们言文一致会对此深表遗憾，在此断然地领国家社会之先，实行十七年来的主义和主张，先对我国的国语、国文进行言文一致的改良，然后推进到国字的革新，最终的目的是让我国的智力和实力出他们（欧洲、美国）之右。❶

　　这篇纲领性的"趣旨"几乎构成了日本近代长达几十年之久的言文一致追求的宏观的全景微缩图，从言文一致诉求的缘由到现实的目的以及日本将要实施的言文一致在世界语言版图中的位置等诸多方面都给予了说明和关照。由于这篇"趣旨"的成文是在明治初期就开始的言文一致的中期——明治三十四年，而且距离林甕臣最初提出成立"言文一致会"也有十七八年之久，其"会"正式的得以成立和在操作层面上的"官方化"——"言文一致会"作为"内阁"的部署之一，也说明这篇"趣旨"的国家化的成分，也就是说"言文一致会"的宣言也能够被看做是明治三十年代日本的国家战略性的"宣言"了。这时候语言的变革已经远超语言的边界，成为意识形态和国体的一个组成部分。显然，在这篇"宣言书"性质的"趣旨"中，起草人将朝鲜、女真、契丹、蒙满和中国的概念对立起来，因此说那些民族都"使用起外国的文字"，都放弃原本的"言文一致"了，而日本为

---

❶　"言文一致会趣旨"，载《新文》第一卷第一号《新文》，明治三十四年四月二十日。东京大学图书馆藏。——笔者译

了避免重蹈那些民族的覆辙，就必须时不我待地实施言文一致。这其中的"狂信的奇行"昭然若揭。再有，从这篇"趣旨"中还可以看到改革者将国语、国文、国字的改革系列进行了初步排队，但是实际上——从本书的三、四、五3个章节上的"国字、国文、国语"的排列方法上也能看到——三者并非明显地呈线性的排序，而是你中有我、我中有你，拎一处而动全身，而本书的国字、国文、国语的排序方法正是从文字的字符的由简到繁的序列组织排列的。

第二节　与近现代若干次战争之关联——外因

在厘清了世界潮流的走向和"语音中心趋向"大趋势之后，笔者将从两国之间发生关联的重大历史事件中，通过中法战争和中日甲午战争、日俄战争三个特殊案例，用"焦点深度透视"的方法以点带面地分析语言变革的"外部因素"——包括国家之间的战争、政治理念的变革和其他社会性的影响因素。

1884～1885年的中法战争是刺激日本"废除汉字"运动的重要因素之一。作为那场战争"旁观者"的日本看到曾经那么强大的大清帝国竟然输给了在普法战争中战败的法国，而且原为清朝属地的越南也变成了法国殖民地，这在日本朝野引发了极大的震动，而作为中国标志的"汉语"成了替罪羊，一些人坚信为了"脱亚"、为了自强，首先就要将汉字这种语言符号从日语中清除出去。而正是在这种"大势"之下，日本的"假名会"和"罗马字会"高举起语音符号的大旗，企图用"国粹"的假名和欧化的罗马字代替汉字。

中日甲午战争是中日近代关系史上一个重要的分水岭。中国为什么会败给在开战之前原本并没有胜利奢望的日本？这是必然的还是偶然的？其原因涵盖政治、经济、军事、文化等各个方面。从文化方面进行分析的有李少军的专著《甲午战争前中日西学比较研究》。李少军认为，中日在接受西学的"态度"上有很大的差异，"在中日两国之间，西学传入的新阶段首先在中国展开，而且西方势力出于自身需要，在中国为西学传播而投入的力量远比在日本要大。但是，到甲午战争爆发之时，从西学传入、吸收的成效来看，却是日本远远超出中国，由此深刻影响到两个国家的命运乃至于彼此相对位置的转换"。❶ 在同一部专著中，李少军还介绍了赵德宇在研究中日两国对待西方语言所持态度上的发现："中国人一直不学习西语，而日本从荷兰通词到兰学家都致力于掌握语言工具。这些因素都影响到西学在中日两国的不同命运。"❷对于西学的"全盘接受"和极力模仿使日本在明治维新后以很短的时间就和相对保守的中国在国家的形态上拉开了距离，从而使两国的冲突从可能变成了"必然"，而对待西方语言的不同态度也注定使甲午战争变成了一场"语言战

---

❶ 李少军：《甲午战争前中日西学比较研究》，湖北人民出版社 2007 年版，第 3 页。

❷ 同上书，第 15 页。

争"：一方的大清是始终保守"汉字中心论"的汉字的母国，另一方的日本虽然也是汉字圈中的一个，却已经在自己的体内注入了西洋文字的元素，在日本舰船的大炮打向大清的舰船的时候，炮声必然地就变成了摆脱汉文字圈的所谓的"羁绊"的宣言，或者毋宁说中日甲午战争从语言学的角度来看是日本在汉字圈中的一次风险性的赌博，打（赌）输了则继续留下去，打（赌）赢了则弃"汉字"大船而去。同样，在"言文一致"的文字改革派的内部，同大清的战争也是被两边下注的一个"决胜局"。胜了，则说明文字改革必须继续进行、必须尽早地和代表"颓败"的汉文化圈的象形文字"划清界限"而增加表音文字的比例；败了，则继续留在华夷体制之内，而将已经进入低潮期的文章改革运动的火种彻底掐灭。

日本学者内村鑑一（1861～1930 年）曾经在"日清战争"（中日甲午战争）之际，将中日两国的关系理解为"代表新文明之小国"与"代表旧文明之大国"之间的关系。基于这种认识，他将甲午战争称为"义战"。当时担当外交指导的陆奥宗光也将甲午战争理解成"西欧之新文明与东亚之旧文明间之冲突"❶。其他的还有众所周知的福泽谕吉的"脱亚论"和冈仓天心的"亚洲一体论"，以及德富苏峰的《大日本膨胀论》、后藤新平的《日本膨胀论》，等等。"大陆问题"也是甲午战争之际出现的说法，野村浩一指出："'大陆问题'一词，当它在人们口中频繁出现时，中国已成了日本

---

❶ ［日］野村浩一著，张学锋译：《近代日本的中国认识》，中央编译出版社 1999 年版，第 48～49 页。

帝国主义势力扩张的物理上的、自然上的对象了。"❶

　　如果将大清亡国当做代表当时日本主体文化的最高水平的"汉学大厦"的载体的话，那么甲午战争之前的中法战争中国的战败第一次使日本对"汉学文化"对抗西方文明的能力产生了怀疑，"日清战争"日本的侥幸得手，就是致使那些传统汉学、儒学的崇拜者和传承者对所崇拜和传承的对象产生彻底怀疑并开始在语言和文明上思变的一种重大的促进因素。甲午战争是日本从"言文一致"的低调探索到高调、大张旗鼓地鼓吹和实施的一大"兴奋点"和"引爆点"，因此可以说"近代日本语言政策的实质性起点，可以说是在甲午战争的高潮中，（社会上）设定了具备形成国民、教化国民功能和排除异质语言、变种语言这一企图的'国语'的概念，并为其的普及而追求语言的简单化之时"❷。坪内逍遥将中日甲午战争对日本文学产生的影响进行了如下总结："第一，'日清战争'使日本国民意识到了国家的存在，提高了作为'日本国民'的觉悟性，并形成了有必要提高'著作社会'和'读书社会'思想感情的高雅程度的共识；第二，每次从前线传回'捷报'都极大地鼓舞士气，提高了所谓的国民自尊，这就刺激了诗人敏锐的妙想，产生了美妙的诗文；第三，文学作者们更加密切联系现实地着眼于未来，从诸多的'死去事物'的纠缠中摆脱出来，认识到研究'活的生活、活人'的必要性；第四，文学变成了'自为的现世文

---

❶　［日］野村浩一著，张学锋译：《近代日本的中国认识》，中央编译出版社 1999 年版，第 49 页。

❷　イ・ヨンスク：《日本の近代》，转引自孟庆枢等：《二十世纪日本文学评语》，吉林人民出版社 2009 年版，第 50 页。

学'，诗歌也变成了'主观的诗歌'，总之，'舆论'的影子已经清晰地出现，表达'个人意见'的具体化的作品变得大受欢迎；第五，已经凋落了的'新诗体'也萌发了新的枝桠并确定了它的格式。"❶

明治二十六至二十七年（1894～1895 年）的中日甲午战争最终以日本的战胜为终结，随着日本在甲午战争（"日清战争"）中获得胜利，日本开始大张旗鼓的"国字改良"和制定标准语的进程，这是曾经落入低潮的"国字改良"运动的"再燃"。抱有强烈国家主义的上田万年等人高喊"国语是日本帝室的屏障"（国語は帝室の藩屏なり）的口号，大力推广"国字"和"标准语"无疑是加固日本皇权的步骤之一。也是受"日清战争胜利"的助力，明治三十二年（1899 年）秋，作为"国字改良"运动的重要步骤之一，日本在"帝国教育会"中成立了一个"国字改良部"；明治三十三年一月起，《读卖新闻》以"诸家对国字改良的意见"（"国字改良に関する諸家の意見"）为专题，连载了前岛密、岗仓由三郎、三上参次等人关于"国字改良"的意见。在《诸家对国字改良的意见》中，诸位专家指出，要想全面废除汉字，前提是先要限制汉字的使用数量以及对汉字进行简化，然后逐步地用音符字的假名或罗马字取而代之。除此之外，当前最紧急的事情是在文体上下功夫，因为文体的确立和"国字改良"和"言文一致"都存在紧密的关系。在《诸家对国字改良的意见》中，诸位专家还对明治三十三年的"言文一致运动"的进展进行了评估，认为当时的"言文

---

❶ ［日］木夏本隆司：《日本文学史》，ミネルウア书房 2010 年版，第 384 页。

一致"的文体仍然不尽如人意，较为突出的问题存在于"辞法"，也就是"敬语"的使用上面，因为当时的"言文一致体"中还缺乏"普遍的、平等的"敬语，而日本语和西洋语言比较最大的特点就是敬语十分发达、等级观念十分强烈，这对于"言文一致"来说是最大的困难。

　　日本最早将语言学称为"博言学"，"博言学"诞生的契机是明治十九年（1886 年）在东京大学设立的"博言学"科目，但直到明治二十年代的后期，这个学科在日本还默默无闻。"博言学"转变为"言语学"并再度成为重要的"显学"始于明治二十七年（1894 年）日本近代著名语言学家上田万年从德国学习语言学学成回国之后，他不仅使"言语学"在东大重新得到了重视并成为一门重要的学科，而且还为日本的"言文一致"运动得以科学化、体系化作出了重大的贡献。从德国回国后的上田万年培养出多名弟子，比较著名的有金泽庄三郎、保科孝一、八杉贞利等人。他们在明治三十一年（1898 年）五月发起了一个"言语学会"，并于明治三十三年（1900 年）创办了一本《言语学杂志》。日本在甲午战争中的获胜是以上田万年为首的"言语学家"们得以在国语改革上发挥举足轻重的作用的重大契机，同时，也使得日本的"言语学伴随着日清战争后国语问题的'再燃'得到了长足的进步"❶。正如山本正秀指出的那样："日清战争后国语问题被再次提起，标准语的制定、通过言文一致的实行和普及等方式进行的国语统一成为人们热心从事的'急

---

　　❶　［日］山本正秀：《言文一致の歴史論考》，（东京）樱枫社昭和四十六年（1971 年）版，第 209 页。

务'，山田万年的门下人才辈出……"；"以日清战争为契机，从二十七年（明治）就开始相继出台的那些汉字废除论、新国字论、标准语论在明治三十至三十二年被一些杂志（比如《帝国文学》《太阳》《少年文集》《早稻田文学》）再次炒作成热门的话题，人们热议和争论着言文一致小说的是与非……"❶《言语学杂志》就是在这个背景下由"言语学会"的成员们在明治三十三年（1900 年）二月创办的，这本杂志为日本的"言文一致运动"从"文学化""政治化"到"语言学化"，从"感性化"到"科学化"起到了非常大的作用。在日本"言语学会"的语言学家们介入"言文一致运动"之前，言文一致是由二叶亭四迷、山田美妙、尾崎红叶等文学家或者西周、福泽谕吉、幸德秋水、堺枯川等思想家、社会活动家所主导的，"日清战争"结束后再次将言文一致推向高潮的"言语学家"们将科学性的成分导入文字语言的变革之中，使在此之前主要靠创作实践推动的这场运动变得更加理性和具备可行性、科学性了。《言语学杂志》上刊载了大量探讨如何进行"言文一致"❷规范化和普及化的论文，为实践打下了理论的基础。《言语学杂志》的出现使得从明治初期就发轫的言文一致运动得到近代语言学的观照和基础学角度的深入研究，学者们不是从某一个单方面而是从文字、言语、文章、文典等几个方面立体地、全方位地进行国语、国文的改良，从理论高度定位和推动日本的言文一致运动。

---

❶　［日］山本正秀：《言文一致の歴史論考》，（东京）樱枫社昭和四十六年（1971 年）版，第 300 页。

❷　从这时起"言文一致"的说法开始被"口语体"所替代。

明治三十三年（1900 年）成立的日本"言文一致协会"也是在"日清战争胜利"的"激励"下成立的。这是继"假名会"（かなのくわい）和"罗马字会"之后又一个推动日本进行"国字改革"的机构。日本的"言文一致会"正式成立于明治三十三年的十二月。在成立这个协会之前，早在明治二十年代就曾出现过旨在推动言文一致运动的诸如"言语取调所"之类的机构，但都没能做成气候。几经周折，终于在主要发起人林甕臣、三川直信的努力下于明治三十三年在"帝国教育会"的麾下正式成立了"言文一致会"，该会下辖"国文调查部""国字改良部""假名调查部""罗马字调查部""汉字节减调查部""新字调查部"等多个部门。从这些部门的设置上就可以看到，该"会"在语言变革的推动上所进行的工作是系统的、全方位的。另外，"言文一致会"还主办了《言文一致の会志》专刊，理论和实践并行。"言文一致会"是明治三十年代之后推动言文一致运动的主要机构，直到明治四十三年（1910 年）十二月才在"言文一致"基本上"大功告成"后正式解散。那么，"言文一致会"又是在怎样的背景下成立的呢？其主要的推动力又是什么呢？可以说到了明治三十年代之后，言文一致已经成为一种时代的潮流，无论是小说家尾崎红叶、二叶亭四迷在小说中使用"である体"的影响，还是幸德秋水、岛村抱月、外山正一等人在新闻、报刊上用"言文一致体"写作的尝试，都将"言文一致体"的应用范围大大地扩展。但是，真正对"言文一致会"成立起到巨大推动作用的还是日本明治二十八年（1895 年）在中日甲午战争中的获胜，在"胜利"的情绪下，为实现"国语统一"而进行的"标准语制定"和

"国字国文改良"的风潮再次骤起，"国语问题"和"国家"
"社会"等重点问题被联系在一起考虑，从而再次产生了对
"言文一致"的高度诉求。除此之外，推动新一轮"言文一
致"的因素还有同时期由正冈子规和高浜虚子倡导的"写生
文运动"。

　　"言文一致会"最重要发起人是林甕臣。林甕臣在甲午
战争之前就是热心的"言文一致"支持者。明治二十一年
（1888年），他在《东洋学会杂志》上发表了5篇用"言文
一致体"写作的和歌。在五篇和歌的前言中，他指出，和歌
是受事物的感动而发出的声音，从《万叶集》开始日本历来
的和歌都是"俗方言"脱口而出的咏叹，都使人感铭至深，
所以他尝试用"言文一致"书写和歌。❶林甕臣创作的5篇
和歌是和歌言文一致改革发出的"第一声"，也是日本最早
用口语书写的和歌作品。❷从《林甕臣小传》（林甕臣之子林
武臣撰写）一书中可以看到他是如何在"日清战争胜利"的
感召下萌发成立"言文一致会"的，那时候他的言谈话语即
使是用当代日本学者的话说也是"忧国的、多少有些狂信的
奇行"❸："这期间忧国的热情屡屡成为他直接行动的诱惑。

---

　　❶　［日］林甕臣："言文一致歌"，载《東洋学会雑誌》第二卷第五号，
明治二十一年（1888年）三月二十日。明治文库藏。
　　❷　林甕臣用"言文一致体"写和歌可以说是日本第一次用口语化的形式
进行传统和歌的实验，虽然从和歌的内容和艺术水准上看不足为奇，和歌用语
也被指责为粗俗不堪，但作为一个倡导语言革新的学者，林甕臣的"言文一
致"和歌无疑是主动性的和富于开创性的。其意义堪比胡适在号召语言变革的
时候所从事的诸如"两只蝴蝶"的白话诗的写作实践。
　　❸　［日］山本正秀评述：《言文一致の歴史論考》，（东京）樱枫社昭和四
十六年（1971年）版，第354页。

日清战役之后，由于三国干涉，返还辽东半岛的议论声起，朝野的名士们都奋勇而起，各路志士都为日本而呕心沥血。""在此同时，鉴于速记学之成功，为了文运之开进，发明了可适用于标注'五十音图'的罗马字法，使之成为日本的'实用国字'并用之对烦琐的假名和汉字进行改造，这是全面实施言文一致的多年抱负的大好时机，因此，林甕臣顺势和尾崎红叶、坪内逍遥等文学者一同创立了言文一致会，期望对言文一致事业作出贡献。"❶无疑，林甕臣的这种在"日清战争"后的、由于辽东半岛殖民地归属权所引发的"忧国"的"狂信的奇行"对"言文一致会"的成立和延续起到了关键的作用；虽然他在实施言文一致的过程中受到过很大的挫折并几乎半途而废，但他的感召力将"言文一致会"启动并送入了正轨，从而为日本言文一致运动在明治三十年（1897年）之后得以系统性地延续和稳固提供了一个不可或缺的平台。

通过上述对甲午战争和日本语言改变关系的陈述我们知道，甲午战争作为一个日本语言变革从低潮期进入新的高潮期分水岭的意义所在，与此同时，这场战争对于战败了的中国来说又在语言方面意味着什么呢？甲午战争同样对中国的语言变革起到了刺激作用，但这种刺激和对日本的刺激是不同的。刘进才指出："值得注意的是，中国最早的一批语言改良者均在1896年也即甲午之战后刊布其著作——蔡锡勇的《传音快字》、沈学的《盛世元音》、王炳耀的《拼音字谱》、

---

❶ 原文转引自山本正秀：《言文一致の歴史論考》，（东京）樱枫社昭和四十六年（1971年）版，第354页。——笔者译

力捷三的《闽腔快字》，这看似巧合，却大有进一步研讨的
兴味。"❶也就是说，在甲午战败的巨大冲击之下中国民众的
图强之心被唤起，而图强就要增强国力，而增强国力就要提
高民智，就要提高语言的掌握能力，于是语言的简化成为甲
午之后的当务之急。由此我们看到同样的一场战争在中日两
国中既相似又不同的"语言效应"。相同的是，双方都想到
了语言的变革。对于日本来说，战争的胜利就像是打了一针
强心剂，企图乘胜追击，借机把语言的改良提高到新的层
面，是进攻性的；中国的因甲午的"背运"而生的语言改良
的冲动则是被动的，是背水一战和破釜沉舟式的。前者在加
强"矛"的攻击性能，后者在加固"盾"的保护性能。虽然
都想提高言文一致的水平，但心态和目的是大相径庭的。一
方是亢奋的，另一方是悲壮的。

　　日俄战争也是刺激日本进行语言变革的"战争因素"之一。
由于日本在日俄战争中战胜了俄国，它几乎被当时的日本国民视
为日本成功地"脱亚入欧"和跨入世界强国行列的标志。从1888
年开始，"帝国"一词在日本就被频繁使用。在经过1905年以控
制朝鲜与中国东北为目的的日俄战争之后，这一民族主义情绪更
一度达到了癫狂的程度，其结果就是"国语"被国家机器的快速
打造以及在被占殖民地的强行推广。

　　"太平洋战争"是最后一场和日本文字变革发生关系的
战争。由于1941年日本在珍珠港的偷袭得手，日本原本拟
订中的消减汉字数量的计划因"国粹主义者"的阻挠而流

---

❶ 刘进才：《语言运动与中国现代文学》，中华书局2007年版，第19页。

产。❶ 而和以往不同的是，这次反对减少汉字数量的人是将汉字作为日本的"国粹"的一部分反对将其消减的，给予他们对"国粹"信心的恰恰是日本在战争的初期对美国占据了上风。

　　语言的变革有"渐变"和"裂变"之分，语言会在什么因素的促成下发生"裂变"？语言的变革和战争之间是否有着必然的联系？在其他种类的语言变革史中很少发现像日本近代史上如此这般的由于战争而导致语言变化的先例。从以上所述的中法战争、中日甲午战争和之后的日俄战争中，似乎能总结出这样的一种规律，即战争是近代日本将战争中的胜负视做"比试力量"的一种手段，而"比试"的结果——无论是哪一边胜利，都被日本视做"国力"强弱的参照，而这种"参照"又会被日本视为从文字上接近或疏远与该国关系的一种信号。"中法战争"本来与日本无关，清朝的战败却使日本萌发了"远离汉字"的第一次冲动；"甲午战争"则是中日之间的直接对垒，必然让日本的"去汉"速度加快；而"日俄战争"令日本更加利令智昏，开始了"重返亚洲"（用武装侵略的方式），将刚刚打造的半生不熟的"国语"强加到被它殖民的国家和地区。从以上战争的胜负对日本语言产生的种种作用中，可以看到日本作为国家的嬗变性、实用性以及"势力性"，就是将力量的强弱视为文化和文字价值的判断标准而非来自文化和文字本身；诚然，我们无法将文字的功利性从文字中彻底剥离开来，但是犹如日本这样通过一次战争的偶然的胜负来迅速调整民族语言中的成

---

❶　详见本书第三章第二节。

分的国家却实属罕见。

倘若再将这几次和日本的文字改革发生关联的战争从语言载体的角度进行归类的话，那么它们大致可以被分为以下几种：

（1）中国与西方的战争，即中法战争；

（2）中日之间的直接战争，即中日甲午战争；

（3）日本对西方的战争，即日俄战争、太平洋对美战争。

于是可以发现：第一，凡是在中国参与的并沦为战败国的战争之后，日本都会兴起一场去华、去汉字和汉文的潮流，这具体表现在中法战争后日本对汉字国度"无能为力"的惶恐以及中日甲午战争之后日本文字拼音化实验步伐的加快；第二，凡是在日本参与的对西方战争中日本得胜之后，对"日本语"的载体的优越感就会膨胀，文字上的保守主义者（"国粹派"们）就会顺势而起，对文字改革上的激进做法进行抵制，就会反对"日本语"的拉丁化，变相地主张对汉字进行维护和保留。为什么日本战胜了中国后日本会"去汉字"，而日本战胜了西方后会"保留汉字"呢？这无疑是一种十分纠结和矛盾的现象。

我们或许能从日本作战的对象国所使用的文章符号中找到答案。中国对法国的战争从语言载体的角度来看是"象形文字"对"拼音文字"的战争；日本对中国的战争是"半拼音半象形文字"对"象形文字"的战争；日本对俄国、美国的战争是"半拼音半象形文字"对"拼音文字"的战争，其中日本的"拼音文字"是假名，而在西方使用"拼音文字"的国家中我们又可将其分为两类，一类是纯"拉丁派"的，如法国和美国；一类是"非拉丁派"的，如俄国。

在进行了以上的分类之后，可以找出这样一些规律：

其一，当日本打败了"拉丁派国家"之后，日本在文字上的"拉丁冲动"就会减弱，就会向语言中的其他要素——汉字、假名的方面倾斜，这表现在日俄、日美战争之后。

其二，当日本战胜了作为"汉字母体"的中国之后，或者中国作为"汉字母体"在与拉丁系的国家的战争中失利之后，日本就会在语言要素的三方面——汉字、假名和"拉丁化"的可能中向后两个方向倾斜，这表现在中法、中日战争之后。

那么，如何解读那些"国粹派"们的立场呢？回答这个问题首先要了解什么是日本的"国粹"和"国粹"中所包含的内容。所谓的日本"国粹"，其主要内涵里除了日本固有的文化之外，以汉字为基础和汉语文明成分占了很大的比例，也就是说被许多人引以为荣和珍视的"国粹"中本来就包含着"中国元素"，日本人既无法将其彻底否定，也无法将之彻底取代，因此核心成分中就含有"中国元素"的日本的"国粹"，就变成日本在拉丁文明和中华汉字文明之间来回晃动的钟摆和砝码，就变成能够解读日本近代对汉字文字、文化、文明的既纠结又热爱又"羡慕嫉妒恨"又不知如何处理的一个"症候"，具体的表现就是日本在反对中华的时候将汉字作为一个排斥的对象，而在对自己的"大和国粹"引以为荣、将其搂抱在怀沾沾自喜的时候，恰好其"精粹"的核心就是中华文化的精髓。

在此笔者想用"借用者心理"来描绘日本对中华文字文明的态度。在日本的语言要素中汉字原本是被"借用"到日本的，在经年之后这些原本被"借用"的文化基因被融合到了本土的元素之中，变成日本文明的一个有机组成部分，由此而被视为"国粹"。由于借用的时间过长，之后许多借用它们的人已经将其误认为本土的元素了，而这在与真正的本土"原创文明"（original civilization）的接触和对峙中就会产生一种非常独特和奇妙的效果。这或许就是为什么日本在参与同中国的战争、旁观中国与法国的战争的时候呈现出扭曲而奇特的心态的原因吧！当中国对法国战败后，假若日本的"国粹"中不包含"中国元素"，日本也没有必要大惊失色而痛下文字改革之心，同理，假若日本的"国粹"和汉语无关，日本在战胜美国之后也不会对汉字不舍不弃。但是日本又为何时而吝惜汉字，时而舍弃汉字呢？归根结底还是由于汉字是"借来"的而不是本土自产的缘故。

与被"借用"的汉字相比，被"舶来"的是拉丁文字和文化。近代的日本史或许可以被解读成一部与"借来的"和"舶来的"两种文明的连续不断的摩擦史和战争史：要不就用"借来的"文明去抵抗"舶来文明"的母体欧美，要不就用"舶来文明"同战争手段去攻击"借来文明"的母体中国。

日本作为国字的"嬗变性"或许也能从日本文明中三个元素——本土的、借来的和舶来的"三合一"的不稳定性和不确定性——中得到解读。既然是"三合一"的，本身就是不牢固的，是摇摆的和"首鼠三端"的，其特点就是实用主义的和"山寨的"❶。

"本土性""借用性"和"舶来性"的三者互动模式将在后面的讨论中重新被阐释和应用。

---

❶　虽然"山寨"在此并不是非常严谨的"学术术语"，但将其放到日本的文化特征上还是有其意义的。

第三节　日本近代思想家对言文一致的推动

一、日本近代思想家对言文一致问题的思考和贡献

这一小节集中探讨明治时期启蒙主义者受西方文明的影响及其对日本言文一致的推动。应该指出的是，在推动言文一致的进步思想家中，启蒙团体"明六社"❶的成员占据了许多席位，比如森有礼❷、西周、福泽谕吉、加藤弘之等。由于我们关注的是进步思想家和语言变革之间的关联以及在语言转型期间他们所起的历史作用，因此就注意到以近代日

------

❶　1873 年 7 月，森有礼在美任职期满回国担任外务大臣，但在思想启蒙运动上投入相当大的精力。他以自己在美国的经历劝说一些思想、立场相同的著名学者、知识分子和官员组成启蒙社团：美国学者组织很多学术团体互相切磋学问，并举办公开演讲，以益公众。而日本学者却互不往来，对社会贡献很少。现在日本学者也应像美国学者一样结成社团，共同探讨学问，有益世道人心。经过一番联络，他发起成立了日本历史上第一个合法的研究传播西方民主思想的学术团体"明六社"，因明治六年成立而定此名，同时创办发行《明六杂志》，并定期集会，公开演讲。明六社成员皆为一时之选，如西周、福泽谕吉、加藤弘之、中村敬宇、西村茂树等，都是其核心人物，首任社长则由森有礼本人担任。明六社以引进西方的哲学、政治、法律、历史、教育等思想启蒙，即"开启民智""文明开化"为己任。他们通过其机关刊物《明六杂志》传播西方先进思想，发表了大量影响巨大的有关论文；他们还翻译出版了 20 多部介绍民主、共和、自由、平等、法治思想的西方书籍。他们的努力，启迪了一代人心，在日本新思想的传播上，他们确实功不可没。虽然后来"明六社"及《明六杂志》被日本政府查封，许多成员的思想发生重要变化，但他们毕竟在日本播下了自由、平等、法治的种子。当然，在启蒙的同时，他们还将摆脱面临沦为欧美列强殖民地的危机视为自己的使命。——资料来源：百度

❷　"明六社"发起人、"日本语废止论"提倡者，详见第三章。

本最重要的思想家和启蒙学者为核心的"明六社"是明治初年诞生的，该社的核心成员都是当时热心将西学介绍到日本的、精通至少一种西方语言的"洋学者"，其中就包括积极推动"言文一致运动"的福泽谕吉和哲学家西周。对"明六社"这个学派的外在特征，日本学者麻生义辉概括说：第一，这个学派的人都有专门的汉学修养；第二，都是研究荷兰语的；第三，除了荷兰语之外还研究欧洲其他语言；第四，都具有百科全书性的知识；第五，其哲学的外在特征之一是和、汉、洋的混合哲学；第六，在这个学派繁荣时代，作为哲学思想此学派一枝独秀，没有可以与之并立的其他学派存在；第七，这个时代的学问与实际政治具有很深的关系；第八，他们大多数都曾担任藩书调所（开成所）的教授职；第九，这个学派的成员或出身医家或出身兵家，都是下级武士出身；第十，他们的社会地位无论在官还是在野都相似；就"明六社"的内在特征，麻生义辉指出如下五条：第一，他们是具有人文主义倾向的学者；第二，他们是实证论者、经验论者；第三，他们都是自然科学的信奉者；第四，他们以经济主义来与封建的道德相对决；第五，他们主张尽快排除专制主义而采用法治主义、在法律面前人人平等等；❶需要说明的是，并不是所有"明六社"的成员都是"言文一致"的始终如一的热心提倡者和支持者。他们中间有的极为激进——比如森有礼，有的先激进后保守——比如加藤弘之，

---

❶ ［日］麻生义辉：《近代日本哲学史》，1942年近藤书店初版，1974年宗高书房复刻，第4～13页。转引自刘岳兵：《日本近现代思想史》，世界知识出版社2010年版，第57页。

还有的对"言文一致"先赞成后坚决反对，西村茂树就是一个例子。西村茂树虽然在明治初期（明治五六年）抱有言文一致的幻想，也在明治十七年（1884年）发表《文章论》，在文章中谈到夸大妄想的"和汉洋三体"的文体改革论（详见第四章），但是，明治三十四年（1901年）他又发表了反对言文一致的文章，变成了言文一致的质疑者和反对者（详见第四章）。

"明六社"成员西周是近代日本著名的哲学家和翻译家，"哲学"一词的译者。除了"哲学"之外，我们现在运用的许多重要社会科学词汇，比如"主观""观念""感觉""理性""客观""先天""后天""意识""心理学""伦理学"等词汇都是西周最先翻译成汉语的。由西周亲自创作出来、至今还在中国和日本的日常生活中被应用的词汇总共有113个。从幕府末期到明治初期，由于日本开始全方位和西方文明接触，大量西方词汇被日本人翻译成日语词汇；他们通过将单个的汉字组成新的词组的形式进行这种翻译。西周虽然不是发明这类新词汇的第一人，但由一个人琢磨翻译出一百多个新词汇的确是无出其右者。由他发明的"哲学""主观"一类的新词语在日本和中国的近代化变革中起到了十分重要的作用。西周具备中西方文化全方位的素养。在汉学方面，西周从幼年时期起就专心学习，后来师从赖山阳的门生后藤松阴。汉学方面的颇深造诣对他从事西方哲学的翻译作用极大，尤其是在遣词造句和语言技巧方面。在西学和语言能力方面，西周通晓荷兰语、英语、法语等多种语言，这也为他从事翻译奠定了良好的基础。他是在留学荷兰的时候开始广泛接受西方的法律、政治、经济等各科学问的；海外的留学经历使西周广泛地接触西方社会，最终使他成为日本最早期的哲学家和翻译家之一。❶西周的主要著作有伦理学著作《百一新论》和《致知启蒙》等两部，以及《万国公法》《心理学》《利学》等三部译著。西周是"言文一致"的提倡者。他在明治时期最具前沿意义的、代表性的《明六杂志》的创刊号上发表《论用西洋文字书写国语》（《洋字を以て国語を書するの論》）一文，他的这篇文章当时在各个阶层被广泛阅读，社会影响颇大。另外，在他的著作《百一新论》中，他所使用的动词词尾也全部是口语体的"ゴザル""ゴザラウ"，这在当时是颇为新鲜的，是円朝物的笔记之外最早的言文一致的文章之一。作为活跃在明治十年（1877年）前后的最早期的启蒙思想家，西周对日本"国字"和"国语"的改革的推动贡献可归结为：（1）：社会科学词语的开创性的翻译；（2）罗马字使用的提倡；（3）明确提出了"言文一致"的主张，提出了"言文一致必至论"。在《论用西洋文字书写国语》❷一文中，西周抨击了当时的言文不一致。他不赞成"汉字节减说"和"和字专用说"。西周认为，虽然日本试图"全盘西化"，但是不可能放弃日本语而直接采用外国的语言，使用西方的文字符号记录日本的语言却是一种变通的方法，因此他主张直接用罗马字

---

❶ 1862年，西周与津田真道被幕府派到荷兰莱登大学留学。在4年时间里，为了多方面了解西方近代人文社会学说，西周与津田真道先用近3个月学习荷兰语，然后师从莱登大学经济学教授毕洒林（Simon Vissering）两年多。参见李少军：《甲午战争前中日西学比较研究》，湖北人民出版社2007年版，第198页。

❷ ［日］西周："洋字を以て国語を書するの論"，载《明六杂志》第一号，明治七年（1874年）三月。明治文库藏。

书写日本语。在文字改革上西周主张走一条渐进的道路。他还在文章中细说了使用罗马字的"十利三害"。在"利"中，最重要的是使用拼音文字能达到提高下层民众阅读文章能力的目的。西周因此可以说是日本提出使用罗马字代替汉字和假名的先驱，同时，他也是"言文一致必至论"的坚信者，认定随着罗马字的普及应用，"言文一致"必然会实现。西周对早期"言文一致运动"中许多代表性的人物起到了启蒙作用，比如被公认为"言文一致"结尾词"デゴザル"最早的使用者、近代日本文学大家坪内逍遥，就在回忆中追述了西周对他的影响和启迪。另一个第一个出版题为《言文一致》的专著并因之在"言文一致运动"中成名的东京大学文学教授物集高见❶也曾拜访过西周，聆听过西周关于如何让日本的"文"和"言"统一起来的教诲。与其他日本当时的启蒙思想家相比，西周无疑是一个语言变革的先觉者。当时日本的另外一个思想家中江兆民也在明治十五年（1882 年）出版了一本著作《民约译解》，但中江兆民的著作全部是用汉文书写的。两人相比，无疑在语言观念、文体观念上，西周要比中江兆民激进得多。

中国学者孟庆枢指出："今天回头看来，日本'言文一致'运动是明治时期日本追逐西方，急欲加入其行列的举措之一。它是福泽谕吉的'脱亚论'在语言这一根本问题上的

---

❶ 明治十九年（1886 年）物集高见发表专著《言文一致》。他在书中将日本言文不一致怪罪于汉文的流行。虽然他的观点没太多新意，但由于他是东京大学教授，《言文一致》一书在当时影响很大。作家山田美妙和林茂淳都深受其影响。

选择。"❶明治十年至明治二十年（1877～1887年）的日本"自由民权"运动和"言文一致"运动是密切相关的。由于"自由民权"运动的核心内容是启蒙和追求人的自由，是通过开发中下层民众的民智而动摇封建专制的统治，为了达到启蒙的目的就一定要提高民众的文化水平，而将"文"从传统的烦琐的形式中解放出来，使"文"变得更加通俗易懂，就自然而然成了"自由民主"主张者的首要任务。"自由民权"运动中最有代表性、对近代日本语言革新作出过突出贡献的代表性人物是福泽谕吉、加藤弘之和田口卯吉。福泽谕吉和加藤弘之在明治初年就开始了"平俗文体"写作尝试，田口卯吉则发表了"采用罗马字的言文一致论"。

福泽谕吉是"明六社"重要核心成员，是日本近代著名的实用主义思想家。丸山真男在评论福泽谕吉的实用主义思想时说："十九世纪中叶以后，实用主义试图通过向培根传统的复归，谋求科学主义与主体性的行动精神相结合……福泽实学的本质'与其说是把握了近代自然科学的成果，不如说是把握了产生其成果的精神。'可见，福泽的思维方法与实用主义有明显的共同性。"❷福泽谕吉的代表性著作有《西洋事情》《劝学篇》和《文明论之概略》等三部，他试图通过西方文化的介绍达到启蒙民智、打破封建制度的目的。福泽谕吉所受的"洋学"教育是从长崎和大阪的"兰学"即荷兰学开始的。他在"兰学"的私塾中全面接受了生理学、医

---

❶ 孟庆枢等：《二十世纪日本文学评语》，吉林人民出版社2009年版，第84页。

❷ ［日］丸山真男著，欧建英译：《日本近代思想家福泽谕吉》，世界知识出版社1997年版，第56～57页。

学、物理学、化学等方面的自然科学教育。1860 年，福泽谕吉到了当时的江户（东京），了解到英文是世界范围内更加通用的语言，于是他就努力学习英语，用英语阅读了大量欧美的政治学、经济学方面的书籍，进入社会科学、人文科学研究的领域，汲取了大量 19 世纪前半期的欧美自由主义思想。1860～1867 年，福泽谕吉三次赴欧美考察，这三次出游考察加深了他对西方文明的认识，奠定了之后文化启蒙活动的基础，使他成为幕府末年时期最早在理论和实践两个方面都通晓西方世界状况的极少数人物之一。福泽谕吉在《西洋事情》中介绍了西方的教育普及程度，说：“西洋各国都府自不必说，直至村落，无处无学校。学校有政府建立、给教师薪金以使其教人者，亦有平民结伙建学校以传授者。……人至六七岁，男女皆入学校。”❶同时，福泽谕吉注意到欧洲文字的普及程度，说：“欧罗巴文学之盛，以普鲁士居首，其国内人民大抵无不识字者，首府柏林即使狱中亦设学校。”❷ 从以上两点可以推论，福泽谕吉关于文字改革观念的形成是和他对西方教育的普及和文字传播的效率的考察不无关联的：西方识字率高的原因可归结为两点：一是广泛的学校设置；二是拼音文字的易于学习。针对当时著书立说时流行的“汉文汉语迎合”的风潮，福泽谕吉提出了不同的意见，他推崇“雅俗混合”的文风，主张“世俗通用的俗文”

---

❶　参见《福泽谕吉全集》第 1 卷所载《西洋事情》初编卷之一。转引自李少军：《甲午战争前中日西学比较研究》，湖北人民出版社 2007 年版，第 203 页。

❷　参见《福泽谕吉自传》，中译本，第 289 页。转引自李少军：《甲午战争前中日西学比较研究》，湖北人民出版社 2007 年版，第 203 页。

主义。对于那些奉劝学习"正当的汉文"的汉学先生们的奉告，福泽谕吉让人刻了一方印，上面写着"卅一谷人"，以表示自己坚持"福泽调"的民主的文体的立场。❶对福泽谕吉在言文一致运动中所作贡献进行了集中概括的是伊藤圭介❷，在明治三十四年（1901 年）九月《言语学杂志》上，他发表了凭吊福泽谕吉的文章。文章中他指出福泽谕吉在"言文一致"运动中作出了五大贡献，分别是：第一，使用平易的俗语文体；第二，提出了"汉字废止论"；第三，尊重口语；第四，创造了许多翻译用语；第五，计数法的改良。他同时指出，福泽谕吉的"汉字废止论"是留有时代痕迹的。❸

在近代汉语语言中词汇和理念的创新方面，恐怕最早作出贡献的就是西周和福泽谕吉，由他们二人翻译和创作的众多语汇之后被梁启超等人引入中国，至今仍然在中日两国广泛运用。倘若将东亚从 19 世纪中叶开始的言文一致的追求看做是同一条河流的话，那么西周和福泽谕吉在词语方面的创新无疑是这条河流的最早的源头之一，由他们构建的众多日语和现代汉语中被通用的双音节词既是言文一致的最初的成果，也为现代语言的言文一致化奠定了基础，换句话说，

---

❶ 参见《福泽全集绪言》抄，时事新闻报社发行，明治三十年（1897年）十二月。

❷ 伊藤圭介是幕府末期和明治时期著名的植物学家。同时，他对语言改革也抱有极大热情。早在明治十四年（1881 年）伊藤圭介就撰文指出，由于在日本文章中没有标点符号，而致使"文意不明确"，因此他提倡学习西洋人在文章中使用标点符号。日本近代文章中句号、逗号的使用是在伊藤圭介等人的号召下于明治二十年（1887 年）前后才开始出现在小学生课本中的。

❸ "伊藤博士と福沢翁"，载《言语学杂志》第二卷第二号《杂报》，明治三十四年（1901 年）五月十日。日本国会图书馆藏。

假如现代日语和现代汉语中没有他们"制作"的诸如"哲学""意识""汽车""外交"等为数众多的"新词语"的话，那么现在的大众语言中的词汇或许还不具备平易的特性，或许还在古语词汇中徘徊，言文一致所追求的通俗化就缺少了词语上的铺垫。从中日文字关系的角度看，西周、福泽谕吉对中日两国文字联系的贡献也是不可忽视的，两国虽然近现代摩擦不断，但几千个甚至上万个"共用词语"❶，为中日之间的对话和交流提供了一个可用的平台。值得注意的是，西周和福泽谕吉既是近代最早的新词语和新概念的制作者，二人在言文一致方面的追求又是几乎一致的，这就在近代的语言史上为言文一致的大趋势展示了它的必然性——由于他们都是哲学家和思想家，占据着控制近代思潮的"神经中枢"的位置，他们的眼光和文字创新的举措为之后的言文一致既提供了视野，又提供了"工具"。同样为中国近代思想"开局人"的梁启超慧眼独具，他与西周、福泽、德富苏峰等人貌似神合，将他们对汉语的"开发成果"原封不动地传送到尚在古汉字的词语和概念中固守不变的中国，为中国"舶来了"能用做新思维的新鲜的词语的工具，同时也为中国之后的"五四"白话文运动和社会革新提供了诸如"革命""党""共产主义"等词语之"利器"。语汇对人类的思维的作用无疑是巨大的，无"名"焉能有"实"？而无新的"名"——词汇，新的"实"就缺少储存的空间和结构，所以，在"言文一致"思想驱动下的西周、福泽谕吉的词语上的原发性的贡献无论如何也不可忽视，他们正是 19 世纪中

---

❶　沈国威：《近代中日词汇交流研究》，中华书局 2010 年版。

叶开始的言文统一的先觉者和始作俑者，是开路人。

另一位"明六社"成员加藤弘之（1836～1916）是日本"人权天赋"观念最早的提倡者。加藤弘之早年在江户学习西洋的兵学（军事学），之后接受"兰学"（荷兰学）的教育。1860年，25岁的他在幕府的"藩书调所"系统地学习了哲学、伦理学、政治学、法学等科目，学习用英语和荷兰语阅读书籍并开始学习德语，之后成为日本"德国学"的先驱者。正是由于加藤弘之接受过这些西方的文化和教育，他成为日本近代第一个接受并通过著作《邻草》倡导"人权天赋"的思想家。"人权天赋"的理念认为人生下来本应是平等的，拥有自然赋予的权利。李少军指出："加藤弘之的《邻草》虽然总体上还限于对西方君主立宪和民主共和的政体作一般性描述，对其政治原理尚未深入阐明……但扣住了西方近代政治制度本质上不同于君主专制制度的核心之处。"❶加藤弘之还是日本议会制度的首倡者，是日本立宪政体的先驱。无论是"人权天赋"的理念、"开国"（开放）的理念，还是新政体的推行，都使加藤弘之成为西周、福泽谕吉之外的重要的"自由民权"运动的重要人物。和西周、福泽谕吉等早期的思想家们一样，加藤弘之也是最早使用"言文一致体"著书立说者之一。他于明治二年（1869年）撰写的著作《交易问答》和三年后撰写的著作《真政大意》就是用口语体的结尾词"デゴザル"和对话文体写成的。坪内逍遥在《口语体的创立》（《口語体の創立》）一文中曾经

---

❶ 李少军：《甲午战争前中日西学比较研究》，湖北人民出版社2007年版，第192页。

说。由于西周在《百一新论》一书中使用口语体的"ゴザ
ル""ゴザラウ"，因此他认为西周是日本历史上第一个使用
口语体词尾的人，而《百一新论》出版的时间是明治七年
（1874年），加藤弘一的两本采用"ゴザル"文体的著作发
表于明治二年（1869年），比西周早了四五年，因此，山本
正秀认为加藤弘之才是名副其实的在日本近代文学史上第一
个倡导"言文一致"并最先在著作中使用口语体结尾词的
"第一人"❶；《交易问答》和《真政大意》也是最早的两部
本着"言文一致"精神撰写的著作。明治三十四年（1901
年）二月，加藤弘之在"言文一致会第二次公开演讲"中明
确表明了支持"言文一致"的主张。他认为好的文章一定要
能使读者易懂，而使用俗语的"讲谈本"（講釈本）是最好
的选择。他主张哲学、心理学和历史读物一定要用"言文一
致体"撰写。加藤弘之还说他比以往任何时候都"痛感"实
施"言文一致"的必要性，应该尽快实施"言文一致"，尤
其是在大家每天都要阅读的学者的著作和报刊上。关于动词
的结尾（文末辞法），他建议使用简略的"である"，而不
用比较长的敬语"あります、ございます"。❷虽然后期的加
藤弘之逐渐思想趋于保守，但他在"言文一致"史上的贡献
是不可磨灭的。

　　植木枝盛（1857～1892）在"自由民权"运动中是著名
的代表性人物，他在著作《民权自由论》中呼吁人人应该享

---

　　❶　［日］山本正秀：《言文一致の歴史論考》，（东京）樱枫社昭和四十六
年（1971年）版，第106页。

　　❷　［日］加藤弘之："言文一致に就いて"，载《言文一致论集》，明治三
十五年（1902年）五月三日。东京大学图书馆藏。

有平等的包括思想、言论、出版、集会、私事上和公事上的所有权利。为了向缺乏知识的一般庶民言说他的人权平等观念，植木枝盛在撰写《民权自由论》时使用的不仅是通俗易懂的"谈话体"，而且还夹杂了诸如"あります、じゃ、ではない"等多种俗语的结尾词，这使他成为最早使用"言文一致"的"谈话体"著书立说的思想家之一。植木枝盛曾经受到西周和福泽谕吉的影响。他喜读《明六杂志》，也曾拜访过西周，同时他也是福泽谕吉的崇拜者，因此可以说他在"言文一致"方面的开拓是对前辈西周和福泽谕吉的继承。除了植木枝盛之外，"自由民权"运动中两个代表"自由民权"的党派"自由党"和"改进党"也在它们出版的报纸《自由新闻》《自由灯》等刊物中大量使用带有"であります"的"谈话体"，并由此得到了广大下层民众的欢迎。他们还在《自由灯》上呼吁在日本全国范围内推广"东京话"，要让"东京话"变为日本的"国语"。更令人惊奇的是，在《自由灯》的一些文章中不仅有"对谈体"的文章，还出现了"落语式"❶的对话文章。"对谈体"和"落语"文章在报刊上的出现无疑是出自"自由人权"运动的平等和庶民思想。

中江兆民是日本明治时期著名的自由民权运动理论家、政治家、唯物主义哲学家和无神论者，是倡导自由民权的政治活动家和理论家。他和醍醐忠顺、中井弘、田中正造被并称为"明治四大奇人"。中江兆民主张采用言文一致体以及用罗马字代替汉字。在《文学的战国时代》（《文学の戦国

---

❶ 日本的"落语"近似中国的相声。

時代》）·一文中，中江兆民指出当时的日本好似文学的英雄割据的"战国时代"：在文体上有"洋文崩溃体"（洋文崩しの体）、翻译体（翻訳体）等各种杂用体，这些文体都各有千秋，它们虽然今后会有或多或少的盛衰却不会彻底消失；在文字上有汉字和假名字；在假名字中还有"草书伊吕波""片书伊吕波""万叶假字"等诸多写法。如此错综复杂，恐怕古今任何国家都不曾有过。由此兴起了文字改革的议论。中江兆民认为，如果日本的文字改革像俄罗斯的彼得大帝那样果断的话，罗马字应该是最便利的。他认为具体的操作程序应该是先确定字母，然后将其编成歌谣在中小学的课堂上传授，之后，把从小学到大学的课本都用罗马字编写并让学生们练习，最后再在政府的公示中使用罗马字，这样就能最终大功告成。中江兆民说不仅是文字，就连文体也应该随之改变，而且一定要选择最适当的"言文一致"，原因是欧美诸国都在采用使用罗马字的"言文一致"。❶

　　如果说西周和福泽谕吉是近代日本在文字和语义上的开拓者的话，那么加藤弘之、植木枝盛和中江兆民等三位以"自由"和"民权"为奋斗使命的明治时代的思想者就是最早从意识形态上谋求开放的"先觉者"了。从他们三人对言文一致的支持和实践中可以看出，思想行为的"自由"和表达方式方法上面也就是言文一致之间存在着的一种宿命性的关联，由此还能将之推演到中国，推演为追求"自由"和"民主民权"的"五四"运动和中国白话文运动之间互为因

---

❶　［日］中江兆民："文学の戦国时代"，载《一年有半》明治三十四年（1901 年）九月三日，博文馆发行。

果的缘由。事实上从欧洲的文字改革史上的先例——从但丁的《神曲》和欧洲的文艺复兴、从马丁·路德的宗教解放和"新德文"的产生，"自由"的追求都是文字和文体演变的一大原因，以解放和开放为奋斗目标的社会思潮往往裹挟着、伴随着新的言语语法形式或者文学表现体裁的诞生。中国内地 20 世纪 80 年代以王朔、王蒙为代表的文学工作者在小说形式上的"强行突破"和异军突起都是良好的证明，都具备思想解放和艺术形式以及语言表现形式等诸多方面的意义。语言和思维几乎是同为一体的，心灵对"解放"的追求是打破旧式文体的原动力。

还应该留意的是日本的"民权运动"比中国的要早得多，加藤弘之和中江兆民所提倡的"民权、自由"等理念和同一时期甚至稍后的中国的以"太平天国运动"为代表的农民起义中所提出的政治诉求是有所区别的，前者带有明显的新兴资本主义的色彩，这是由于日本接受西方的资本主义式的自由思想的时间要早于中国。明治初年的这些口号和中国20 世纪初的"五四"时期的口号相似，而在同一阶段中国以农民起义为特征的历次社会变革中并未产生过非常醒目的对语言变革的集中式的动议，那么是否能够推论，哪个国家的资本主义革新发生得早，哪个国家的语言革命就掀起得早呢？

至于言文一致的形式，加藤弘之、植木枝盛和中江兆民等人并没有什么大的创新，而只是停留在"デゴザル、であります"等代表着当时的口语体的"文末辞法"❶ 上面，也

---

❶ "文末辞法"是日语，表示句子尾部的动词形态。

就是说在明治早期的日本"言文一致"还处于起步阶段，还没有发展到在文章整体的文体上全面实行言文一致的阶段。日本之后的言文一致的焦距点还会在很长一段时间内停留和争执于"文末辞法"的选择上面，❶ 在其他国家的文体改革中鲜有类似的案例，表现了日本语言的特色。

除了提出"自由人权"的改革主张的思想者之外，将社会变革的理念和实际行动付诸实践的著名社会主义者幸德秋水、堺利彦也是言文一致的支持者。假若将西周、福泽谕吉两位明治初年参与到日本向"言文一致"方向转移进程之中的先哲称为"第一梯队"，将加藤弘之、植木枝盛和中江兆民等三位"民权主义者"的加入称为"第二梯队"，那么无疑，明治三十年代"社会主义者"幸德秋水和堺利彦的言文一致活动就是"第三梯队"。"第一梯队"所做的是近代词语的构建和与西方接轨，使言文一致获得了表现上的工具和手段，在西周、福泽谕吉铺盖的快捷的、新式的表现工具的帮助下，新的思想和观念得以在日本——通过"第二梯队"的再一次的与西方的接触和译介、理解和传达而形成、而加深加强并变得根深蒂固，为"第三思想梯队"的大规模社会运动和实践打下了精神和认知的基础。从实现手段来说，将语言言文一致化无疑是三个梯队的共同需求和必要条件，因为只有将"文"和"言"统一起来，让二者尽最大可能的一致，方能将抽象的观念在更大范围普及和推广，才能号召和唤醒民众，才能引发人权和社会主义的运动。

幸德秋水是日本社会主义运动的先驱，同时，他也是著

---

❶ 详见本书第六章。

名的"大逆事件"❶所涉及的主人公。同时，幸德秋水也是"言文一致"运动十分重要的支持者。幸德秋水关于"言文一致"的论述被刊载在明治三十四年（1901 年）发行的、由"言文一致会"主办的《新文》上，即《言文一致和报纸》（《言文一致と新聞紙》）。在这篇文章中，幸德秋水指出，作为新闻传播媒介的报纸应该尽早地刊载用口语体撰写的记事文章，因为那样一来，那些读不懂文语文的人就能读懂报纸上的内容，能使读者的数量两三倍地增加。即使对那些喜欢阅读文语文的读者来说，尽管他们喜欢看咬文嚼字的古雅体的文章，然而一旦新闻口语化了，他们就可以提高阅读的效率、减少阅读的时间，也是一件十分有益的事。针对那些持保守态度的、维护古典的人士，幸德秋水指出，无论是古典文还是俗文，它们的经典性是相对的，是会随着时代的变化而变化的；那些被保守派奉为经典的文本中也包含着大量的俗语的成分，比如《诗经》其实就是当时的"俚歌"，《论语》中也有大量当时鲁国人使用的俗语，《孟子》中也有很多"乡人"的俗语，无论多么深奥的、艺术性强的读物，如果只是供少数人把玩而将众多的读者拒之门外也没有什么意义，换句话说，合理的文体应该是最具时代性的、与时俱进的文体。

---

❶ 日本"大逆事件"，又称"幸德事件"。1910 年 5 月下旬，日本反动政府镇压日本的社会主义运动。从 1910 年年底至 1911 年 1 月，对被捕的数百名社会主义者进行秘密审判，诬陷日本社会主义先驱幸德秋水等 26 人"大逆不道，图谋暗杀天皇，制造暴乱，犯了暗杀天皇未遂罪"。经大审院一审即终审的特别判决后，于 1911 年 1 月 18 日宣判幸德秋水等 24 人为死刑，另外 2 人为有期徒刑。幸德秋水等 12 人于 1 月 24 日被处以绞刑，日本人民把幸德秋水等 12 人称为"十二烈士"。

　　在幸德秋水的有关"言文一致"合理性的论证中，值得注意的是他将中国《诗经》《论语》《孟子》等经典作为古人也曾言文一致的论据，这和与他同时期的许多"言文一致论"的支持者的做法是相似的。可以将之解读为，在日本近代言文一致的进程中，不仅西方的言文一致是日本的模板，中国的经典中的白话成分也曾被用做"古人也那样说"的证词来背书言文一致，因为那时日本尚未脱离中国文化经典的气场，还将自己视为古中华文明中的一个重要组成部分。❶

　　从新闻的角度来看，幸德秋水指出当时报刊上文体的种类繁杂，既有"汉文直译体"，也有"洋文直译体"和"雅俗折中体"，这是新闻事业发展的一大阻碍，因此一定要尽快地将文体统一到"言文一致"上面，使日本的新闻界拥有一种统一的文体。关于新闻"言文一致"具体的普及方法，幸德秋水建议不要突然地全面地把所有的版面都"言文一致"化，那会在已经熟读文语文的读者中引起恐慌，而应该从"杂报"栏目中记事文开始一步步地"言文一致"化，这样的话，只要假以时日，"言文一致"的目标就可以实现。❷将幸德秋水的上述关于"言文一致"的论点综述，其核心内容就是：第一，新闻报纸的言文一致化对报纸本身的发展有益；第二，报纸的言文一致化是被读者们期待的，当时社会上谈话体文章的流行就是一个佐证；第三，报纸上文章的文体必须是能够被大多数读者所接受的文体；第四，文体并不

------

❶　在这个认知上的转折点是中日甲午战争之后两国国力的彻底颠倒。

❷　［日］幸德秋水："言文一致と新聞紙"，载《新文》第一卷第二号，明治三十四年（1901 年）五月二十八日。东京大学图书馆藏。

是一成不变的，最佳的文体一定是那个时代的"言文一致"；第五，日本未来一定要有一种统一的报刊文体，也就是"言文一致体"。

幸德秋水不仅在言论上大声呼吁新闻界的"言文一致"，也是一个积极主动的实践者。从明治三十一年（1898 年）到明治三十二年（1899 年），他在自己担当记者的《万朝报》上使用"言文一致体"尝试撰写了多篇口语体的"社评"（社说）。这在当时是十分具有超前性的。❶ 受幸德秋水呼吁的启发和实践的引领，从明治三十四年（1901 年）七月开始，《读卖新闻》在"记事"栏目中十分坚决地采用口语体的文章，从而在新闻界起到了带头的作用。《团团珍闻》是明治十年（1877 年）创办的专门用于刊登讽刺性文章的通俗刊物，在日本民间有着大量的读者。由于风格是嘲讽性的，刊物的文章里使用了大量的口语和俗语，文体也千奇百怪。尽管如此，"社说"栏目和其他报纸一样，文体也始终是文言文的。明治三十年（1897 年）七月，幸德秋水在《团团珍闻》上用笔名连载了"言文一致体"的"茶说"——《美国政治的讽刺画》（《米国の政治的風刺画》），这篇文章是使用"言文一致体"（包含である調）书写的新闻论说文章的最早的实践，具有划时代的意义，因此他获得了之后的"言文一致"家的高度评价。由于幸德秋水从事社会主义运动的时期正是在中日甲午战争结束之后，日本借机

---

❶ 日本报纸上的"社评"栏目是报纸上最晚实现"言文一致"化的，尤其是大型报刊。比如，《读卖新闻》"社说"栏目的"言文一致"化是大正九年（1920 年）十一月，《东京朝日》"社说"的"言文一致"化是大正十一年（1922 年）一月。

大力发展工业产业，其结果是对工人的剥削日益加重，幸德秋水在包括《美国政治的讽刺画》在内的很多文章中，都大力宣传社会主义思想，而由于他的受众是工人和农民，口语化的形式无疑对实现他的政治主张起到了很大的帮助作用。特别值得一提的是，幸德秋水在狱中临受刑之前给家人写的几封信，也是用"言文一致"体而不是惯常文语文写的，这在当时十分罕见。

堺利彦（1871～1933），号枯川，日本社会主义者、思想家、历史学家、作家、小说家、翻译家。别名贝冢涩六。堺枯川是和幸德秋水一同从事日本社会主义运动的著名的社会主义者，被誉为"社会主义运动之父"，同时，在"言文一致"运动中，他也是一位代表性的人物，在"言文一致"运动史上，他是小说家之外的对言文一致贡献最大的社会活动家之一。除了社会主义运动之外，堺枯川对日本文化的贡献主要表现在三个方面：第一，是言文一致的普及；第二，是家庭生活的改善；第三，是无产阶级文学或者说大众文艺的推广。和幸德秋水一样，堺枯川对言文一致的首要贡献也是在新闻报纸言文一致体的应用方面。言文一致体虽然经过山田美妙等作家的努力，在小说界形成了气候，但如何将新文体应用到日常生活中去始终是一个有待解决的问题，关系到言文一致体在何种程度上能够得到普及。由于堺枯川曾经当过《万朝报》的记者，❶ 堺枯川就得以利用《万朝报》这块阵地为言文一致的实现添砖加瓦。他在《万朝报》上撰写

---

❶ 他当时和幸德秋水是《万朝报》的同事，这成为后期他们二人一同投入日本社会主义运动的缘由。

"社评"，呼吁在信件的书写上首先破除当时的"候文"❶的传统，用言文一致的口语文代替之。堺枯川是最早用言文一致体书写日记的名人之一，他在明治三十四年（1901 年）日记《三十岁记》中使用了"である"，这在当时是十分鲜见的。从前日本人都是用和文或者其他文体书写日记。虽然在平安时代有的女性用假名的言文一致体书写日记，但是到了近代，一直到明治四十年代都鲜有用口语文书写日记的。在著名作家之中，比如森鸥外用汉文体记日记，樋口一叶用流利的和文体记日记，国木田独步用结合"欧文脉"和"汉文脉"二者各自所长的混合文体"新文语文"写日记，其他的作家比如二叶亭四迷、尾崎红叶的日记都是文语文，作家之外的名人也都用汉文体、漢文崩し体、和文体、欧文直译体等其他文语文体写日记，因此，堺枯川在明治三十四年用言文一致体书写日记，不能不说是一种创新的举动。不过从时间上看，夏目漱石比堺枯川用言文一致体写日记的时间稍微早一点，但是其中的言文一致成分是零星的，大部分都是文语文的。他最终完全用言文一致体写日记的时间大约是在明治四十年（1907 年）。幸德秋水是明治时期第一个用言文一致词尾"た"书写日记的，从明治三十二年（1899 年）八月到同年的十二月，幸德秋水写了几篇含有"言文一致调"的日记，他应该是日本言文一致日记的"第一人"。而堺枯川是幸德秋水的挚友，他的《三十岁记》比幸德秋水大

---

❶ 候文是中世纪到近代被使用的一种日文文体，特征是在文末常使用表示尊敬的助动词"候"。候文是把现代日语中的"です""ます"用"候"（そうろう）来表示的一种文体。

约晚了一年零八个月，也算是日记言文一致体的开创者。在发表《三十岁记》之后，堺枯川又呼吁对日本的书信进行言文一致的改革，并在《万朝报》上发表了《言文一致的书信》（《言文一致の手纸》）。在这篇文章中，他首先号召书信应该紧随小说、纪行文之后进行言文一致化的革新，而革新应该从赞同言文一致的人身体力行地用言文一致体写信开始。接着堺枯川又在"言文一致会"的会刊《新文》上撰写了题目同样为《言文一致的书信》的文章。在这篇文章中，他对当时通用的信函文"候文"进行了不留情面的批判，指出虽然日本已经成为--个"立宪制"的国家，但信函方面还十分保守，还使用传统的"候文"，这是十分不合时宜的。他指出"候文"有着双重性，一方面它含有"卑屈、阿谀、追随"等奴性的语气，另一方面"候文"里又携带着"尊大、横蛮、傲慢"等封建贵族式的语气，而无论是晚辈、下级的谦恭还是长辈、上级的高傲，都是和自由平等的思想相违背的，而且"候文"的用语和句法中包含着许多并不实用的仪式性、形式性的东西，文语文的"臭"（味道）十足，生硬烦琐，不仅是传达真挚情感的羁绊，对于文化水平不高的大多数人来说还是写作和阅读的障碍，十分不宜于书信的普及和孩童的教育，因此堺枯川建议应该尽快废止"候文"，发起一场"手纸革命"（书信革命），用言文一致的口语文代替之。❶堺枯川还指出：书信是人们日常生活中使用最频繁的、任何人都会使用的交际工具，是"普通文"中的"普

❶［日］堺枯川："言文一致の手纸"，载《新文》第一卷第三号，明治三十四年（1901年）七月。东京大学图书馆藏。

通文"，因而如果日本要想尽快全面地"言文一致"化，除了通过改革报刊的途径之外，尽快地推行书信的言文一致化也是一个非常有效的方法。堺枯川还身体力行，在自己写给家人的信中使用了口语化的"言文一致体"。❶ 堺枯川在明治三十三到三十四年间比以往都更加积极地参加到言文一致运动中，与他在这一年中思想从一个"风俗改良主义者"发展到一个社会主义者有着密切关联。明治三十四年（1901年）堺枯川发表了他在言文一致方面最有代表性的文章《言文一致普通文》。他在这篇文章中的语气十分激进和亢奋，除了梳理言文一致运动的由来和进程之外，他还用十分激越的言辞对日本的言文一致运动大加赞扬，指出明治三十四年是日本迎来20世纪的第一年，也是日本的一大机遇之年，因为"言文一致"的语言的变革注定会使日本社会发生深刻的变革。堺枯川将所有的文字改革理论——包括罗马字论、假名文字论、汉字"节灭"或废除论、新国字制定、国文改良事业等一系列语言方面的变化都最终归结到"言文一致"上

---

❶ 明治时期最早倡导用"言文一致体"代替"候文体"书写信函的是三宅米吉。明治二十年（1887年）前后，在文字改革运动进入高潮的时候，三宅米吉就进行过这方面的呼吁，大槻文彦等"假名会"（かなのくわい）的成员还进行过文言一致体书信的写作实验，但随着明治二十五年（1892年）"假名会"的衰落该种写作的实验半途而废。之后，就连在二叶亭四迷、山田美妙、尾崎红叶等"言文一致"小说的开拓者们之中用口语文写信的人也绝无仅有，这不仅是因为"候文"是日本传统的通信体裁，还因为用"候文"写信给人的感觉言简意赅，不需要更多的啰唆，比较方便实用。日本最终彻底废除"候文"是在战败之后的昭和二十年（1945年），由此可知废除"候文"是一件十分艰难的事情。由于从明治三十三年（1900年）之后日本的"言文一致"运动进入了一个新的高潮，因此堺枯川明治三十四年废除"候文"、用口语文写信的呼吁得到了包括作家山田美妙在内的广泛的赞同和附和，对推动书写文体的改革起到了十分重要的作用。

面，认为言文一致才是语言变革的根本和先驱。❶另外值得一提的是，堺枯川在如何实现言文一致的具体方法上与其他人如二叶亭四迷设想的方法有所不同。二叶亭四迷在《本人言文一致的由来》（余が言文一致の由来）和《文谈五则》中提出正确的言文一致的实施方法应该是以口语为基础，也就是以"俗语"为本位对"文"进行改造，而堺枯川认为言文一致应该是将旧的文语文保留一半，使其增加简洁的程度和语势的强度，最后和另外一半口语元素合而为一，换句话说，堺枯川的方法是"文言各自五分"。他在文章《现在稍稍朝"文"靠近吧！》（今少し文に近づけよ）中不赞成那些"文三言七"的调和方法，指出"文"和"言"应该各自朝对方走五步，向对方靠拢。他认为"文"和"言"的最佳比例是"文言五分五分"（各占一半），并对当时重"言"轻"文"的倾向提出了批评。也就是说，与其说堺枯川赞同"民众的口语论"，不如说他更加倾向于"民主的平易的口语文"。他把重点放到了"文"的上面，主张温和保存（"温存"）文章里的文语文要素（语法和语汇方面的），而不是废除或清除之。❷正如堺枯川批评的那样，明治、大正时期的言文一致运动一度陷入了重口语、轻文语的偏激，致使文章中缺少厚重的元素，变得冗长俗气。堺枯川所提倡的和指引的"言文调和"的道路到后来在日本得以贯彻执行，因此，虽然堺枯川在社会变革方面是激进的，在"文"的改造方面

---

❶　［日］堺枯川："言文一致普通文"，载《言语学杂志》第二卷第五号，明治三十四年（1901年）八月发行。

❷　［日］堺枯川："今少し文に近づけよ"，载《新文》第一卷第五号，明治三十四年（1901年）九月一日。东京大学图书馆藏。

却算是一个"温和派",为言文一致指出了一条折中主义的可操作的路径。而由于他在社会变革方面的影响力和号召力,他的主张被广泛地尊重和采纳,因此可以说社会主义运动家堺枯川在言文一致运动中扮演了不可或缺的角色。

从幸德秋水、堺枯川和新闻报纸的密切关系中可以发现近代语言的言文一致过程中作为近代新兴的媒体报纸的不可或缺的作用。可以说报纸是文体改革的"接生婆",而《团团珍闻》《万朝报》的作用相当于清末白话文所栖息的市井小报。报纸硕大的版面能容得下白话文所需的字数;报纸的普及性需要中低级的阅读难度,而能够与之兼容的必定是和口语更加接近的文体。

在何样比例的文章才是真正的"言文一致"的文章这个问题上,堺枯川所给的文言各占一半的方法未免过于简单,真正的言文一致应该是文语文和口语文的水乳交融和浑然一体,在这方面,后来的文学家❶通过小说的文学形式的创作实践最终摸索出了道路。从这一点上可以说明,思想家虽然在言文一致的理念上能够先行,"文"的真正的创造者主要还是文人和作为语言艺术家的小说家们,思想的理论家主要起到的是呼吁和开路的作用,最终完成语言革新的往往是文学家们。

二、对日本近代思想家和言文一致运动关系的解析

从西周、福泽谕吉、加藤弘之、植木枝盛、中江兆民、田口卯吉、幸德秋水、堺枯川等日本近代著名的哲学家、思

---

❶ 比如森鸥外,其"和汉洋"三合一文体就是比较理想的言文一致文体。

想家、政治家和社会活动家在"言文一致"问题上所采取的态度和具体的行动上面，首先可以看到日本近代以"自由民权"为宗旨的思想解放和言文一致的密切相关，"明六社"成员既是日本近代思想解放的引导者，也是言文一致的最积极的推动者；其次，几乎所有主张"言文一致"的思想家和学者都在他们的早年有过与西方文化接触的经历，可以说，是外来的西方文化对他们的影响使得他们萌生了"言文必须一致"的意念，之后他们再将这种意念落实到具体的行动上，用他们的研究实践结果和作为著名人士的影响力对言文一致进行推动，从而完成了言文一致初期的理论上的建设，为后期的言文一致的探索打开了一条在概念上的合理化的通道。可以说，没有思想家、革命家在理论上的"冲锋陷阵"和循循善诱以及孜孜不倦的学养上的探索和修炼，近代日本的言文一致就不可能得到"思想之光"的照射，就会缺乏"本质"意义上的诠释和佐证，就会丧失"精神上"的形而上学的指引。笔者之所以发出以上"议论"，比照对象是将在第六章中介绍的参与言文一致建设的文学家和他们所作的贡献。在语言变革的过程中，到底是思想的先行者的贡献大还是文学家的贡献大？这似乎是一个值得深入探讨和反思的问题。能与日本近代思想家在"言文一致"和语言改革方面的作用相提并论和进行比较的是德国的马丁·路德和中国的胡适。路德首先是一个作为宗教改革者的思想家，但他用独具特色的德文所改写的《圣经》的确也是德国语言变革的一个"开山的文本"，而胡适则是身兼思想家和文字改革家的二重身份，他在"五四"白话文运动中所起的作用和福泽谕吉在日本近代语言变革过程中所起的作用"旗鼓相当"。语言的革命和思想的革命本身就是一对"孪生儿"。从西周、福泽谕吉到马丁·路德和胡适在语言建设方面的不可或缺的贡献和所起的"开路人"的作用上可以看到，凡在思想上企图打破禁锢者必然会在文字文体的创新和革命上有追求、诉求以及行动，因为语言是思想的分泌物，二者互为表里，对一方面的突破的企图必然会反映到另一方面。与之对比的是，并不是所有的文学家都能在文体方面有所建树和寻求突破，在近代文人中持保守主义立场的尾崎红叶和相对保守主义的夏目漱石就是比较好的例证。文人的突破是在语言的"艺"的层面，所重视的是感情的表露，因此无论是传统的还是新式的形式都可为其所用。但思想家——尤其是追求社会进步开放的思想家——往往在语言的形式上更具前瞻性、突破性甚至破坏性，因为新的形式本身就是他们所追求的核心内容，他们往往会为形式的突破而牺牲"文"中的艺术感觉。梁启超模仿日本人的形式撰写的多种"政治小说"就是一个例证，他的那些作品并不着眼于艺术的品位，注重的是小说对社会的启迪作用和开发民智的效果。

综上所述，在考察一种历史现象发生的"必然性"的时候，我们无非是在"历史的必然性"和"事件的偶然性"两者之间徘徊：既要寻找出一定的历史发展的规律以及具体事件在规律中的地位，又不愿意将所谓的"规律"武断强行地附加在历史的事件上面。为了避免在纯粹理论性的"规律"中做抽象的、枯燥的、不负责任的推论——对于历史上发生的某种现象的，所能做到的，除了紧贴历史事件的"史实"、用貌似笨拙却十分必要的方法将能为我们的观点提供佐证的历史的碎片，一片片地、耐心而细致地罗列和摆放出来之外，就是增加思考问题的参照项目和纬度。哪怕有些"纬度"显得并不那么必要和必然适用，但不妨在思考问题的时候将它们加入进来。这样就能在克服片面和主观的判断的时候不至于陷入执拗和极端。本节就是基于以上的思考进行的。对于日本从明治维新时代开始直至"二战"失败所追求的言文一致的起因的把握，无疑是一个不容易"一步到位"的事情。于是笔者首先从"政治""国际背景""语言潮流"等几个层面将历史的事件归类，同时，在考证历史资料的时候，在论证时也将比如"语音中心主义"等并不是历史事件发生的当时出现的某些西方的新的理论纳入到问题的反思之中，如上所言，这种"新的思考"从某种程度上说显得牵强和多余，但是不妨，它们的引入为扩大我们的思域范围起到了积极的作用。除以上之外，还可以将历史事件发生的原因用比较传统的"内因—外因"的思考模式加以分析。比如可以把"世界语言的发展潮流、受西方影响的自由民权运动"等归结为外因，但采用这种方法，又如何将日本的对华战争（甲午战争）的因素归类呢？无疑甲午战争在研究的时候是一个"内外兼具"的因素。除了"内、外因"的模式，还可以采用另外一种显得比较"另类"的模式分析"言文一致运动"发生的原因，那就是"反推论法"，即用"假如不"来反推历史事件的结果，比如可以提出类似这样的追问："假如福泽谕吉、西周等思想家没有受西方思维的影响而推动言文一致，那么它还会发生吗？"这种追问甚至可以变为更加宏观的："假如日本19世纪没有受任何西方文明的冲击而急于推行言文一致的话，那么今天的日本语是否还保留着汉文的文体？"另外，还可以设想："假如中日甲午战争没有发

生，即使发生了是中国而非日本是战胜国的话，那么日本的
'言文一致'运动会胎死腹中吗？"；等等。

在笔者归纳和总结的导致日本近代走向言文一致道路的
三大原因——（1）世界口语化潮流；（2）各类与日本直接
间接发生关系的战争；（3）具有新思维的自由思想者的榜样
的带动——之间，似乎能够发现它们之间按照以下模式的互
动和相互作用。

第一，在第（1）和第（3）个原因之间有着必然的联
系。19世纪是一个由西方列强引导的世纪，19世纪中叶西
方列强用坚船利炮叩开了以中国为中心的东亚各国的大门，
欧美列国的军舰所展示的不仅是军事上的强大，更伴随着思
想上的"先进"，而承载思想的工具就是言文一致的语言。
西学理念的欧洲语言的言文一致先通过传道士的对《圣经》
等宗教经典的翻译被传入中国，由于中国的文言文基因对之
的抗拒性极强，于是就绕道到了日本的长崎等最初对外开放
的港口，和那里最早从荷兰人进入后就点燃了火苗的言文一
致的端倪接洽并汇合到一处之后，被先涉足西学的日本的文
人墨客以及思想者心领神会，形成了"西学"的先导以及与
之同体连身的言文一致拼音文字对亚洲国家的最早扩散的基
础。之所以说世界的口语化的潮流是日本言文一致的大背
景，是因为日本当时的处境是深陷言文一致的西方侵蚀甚至
是合围之中的，一旦与强大的西学相碰撞相接触，西方的言
文一致的便利就必然会对在文字和文体上本来就首鼠多端和
漂泊无根的日本传递出诱惑无比的"秋波"。这种"秋波"
在中国并不是没有传递过，但是受到了顽固的抵制和万般的
不屑，而在日本其境遇却不同了，因为日本本来就不是那个

象形文字和文言文的发明者，是个名副其实的"借用者"，因此，毫无忠于之心的、极为实用主义的、嬗变的日本自然而然地变成了向西方口语体文字的第一个"投降者"和接受改造者。那些西周等"自由思想者"的"思想"是舶来的，他们用舶来的新的锋利无比的新思维对着古老的虽然爱惜备至却不是自己的文言文和言文不一致的语言横加指责甚至拔其根、取其茎，莫不快哉！西周、福泽谕吉等人当时的心情是可以被回味和理解的。也就是说，西方的拼音文字的潮流不是顺流而下而是大浪滔天似的对 19 世纪的东亚醍醐灌顶，在中国没做过多的反应后首先攻克了日本——在被他们"洗过脑子"的西学的先行者们的引领下，大势所趋和思想的"第五纵队"二者配合，掀起了日本言文一致 80 年戏剧之帷幕。

第二，使得日本走上言文一致之路的三大原因都有一个共同的"底色"，那就是"战争"，战争是将三者连接在一起的一条绳索。明治维新将日本的国门开放，将新思维新思想以及承载它们的语言的工具——与日本不同的言文一致的语言引入了日本。日本在和令他们耳目一新的完全以口语为基础的这些西方语言中看到了表述方式上的差别，而西周和福泽谕吉等翻译家所做的，就是在二者之间建立第一条纽带并由之将以竞争、以"适者生存"为主旨的西方的观念引入本来被儒学的中庸之道占据着的日本，于是日本的好斗性得到了理论的武装。在言文一致上的初步的实验结果是民智和民众识字能力的提升，这又为日本的"富国强兵"奠定了比邻国中国更加坚实的基础，于是，在中日甲午战争到来的时候，已经颇为"言文一致"的日本就侥幸地（当然其中有必然性）战胜了中国。然后，在甲午战争中暴露出的言文不一致的问题（语言的混杂为军令的传达带来的困难）又使得战后新的一轮的言文一致获得了广泛的支持，于是国家开始介入言文一致，通过"国语"的打造和普及进一步提升了的教育程度和"作战素质"。之后在日俄战争中又获胜的日本借着一系列的侵略战争将已经更加言文一致的"日本语"用战刀在被侵略的国家和地区中推行。由此展现了比较清晰的围绕"战争"这样一个中心环节展开的近代日本语言发展的大致道路，那就是：西方的思潮和言文一致文体的传入——民众教育水平的提高——战争中获胜——借着不断的战争将言文一致的"日语"向殖民地强行渗入这样一个完整的过程。

无疑，从"语言变化"的角度分析，这种先从西方带入日本、由日本将其模仿吸收之后再向东亚邻国用战争的手段强行楔入的语言变革过程是相当独特的。首先，它绝对不是一个自然变化的过程，是个"急变"而不是"渐变"的过程：没有西方文化的进入，按照正常规律变化语言的日本或许不会如此之快地进入趋向"言文一致"的语言变化阶段，第一个推力是来自外部的，是来自拼音文字国家，是来自亚洲之外的。正是以福泽谕吉为代表的"精英"们的观念上的"脱亚入欧"的企图导致了日本在语言上的"脱亚入欧"，而日本企图脱离的"亚"实质上是东亚，是以中国汉字文化圈为代表的表意文字的文字传统。其次，以"亚洲西方人"自居的日本被"言文一致化"之后的"重返亚洲"——使用战争的手段，在横贯19世纪末至20世纪中叶的半个多世纪中在亚洲引发了一系列的全地区性的语言上突变，这种突变有的是整体性的，比如在朝鲜和中国台湾，有的是局部性的，比如在中国东北（伪满洲国），由此引发了整个地区的非自然性的语言的"裂变"，也打破了各个地区语言变化的本来的规律。

从社会思潮的角度来看，日本用"日语"对被殖民地区和国家的入侵时并没有引发像在日本本土言文一致初期过程中的以"自由民权"为宗旨的社会革命和进步的运动，而恰恰相反，由于是站在侵略者的位置上，日本在推行其语言的时候采取的是镇压、是与张扬民主民权截然相反的方式，因此在这个阶段上，原本引导了日本的言文一致的西方式开放和自由的因素又彻底失效了。由此就在整个东亚地区语言变化的成因方面找到了和导致日本"言文一致化"的三大成因（世界大势、战争、自由思潮的推动）不同的其他诱发因素，那就是武力征服和殖民。

通过对"三大原因"的详细展示和剖析，笔者完成了柄谷行人所不愿意触及的"言文一致的内部"，并且发现，言文一致实质上是"内部"和"外部"相互作用的产物。无疑，"内部""外部"是一个辩证的二元体，是一个可用于思维多重意义的工具。比如，既可以将"内、外部"的方法用于言文一致的成因的分析之中，将外在的作用和内在的作用作为考虑的两个方面，同时还可以进入微观的层面，对"汉字"这种符号在日本语中的位置做"内、外"两重的考虑，进而将汉字、汉文等所有的"中国元素"在日本这个"大和民族"的民族属性和文化内涵中的寓意进行"内、外"二元的分析，等等。

那么，"三大原因"模式将怎样给日本近代史上以言文一致为核心内容的语言转型一个比较直白的关于"必然还是偶然"的结论呢？以下不妨将笔者的发现一一进行总结。

第一，日本近代的言文一致的走向是必然的，整个东亚的语言转型也是必然的，是顺乎世界口语化潮流的。即使没有 19 世纪之前（比如日本、我国台湾地区和荷兰文化的接触）和 19 世纪之后的来自西方的碰撞，东亚可能也会发生言文一致的语言变化，比如韩国由"世宗大王"引导的本土拼音化的实验。但是由于西方拉丁语系文明对亚洲的入侵和强行进入，19 世纪东亚的语言发生了在外来的重大影响下的"突变"，这种"突变"——无论是被迫的还是主动的——打乱了东亚语言体系的缓慢的自然的演变进程，使其节奏突然加快。这个"外来促成的加快模式"不仅适用于近代的日本，更适用于"五四"前后的中国，而中、日两国原本在语言结构上就有着很大的相似性，因此，"突变式语言转型"在中日之间产生了极大的同构性，语言变革的内容形似或相同。由此，笔者将其命名为"中日语言变革模式"。

第二，假如进行更加微观、更加具体的分析，会发现，在大历史的"必然与偶然"的辩证的成因之下，必然性下的偶然的因素也作用于日本 19 世纪的言文一致过程。比如，中日之间的甲午战争对其的极其"机会性"的决定作用：甲午战争日本的"侥幸胜利"将原本已经停滞下来的言文一致和"去汉化"的运动突然又重新启动，使其进入一发而不可收的高潮。甲午战争之前中国海军的吨位总量本高于日本，日本在开战之前并没有几分胜利的把握，换句话说，本来甲午战争的胜负对于参战的双方就是一个"必然、偶然不确定"的事情，而胜利的日本顺势将语言的变革推向了"加速前进"的局面。反过来说，假如中国是甲午战争的胜者，那么，日本还会在语言中加紧对"汉元素"进行大删大减吗？结论自然是否定的。

还有，假若日俄战争也以日本的战败为结果，那么，日本即使开发了所谓的"国语"，日本的"国语"也不会在战争机器的推动下向"大日本帝国"域外殖民地传染病似的扩散，致使中国台湾地区的语言、朝鲜半岛的语言、中国东北地区的语言发生了人为的、扭曲式的"裂变"，产生出许多种类似在"满洲国"曾经流行的满、日、汉三种语言合成的"三合一"语言，以及朝鲜半岛和中国台湾地区曾经使用的独特的殖民地式的语言。也就是说西方的外来因素使得日本先发生了语言的"裂变"，日本又借用战争的力量将这种"裂变"迅速向全东亚地区传播，由此引发一系列的不符合语言自然转变规律的语言的大破坏、大变革和"大混乱"。这一地区虽然因"二战"结束和日本的衰落而部分重新回归该地区各国的语言主体性的存在和变化节奏，但日本给该地区造成的"语言重创"是不应该被忽略、忘记的，那是该地区的宏观意义上的"语言变革大背景"，应该引起语言研究者的注意和重视。

第三，在东亚地区除了日本的语言变革带动周边国家掀起了违反语言变革规律的"裂变"之外，能与之在模式上相类比的——正如上文中讨论过的，是在日本启动"言文一致进化程序"之后从"五四"开始才正式进入"快车道"的中国的言文一致，影响中国言文一致的源头之一就是日本，但是日本对中国内地语言的冲击和破坏是局部的而不是整体的，并非像其对朝鲜半岛和中国台湾地区的冲击那样"断其根部斩其源头"，中国的"白话文"运动之所以被一些学者用来和日本"言文一致运动"进行整体性的对比，就是因为两个"运动"发生之前中日两国在语言结构上有很大的同构性，因此"运动"所涉及的内容（字、文、语）也极为相似。但是，中国"五四"时期的语言骤变更加是自身的、自觉的变化，并不像日本的"言文一致"那样对他国发生干系，更与他国的战争毫无关联，❶ 这就决定了中国语言革命的"内省性"，不对他国形成挑战和威胁。我们可以说：语言的本性决定了国家的本性。

从本书各个章节间的前后衔接和关联上看，本章中"世界潮流、战争、思想家的引领"等引导近代日本走上言文一致道路的"三大原因"的找寻和汇总为本书的第三、四、五各章围绕着"国字、国文、国语"等"言文一致"的三大核心成分的展示和分析打下了一个必要的基础，为后面的叙述提供了一个不可缺少的"大背景"的铺垫，这类似于"前期清场"的工作，因此在展开之后的"三大核心"的论述时就会不时地发现这"三大原因"在言文一致的具体实现中起到的作用。同时，第六章关于"近代文学家在言文一致过程中所起的作用"可以被视为对"三大原因"中的"思想家的作用"的一种对比性的分析，试图回答的是在语言变革中思想家和文学家的作用孰大孰小的问题。

---

❶ 尽管"五四"运动是"一战"帝国主义战争的一种后果，然而中国并不是主要的当事国家。

第三章

"汉字"("国字")的废存和日本言文一致之路

日本语言中的汉字被视做近代日本走向言文一致道路的第一个"羁绊"。

近代日本为什么在文字改革中企图废除汉字？文字的改革是日本实现言文一致的重要内容之一，具体地说就是要废除汉字，用其他文字符号代替。在研究日本废除汉字的企图和过程时我们将关注汉字的"他者性"这个问题：对于日本来说汉字是中华文明的象征符号，是"他者"但又不仅仅是纯粹的"他者"，也就是说，日本废除汉字的过程是一个如何确认汉字在其文化中的定位的过程。罗马字是日本用作顶替汉字的真正的"他者"的、用于表现语音的字母，笔者将分析日本在选择罗马字、用拉丁文以及假名字母替代汉字的过程。无疑，史料中提供的诸多细节会帮助了解"语音中心主义"在被打造和移植到表意文字文化中的具体模样。总体来说，日本的文字改革运动分为两派：一派主张减少汉字，另一派主张废除汉字。废除汉字的方法又分为两种，第一种是采用假名文字，第二种是采用罗马字。在《日本现代文学的起源》中，柄谷行人显然是将日本近代"言文一致"中对汉字的废除的企图和最后操作上的限制和"节减"当做日本通向发现"内在的自我"和寻求"独立的自我"的一个必然的步骤。柄谷行人说："然而，我一直视为问题的是，复写在怎样的符号论式的装置下成为可能？先有事物，而后观察之'写生'之，为了使这种看似不证自明的事物成为可能，首先必须发现'事物'。但是，为此我们必须把先于事物而存在的'概念'或者形象化语言（汉字）消解掉，语言不得不以所谓透明的东西而存在之。而'内面'作为'内面'成为一种存在，正是在这个时刻"。❶ 显然，柄谷行人将象形的、原本就是"自然之复写"的汉字当成了单纯的符号性的存在了，由于这种被他忽略掉了"自然之物"的符号书写的复杂性和学习上的困难，认同"语音中心"说的柄谷行人自然而然地推崇表音性要优于汉字的、更具备"透明性"的假名式书写体，因此他也就毫不奇怪地将汉字当成"表现自我困难"的近代之前的"罪臣"，从而高度评价"言文一致"对汉字的"消解"的功劳。但是，被柄谷行人错误地认定为"写生自然"的障碍的"汉字"恰恰本身就是自然的"写生"的成果。其实，汉字中原本就包含着柄谷行人所说的"事物"，汉字的使用并非减弱了对"事物"表现的能力、成为"自我"的体现的障碍，恰恰相反，正因为汉字是"自然"的"自然的载体"，文学中使用汉字——假如能够巧妙地有效地使用的话，自我的表现和发现是本不应该成为问题的。这已经为大量的古典汉文文学和夹杂汉字的日本文学作品所证实。

汉字真的是近代日本发现自身"内面"的障碍吗？和柄谷行人的"汉字自我内在表现障碍说"相反，后文所介绍的夏目漱石等近代文人对汉文和汉字所能表达的"文"的眷恋以及对"言文一致"运动的怀疑和抵制，可以帮我们从另外一个角度透视近代日本在汉字取舍上的两个不同方面的思考。还有，废除汉字和汉文绝不仅仅是出于语言学意义上的考虑。台湾著名散文家林文月在散文集《读中文系的人》中

---

❶〔日〕柄谷行人著，赵京华译：《日本现代文学的起源》，生活·读书·新知三联书店2003年版，第51页。

有一段话，是描述日本在殖民时期对"汉文"是如何禁止的："行万里路，对于雅堂（林雅堂）先生的读书著述确实有极大的帮助，东瀛以来，他不仅勤勉依旧，更应台湾文化协会台北支部之邀请，每周末为社会人士及青年学子们演讲有关台湾历史文化，以及中国古典文学方面的题目。当时日本占领台湾已经二十八年，正推行其所谓'国语运动'，逐渐禁止汉文、企图达到彻底奴役台胞之目的。所以雅堂先生每回演讲、日本官方都派遣通晓台语之人在场'旁听'监视，遇有可能刺激台胞民族意识的部分，便提出警告。"❶显然，"汉字"的废除和"汉文"的废除是不同的，但两个词语中都有一个"汉"字。19 世纪末到 20 世纪前期直到第二次世界大战结束日本战败，日本在朝鲜、中国台湾地区和中国的东北地区都先后推行过用所谓的"日本国语"代替"汉文"以及韩文的语言殖民主义，而日本更早期的自行推行的"废除汉字运动"则起始于明治维新前后。

下面的几个小节将分别讨论日本在汉字废除问题上早期的争论，后期在废除和减少限制汉字方面采取的实际行动，罗马字、假名和其他"新字"使用上的尝试。随着讨论的逐渐深入，就可以了解到 19～20 世纪初的日本走的是一条怎样的"步步拼音化"的文字路线。由于中国近代史上也曾走过一条对汉字逐步改革之路，将其与日本的"废除汉字之路"作点面上的对比，或许是解读日本如何从"汉字的统治"中渐渐摆脱出来的一种较好的方法。

---

❶ 林文月：《读中文系的人》，文化艺术出版社 2010 年版，第 122 页。

第一节　倡导"国字改革"和"废除汉字"的人群及动机

　　日本最早对汉字质疑的"出发的胎动式的征兆"起始于和西方拼音文字接触之后。第一个见识到西方文字简易的是江户中期的幕府儒官新井白石（1657～1725年）。宝永五年（1708年），他根据在长崎港和一艘西洋船上听说来的关于西洋的传闻撰写了一部《西洋记闻》。在书中他就表现了对"只凭二十几个字母就能表现一切发音和书写妙文——荷兰文"的惊奇，同时，他还将其简便和汉字"虽然万字有余却有时仍难于达意"的烦琐进行了对照。与新井白石同时代的对汉字进行排斥的是持"复古主义"立场的契冲（1640～1701年）、荷田春满（1669～1736年）、贺茂真渊（1697～1769年）、本居宜长（1730～1801年）等人，他们都是"拟古文运动"的代表人物。所谓的"拟古文"，是指文法上复上古日文的"古"，在用词上选用平安时代的"雅语"，在字符上尽量选用平假名而非汉字的文体。因此，他们是反对"汉字、汉语、汉意"的，企图从"汉字、汉文"的束缚中挣脱。无疑，他们也可被视为早期的文字和文化上的"国粹主义者"，也是最初的"俗文主义者"。尽管有"复古主义者"们的参与，日本最初的对汉字作为一种烦琐的文字的意识并不主要出于本居宜长等"复古主义者"们对汉字的排斥，而是出于在长崎——当时日本唯一的"对外窗口"的一些"兰学者"们看到简易的、表音的荷兰文后和象形的汉字的对比。正所谓"没有对比就没有鉴别"，这种对比和鉴别的结果就是对汉字的批判力的养成比如江户时代身兼"兰医"和狂歌、戏作者几种身份的森岛中良（1754～1808 年）就在《红毛杂店》中将只使用二十多个字母的荷兰文和拥有数万字的"唐土文字"进行对比并取笑汉字汉文；算术家、经世学者本多利用（1744～1821 年）也在《经世秘策》中也表达了相似的意思。这些都可算是最早的对表音文字比象形文字优越的"觉醒"。那么，从西洋人的角度反观汉字占主体的当时的日本文字文章又是一种什么感觉呢？曾经在荷兰驻长崎的商馆中任职的荷兰人 Fisscher 在《日本风俗备考》中对汉文的嘲笑以及德国人 Grube 将汉字说成是"恶魔的发明"（悪魔の発明）、美国人 Whitney 说汉字是"最令人厌恶的书写语言"等，都能表明当时的西方人对汉字圈的日本是鄙视和取笑的，在天书般的汉字面前是望而生畏的——即使他们批判汉字时使用的说法是汉字是一种东方人的"墨守成规"和"保守的习俗"。

　　我们还能从日本和西洋在文字上的最初碰撞中察觉到几点与中国和西方文字最早发生接触时表现的不同之处：第一，虽然中日两国都携带着象形的汉字和西方的表音文字"相互碰撞"，但是汉字对于中国是唯一的，而日本则不。日本有本土的表音的假名文字——所以"拟古文运动"会产生，因此，对于中国来说，不存在能"复"的能与西方的拼音文字对等的"古"，对于拼音文字，要么彻底拒绝，要么全盘接收，而不像日本似的能通过复早先的"古"，通过将日常使用的表音文字比例的扩大，而不伤筋骨地和舶来的另外一种表音文字"合拢"——在局部减少汉字比例之后，也就是说，在文字的"东西碰撞"初始，中、日文字结构不同、基因不同，这种不同就决定了 18～20 世纪两百多年两国文字改革上虽然相似——都是进行文字、文体的简化，却不完全相同的两条路线。第二，对于日本来说，汉字和西洋文字同样，都不是本土的，都是借来的，因此，从日本和西方在文字上第一次接触和碰撞的最开始那一个时刻，汉字就自然而然地和"唐土"相提并论了，这当然和中国人出于同一境遇时发出的所思所想不同。换句话说，日本可以将汉字放在纯客观的、技术层面上考虑取舍，而中国不可。第三，从西方人的角度来说，万字不同的、象形的汉字完全是一种"魔法"，对于只掌握十几个音符的文字的人来说，这一点应算作是惊奇的发现。

明治维新之后，试图进入现代化国家的日本在语文方面遇到了两大问题：第一，如何吸收西方文化的词汇；第二，如何改革日本文字，减少学习困难。笔者可以先介绍"言文一致"和"国字改良"的一些代表性人物，然后，通过对这些代表性人物倡导日本进行"国字改良"的背景和动机进行分析研究，从而深刻地理解明治时期日本为何要进行"国字改良"，为何要对汉字实施包括废除、节减等种种"措施"而达到"国字改良"的目的。第一类人物的代表是前岛密和福泽谕吉，这二人是明治维新前后废除汉字的领军人物，立场也最为坚定。他们希求"言文一致"和"废除汉字"的原因是想让庶民获得一种能够简易阅读的新的文体。大量汉字的存在他们看来是获得那种文体的主要障碍。第二类人物是以岛村抱月和二叶亭四迷为代表的作家。他们主张对"国字"和"国语"进行改良主要是出于现实主义的近代小说的文体观。第三类主张进行"国字改良"的是政治性和社会性的人物，包括主张自由民权思想和社会主义思想的植木枝盛、坂崎紫渊、幸德秋水、堺枯川等人。通过对"国字"进行改革和减少汉字的使用，他们希冀的是日本获得一种民主主义的、大众化的新文体。第四类是传播近代语言学的学者们，包括藤冈胜二、保科孝一、新村出等人。这些人是基于新的语言观、文章观主张"言文一致"和"国字改良"的，并不带有强烈的意识形态的色彩。第五类人是与第四类有一定相似性却又不完全相同的，他们虽然拥有语言学者、报纸主笔的身份，但同时又是意识形态色彩极其强烈的"爱国主义""帝国主义"分子，如上田万年和林甕臣、中井锦城等。这些人的"粉墨登场"和1894年的中日甲午战争（日本称作'日清战争'，明治二十六年）和"日俄战争"（1904～1905年）两次战争有着很大的关联。第六类人的代表是波斯贞吉，进入大正时期之后，中国的国力明显衰落，因此他们把"汉字"和"中国"以及中国在近代的衰败联系起来考虑，把"脱离汉字"和"脱离中国"以及"脱离落后"的概念混为一谈。

前岛密是日本近代"言文一致"运动的开山人物，日本近代史上的"废除汉字"运动就是以庆应二年（1866年）前岛密向幕府将军德川庆喜提交"汉字废除建白"（建议书）为发端的，由之开始了废除还是保留汉字的长达几十年之久的争议和尝试，并最终以"限制汉字"为日本的语言国策和方针。前岛密在"建白"中建议用拼音文字的"假名文"代替汉字。关于"假名文"的文体，前岛密主张不采用江户时代国学者们使用的"拟古文"体，而是采用"口谈"，也就是说话用的口语体和"笔记"体，将口语（話し言葉）和书面语（書き言葉）二者统一起来，即所谓的"言文一致"的近代口语文。前岛密通过对理想文体的表述明确表达了他对言文一致的志向。之前从事荷兰语、英语文研究的日本学者们虽然意识到西洋语的言文一致，但认为那只是文章上的事，认为与己无关，即使有人想到言文一致，也只是停留在知识界领域的文体观上，而前岛密试图通过写《汉字御废止之议》在日本推动一场言文一致的文体革命，所以他的这篇建议书在日本近代文体史上是一篇划时代的、具有重大历史价值的文章。由于前岛密是第一个对幕府的将军建言、提出"废除汉字"主张的，在中日甲午战争日本战胜之后"言文一致"又一次走向高潮时，前岛密作为国文国字改良的先驱人物而备受敬仰并再次被抬举出来，出任"帝国教育会国字改良部长"和"言文一致会"的"座长"、文部省任命的"国语调查委员会会长"等要职，成为后期"言文一致"运动的中坚泰斗级人物。前岛密曾受西洋文化的影响，他出生于天保六年（1835 年），曾经到长崎学习英文，由此开始了和西方文化的接触。前岛密之所以萌发必须废除汉字、必须对日本的"国字"进行改良的想法有两个原因：第一个是他 19 岁回故乡省亲的时候，见到自己的侄子虽然能十分快乐地阅读用假名解说的《桃太郎》小儿书，却偏偏要十分痛苦地阅读其中有"性相近，习相远"等用汉字书写的《三字经》，见到那情景，前岛密想到为了提高下层民众的阅读水准，就必须在读物中更多地应用平易好懂的日本假名。前岛密在早年提出"废除汉字"时还从节省少儿的体力方面进行过考虑。他发现让幼儿用烦琐的汉字阅读《三字经》会极大地消耗他们的体力，假若改用简易的假名，小孩儿在学校识字的时间会减少 1~3 年，这对孩子的发育成长是有益的。❶前岛密还指出汉字和文言文的使用令政府的办公机构和私有的公司在行文上非常烦琐，浪费了大量的人力和物力，假如能改变为"言文一致"，社会整体的生产力将会大大提高。❷ 第二个诱发前岛密书写"废除汉字建议书"的原因是他和美国传教士威廉姆斯（C. M. Williams，1829~1910 年）的交往。威廉姆斯原本在中国当传教士，后来从中国到达日本的长崎传教。他对前岛密说中国之所以国运不兴、民智不开并因之饱受西洋诸国的侮辱，就是由于使用难解难学的汉字和用汉字施行教育，来到日本之后，他发现日本也使用汉字，而且在日文中存在对汉字的"音读"和"训读"两种读法，使得日本的汉字比中国的汉字还要复杂难学，因此，威廉姆斯诱导前岛密向日本的将军提出建议，建议日本对"国字"进行改良，用早已有的、比汉字易学的假名（かな）代替汉字，从而提高日本人的文明水平。

笔者将前岛密的《汉字废止之议》内容大致翻译如下："国家之根本在于国民教育，教育之本在于无论士族平民的

❶ 前岛密不只是唯一将"体力说"和汉字简化联系到一起的人。明治三十四年（1901 年），井上丰太郎在《读卖新闻》上也曾说由于日本人的体力羸弱而且大多短命，要想让日本人像外国人付出的劳动一样掌握同样的知识、参与到社会活动之中，就要实施"言文一致"。而汉字的习得是十分困难的，而且还会减弱视力，因此要改为用平假名行文、用片假名书写实词。

❷ ［日］前岛密："経済上より言文一致を観察する"，载《言文一致論彙》，明治三十四年（1901 年）五月十九日。东京大学图书馆藏。

教育普及，而教育普及之本在于使国民能读懂简易之文章。文章之优劣不应在如何之晦涩高深而应在达意。倘若日本能够仿照西洋人之方法采用音符字（假名），则从此无论公私都可废除汉字，用假名代替之。"❶值得注意的是，前岛密虽然在"建白"中主张将汉字符号彻底废除，却没有主张彻底废除"汉文"，因为汉文中的许多概念已经演变成日语中的既成概念，他于是建议将"今日""忠孝"等用汉文表达的概念用"コンニチ""チウカウ"等日语中的片假名书写和标记。前岛密在"建白"中除了彻底废除汉字之外，另一个重要的论点就是"言文一致"。他主张采用"ツカマツル、ゴザル"❷等当时的口语式词尾代替文章中那些古语式的死板的词尾，也就是说，他建议将日常用语和俗语引入书面语言之中，使"口谈"（口头语）和"笔谈"（书面语言）变为一体，使"言"和"文"变为一致。日本江户时期也曾经有一些学者试图对日语进行改造，他们也想彻底排除汉字和俗语，然后从日本已经彻底死亡了的古语中提取元素，做成一种"拟古文"，但前岛密的方法显然不同于他们的：前岛密充分照顾到已经变为日本语概念的汉文的成分和社会上流行的俗语，试图将日语改造成既符合当时现状又简易的表音语言。

由于幕府时期"学问"被上层的士族们所垄断，前岛密的"建白"在当时无疑是一种十分勇敢的行为，因为他企图

---

❶ ［日］小西信八编：《前岛密君国字国文改良建议书》，飞田良文氏所藏。——笔者译
❷ 这些都是在当时占统治地位的武士阶层当中日常通用的词尾。

通过汉字的废除和文章的口语化，让更多的包括士农工商所有阶层都加入追求"学问"的行列之中。当时正处于幕府即将倒台的时代，将军们自身难保，因此前岛密的《汉字废止建白》并没得到幕府政府的积极回应。在受到冷遇之后，前岛密没有放弃，他又接二连三地提出了《国文教育之议》《兴国文废汉字议》《国文教育实施的方法》等和《汉字废止建白》相似的建议，建议政府在新的国语中"语言无论是汉语西洋语皆容纳之，文章不应以古雅文而是以近代文为主"，这些建议书都包含着"言文一致"的主张，都是从国家的立场上力主进行国字国文的改革。前岛密的"废除汉字"主张是明治初年提出的，在最开始的时候他寄希望于明治天皇下诏书推进他的主张但没有结果，只是得到了一个大人物"华顶宫"的支持，后来因为那个"华顶宫"去世而不了了之。他的"废除汉字"主张因此被长期搁置了起来，他本人也由此保持沉默。直到明治三十年，也就是中日甲午战争后日本的"言文一致运动"再次进入高潮时，前岛密才打破了多年的沉默，被抬举为"言文一致"运动的先驱和领袖。

明治初年前岛密的"废除汉字"提案没有得到日本政府的积极响应还有另一个原因，就是日本在幕府末年和明治维新初期突然进入了一个"汉字猛进"，即前所未有的大批量使用汉字的时期。其原因是日本在这个时期开始了和西方世界的大量接触，引入了大量的西方文化，既然外来文化的"量"增长了，在翻译时对接受国语言表述、表达能力的要求就有所提高，而当时日本的主要文字是汉字，汉字的使用量和使用方式也被推动着进入了前所未有的高峰。前岛密在这个时期"逆势"提出把汉字废掉的主张，自然他的观点被大多数人视为"空论"和"螳臂当车"，他的忧国忧民和民主思想也被认为是逆历史潮流的而未被重视和采纳。前岛密并没有因为自己的建议没被政府采纳而放弃他的"废除汉字"主张，他于明治五年（1872年）亲自创刊了一份只使用假名而不用汉字的《每日平假名新闻》（《まいにち ひらかな しんぶんし》），主旨是作文化普及的试验，让那些不识汉字的下层民众只使用假名接受文化的传播，对普通百姓进行文化上的启蒙。《每日平假名新闻》使用的虽然不是完全口语化的文体，但通篇没有一个汉字。当时日本上流社会的教育和阅读全都以汉字、汉文为主，官方的文章告示也采用十分"汉化"的"之乎者也"感觉的"候体"文，因此，前岛密首创的通篇没有一个汉字的报纸无疑是划时代的、前卫的和革命性的。在办报期间，他一再声明自己的试验就是要让下层民众摆脱中国（"支那"）式的语言模式，让十个人中有九个文盲的现象得到改变，使阅读变成上流人士与普通民众的共有能力。由于财政上的不济，前岛密兴办的《每日平假名新闻》没办多久就停刊了。停刊的另一个原因是通篇用平假名书写的报纸虽然从发音上阅读并不困难——只要认识平假名就行，但当时的人们早已习惯用汉字阅读文章，只有平假名的文章反而读起来十分别扭，大多数人对之没抱太大的兴趣。当前岛密在明治三十年（1897年）后再一次被公认为"言文一致运动""废除汉字"的先觉者并被推举为"假名字协会""罗马字协会"的首领后，他对明治初年自己在勇敢地进行废除案汉字试验时的心境进行过回顾，说当时日本政治改革最难以进行的是对贵族制度的改革，而日本贵族制度的根基牢牢地扎根在汉字和汉文之上，因此，改革汉字和汉文是民主主义改革的最大难题，那需要世人逐渐觉悟到汉字之害，最后致力于废除之。前岛密明治初年向日本政府提交的多封"废除汉字建白"（建议书），于明治三十二年（1899 年）被日本"帝国教育会"编辑成一本专书出版发行，成为后期"言文一致"运动的纲领性文件。

假若以今天的眼光对"汉字文化圈"进行回眸式的观照，就能关注到前岛密在文字变革历史上的特殊地位了：他是整个汉字文明圈里第一个提出"废除汉字"之人，与他相比，中国首先明确提出"废除汉字"口号的是 20 世纪初的"新世纪派"，一个笔名为"苏格兰"的人❶，而"苏格兰"是在 20 世纪初、"五四"新文化运动之前才明确提出"废除汉字"的。此前无论是卢戆章、王照、王炳耀在为汉字注音上的尝试，还是黄遵宪、康有为、梁启超、谭嗣同等革新派人士怀着对西洋拼音文字便捷的羡慕发出的中国文字必须改良的感叹，中国人对于文字的"祖产"汉字的态度始终都是保守的、改良的，只是试图用切音等方法对其辅助而绝没有想到要将之彻底丢掉。是旅居法国的无政府主义者用"文字进化论"的观点将世界上的文字先按象形、表意、拼音分成从低到高的三类，然后证明绝大部分是象形、表意文字的汉字是"野蛮"的文字，进而主张用所谓的"径用万国新语"，也就是被日本人最先称做"世界语"（esperanto）的语

---

❶ 刘进才：《语言运动与中国现代文学》第二章："'汉字不死，大祸不止'？"，中华书局 2007 年版，第 38～83 页。

言取代之的。当然，进入"五四"时期之后，"废除汉字"的主张就不仅仅是"苏格兰"之类人物的小范围内的"疾呼"，而变为整个社会大谈特谈的公开话题了。和日本的"废汉第一人"前岛密相比，可以看到前岛密和"苏格兰"这两个第一个明确提出"废汉"人物之间的差别：首先，前岛密的主张比"苏格兰"的要早将近50年。其次，在前岛密提出废除汉字的时候，整体汉字文化圈的危机还没有真实存在，西方的拼音文化系的列强尚未对"汉字圈"进行围剿，因此前岛密的"废汉"诉求更多是"技术层面"的，是因为使用时不太方便而想起的，是从教育儿童的角度提出的，是改良性的而非革命性的。"苏格兰"所处时代的中国情形则迥异，20世纪初期的中国已经是个被包括日本在内的外国列强包围中、蚕食中、占领中的中国，因此"苏格兰"在提出"废除汉字"时的呼声是声嘶力竭的，是痛心疾首的，是出于"追赶"的目的的，总之，是有着生死存亡的宁可牺牲文字而保护种族国家的"背水一战、丢卒保车"的毅然决然的气概的。再次，从前岛密这个"日本废除汉字第一人"前后期的"人生遭际"中可以看到明治初期到明治三十年（1897年）日本言文一致道路的变迁。他个人命运从遭受冷遇到被奉为"汉文废除先生"的大起大落恰好为我们勾勒了一道从低到高的废除汉字的呼声的张扬曲线。伴随着呼声的渐高，汉字的地位自然逐日下降。再有，从日本长达30年之久的"汉字废除道路"的走势来看，日本的文字变革之路的起步是缓慢的，节奏是有条不紊的，起初是"非功利"的，甚至是大有商量余地的，而且是比较理性的。明治时期为转译西方著作对汉字派生的突然的大量需求使"废汉"的道路变成了"之"字形的回转不定之路。这与在其几十年之后延展的中国"废汉"的道路不同。中国的道路的起步点是缓慢和游移不定的，但在19世纪最后十年和20世纪头十年因对日战败和八国联军入侵而产生的"救亡"呼声陡峭而起，突然进入了疾驰的快车道，因此中国的"汉字存亡"的参与者们缺少前岛密那样假以时日的从低潮到高潮的缓慢交替和心态上的淡定。

在上一章里笔者将思想家对之的引领视为日本言文一致的三大"原因"之一，那么在是否保留汉字这个问题上思想家们所持的态度又是怎样的呢？福泽谕吉在此问题上的观点就颇具代表性。正如前文所述，福泽谕吉在"言文一致运动"中作出了五大贡献：第一，使用平易的俗语文体；第二，提出了"汉字废止论"；第三，尊重口语；第四，创造了许多翻译用语；第五，计数法的改良。他同时指出，福泽谕吉的"汉字废止论"是留有时代痕迹的。❶其中之一就是"汉字废止论"。由于福泽谕吉是精通西方文明精髓的"自由民权"运动的领袖，可以想象他的语言观和文体观是以"自由"和"平易"为基调的。福泽谕吉著述甚丰。他所有的文章都采用评语明快的著名的"福泽调"，即平易明快、通俗易懂的笔法。"福泽调"文体的特征是"世俗通用的俗文"，这种文体将汉字和俗语随心所欲地混杂在一起，其用意是让任何阶层的男女老少都能读懂。在他出版《西洋旅案内》《穷理图解》等译作时也使用这种独特的"世俗通用的俗

---

❶ "伊藤博士と福沢翁"，载《言语学杂志》第二卷第二号《杂报》，明治三四十年（1907年）五月十日。日本国会图书馆藏。

文"体。在福泽谕吉翻译西方著作的年代，汉文还占据绝对的优势地位，尤其在翻译领域，大多译著使用的都是汉文体，因此他的文章面世后虽然受到广大民众的喜欢，却受到一些正统的汉学者们的劝诫。对此，福泽谕吉不以为然，公然与那些人争辩，申明自己之所以大胆地采用世俗通用的文体著书立说和从事翻译，就是要打破汉文的牢固地位，把文章写得简单易懂，用"俗文"引导世俗。严格地说，福泽谕吉的文章还不是完全意义上的口语体，他文章中的词尾使用的还是文语文（文言文）的"たり""べし"，也就是说他的文章整体看来还不是口语的，语法上仍然保留着旧文体的结构，但他所使用的词汇却都带有"自由平易新文体"的特征。或许他虽然和其他那些"洋学者"们一样也抱有"言文一致"的理想，但没有那些人那样急于求成，试图在语法上仍然保留文语文的结构，只是在语汇上达到"言"和"文"的一致。无论怎样，福泽谕吉和他所奉行的"世俗通用俗文"的理念在日本近代语言变革中独树一帜，作出了不可取代的贡献。明治六年（1873 年），福泽谕吉在《文字之教育》（《文字の教》）一书中也发出了应该准备废除汉字的呼吁，并提倡在书写汉字时尽量挑选笔画少的书写。他认为，假如选用笔画少的汉字，一千字左右就能应付诸如写信函等基本需求了，而书写那些复杂的汉字是唯古主义的腐儒们自我陶醉的伎俩，并说没有必要让儿童将时间浪费在复杂的汉字的演练上，那是一件无益的事情。福泽谕吉在《文字之教育》中所说的这些话是一种对十年、二十年、三十年后日本"国字"改良发出的预言，他本人就是国字改良论者们最热心的同情者。对于汉字，福泽谕吉认为最终是要完全废止的，但在实践中又无法实施，因此福泽谕吉在《文字之教育》中提出的尽量减少汉字的使用和限制汉字的主张应该说是一种对现实的妥协。这也是日本历史上第一次关于限制汉字的提议。福泽谕吉在《文字之教育附录》中发布了他选定的汉字表，总共有928个，不仅其中的90%与明治末期"临时国语调查会"所选用的汉字一致，而且比过后日本文部省选定的汉字数量还少。福泽谕吉年长前岛密一岁，二人都是明治初期文字改革、废除汉字的"狂热者"，在前岛密在朝野大声呼吁的同时，作为民主主义理论家和实践家的福泽谕吉在抱有"废除汉字"理想的同时也从实践上践行之，他不仅通过写"世俗通用的俗文"开发民智、宣传民主思想，也通过印发《文字之教育附录》（明治六年出版）这种将汉字的使用限制到很大程度的手段切实推行他的理念，这本《文字之教育附录》可以说是将启蒙家的理想和功利的实际主义相结合的现实主义的产物，是以渐进的方式进行改革的表征。应该指出的是，福泽谕吉的"新俗文精神"是和"限制汉字"相互关联的，在明治初期"汉学的顽迷固陋的形式主义"和"封建残余横行"❶的时候，他企图通过文字上的"去汉化"走"脱亚入欧"之路，在当时不能不说是一种进步的取向。但是福泽谕吉的"废除汉字"的理想却以"限制汉字"告终，这不就正好证明汉字对于日本来说是"不可废"的，日本也无法彻底地"脱亚"吗？具有特别意义的是在号召"废除汉字"的同时，福泽谕吉也是"新汉字"的创作者，在翻译西方著作的时候，他创造了许多新的汉字合成词语，比如

---

❶ 福泽谕吉的讽刺语。

"汽车""版权""演说""讨论""政治""经济""外交""会计"等，现在这些用语还在使用。福泽谕吉还是西方式的评论文文体的最早的实践者，这样日本就从儒教的"固陋偏颇的论说形式"中解脱出来。总而言之，作为日本近代最重要的思想家和改革家的福泽谕吉对待汉字、汉文所秉持的态度和他采取的所有行动，都是和他"开发民智"和"脱亚入欧"的理想相匹配的，都是他"言文一致"理念的具体实施步骤。他和前岛密一起，竖起了明治初期"废除汉字"和"言文一致"的两面大旗。

从福泽谕吉这位明治时代的哲人兼文人以及翻译家处理"文"和"字"之间关系的方法上似乎可以看到埋藏在日本言文一致道路上的汉字的"羁绊"，即在通往言文一致的俗语的、口语的路径上，象形的汉字和抽象的汉文自然而然地变成了到达上述目标的一种"天然的障碍"——尤其是对于本来就不是汉文和汉字的拥有者、本来汉字和汉文对于日本来说就是"借用来"的语言工具的日本来说。汉字和汉文原本就是用人工嫁接的方法和以口语文为主的日本语言"对接"到一处的，因此追求天然的日本式的口语文的时候，比如要对具有"排异性"的外来语文中的各种元素进行妥善的处理，否则就会发生混乱，产生各种技术上的硬伤，因此说福泽谕吉对"俗语文"的追求和"废除汉字"的主张是一对具有必然性的组合。甚至可以推导出一个规律，无论是在中国还是在日本，一般主张语文应该"俗语化"的人，通常都会对"字"的精简提出要求，"文"的改革和"字"的改革通常是一体化的。

在第二章介绍过的堺枯川是与幸德秋水齐名的著名的日

本社会主义运动家，同时也是"言文一致运动"的鼓吹者和推动者。明治三十四年（1901年），堺枯川发表了他在言文一致方面最有代表性的文章《言文一致普通文》。从这篇文章中可以解读到他对汉字的看法。他说道："明治时期的少年人都学习欧罗巴的文字，在学习的过程中他们发现了言文一致的自由自在的长处；同时，由于在阅读欧洲文章的时候人们运用的是一种不可思议的直译的方法，因此对其耳濡目染，最后终于从汉文的压制中解脱了出来！"堺枯川在汉字方面的主要言论在他发表在"言文一致会刊"《新文》中的文章里面，第一篇文章即《言文一致事业和小说家》（《言文一致事業と小説家》）。在这篇文章里，他讥讽以尾崎红叶为代表的小说家们：一方面，他们是言文一致小说的"执先鞭者"；另一方面，他们又在汉字的使用上十分的顽固和守旧，在日常用语中使用许多怪异的汉字，把赏玩汉字视为雅趣，结果使费解的汉字变成了妨碍实施言文一致的一大"毒害"。堺枯川指出，虽然小说家和言文一致的推进有着密不可分的关系，他们是文法上的推动者和实践者，但不能被忽视的是：同样是小说家们，以尾崎红叶为首的"砚友社"的作家们又是言文一致的"麻烦制造者"，他们总是从汉文或者字典中找出诸如"小厮""闲话休提"之类的古怪难懂的字眼，任意地配上日本假名的读音，而那些读音假若没有旁注的话谁也读不出来。他们那样做的目的是借此卖弄学问和玩味汉字，但结果是不仅造成了日语的混乱和无章可循，而且将读者引入歧途。由于"砚友社"和尾崎红叶在文坛上的影响巨大，他们在"奇怪的汉字"上的随意和任意让这种"毒害"广泛地传播。在《言文一致事业和小说家》的结

113

尾，堺枯川这样说道："我们原来都以为只要言文一致了，汉字节减的目的就可以实现，因为那样只用耳朵听就能够听懂文章的内容了。那样的文章也不需要很多的音注，是纯然日本的独立的日本文。但是，即使今天言文一致已经十分盛行了，那些小说家们还企图增加汉字的数量，他们写的文章无法用耳朵听懂，没有注音也读不出来，这种和汉皆非的文章真让人私下慨叹。"❶他还呼吁尾崎红叶用他在文坛上无人可比的影响力引领大家割舍这种对汉字的情结，写出言简意赅通俗易懂的文章。

为什么"砚友社"的作家们会那样大量地使用"奇怪的汉字"呢？堺枯川详细地分析了其中的原因，认为总共有七个：第一，由于日文中有许多言不尽意之处，需要借用汉语进行补充；第二，如果只用假名的话显得文章太长，不好读；第三，如果只有假名没有汉字，日语就是只有"听觉效果"而没有"视觉效果"的语言了，显得比较乏味；第四，如果在日本语中使用和日语在"音""意"两方面完全相符合的汉字，就能把日语变为一种具有独特美感的十分和谐的语言；第五，同理，假如能让日本语和汉字和谐得天衣无缝，日本语就会成为一种"谜"一样的十分有趣味的语言；第六，假名和汉字兼用，会使没有学问的人只能读懂假名，学者和有学问的人可以假名、汉字通读，人们可以量力而为；第七，东京的方言中外地人不明白的部分，可借用汉字会解。其实当时不仅是"砚友社"的作家，其他流派的作家

---

❶ 明治三十四年（1901 年）八月一日《新文》第一卷第四号。东京大学图书馆藏。

也都在作品里大量使用"奇怪的汉字"。二叶亭四迷在《片恋》（明治二十九年）和《浮き草》（明治三十年）里也大量地使用了汉字、汉文为基调的用字法，在他的榜样作用下，言文一致的发展竟然一时停滞下来。作家岛崎藤村虽然是言文一致的支持者，但在《破戒》（明治三十九年）中也采用了和二叶亭四迷相似的方法大量使用难懂的汉字。这可以说是"白桦派"作家登场之前言文一致小说的共通弊病。因此思想家堺枯川对那些作家尤其是文坛领军人物尾崎红叶的严厉的批评是勇气可嘉的。

从上述堺枯川对言文一致的表态和他对以尾崎红叶为代表的"砚友社"的文人们的批评中能看到两点：其一，明治初期，人们通过"欧罗巴文"已经开始了对拼音文字的"仰慕"，就是说日本人在接触拼音文字的时候并没有像中国人在清末开始大范围接触西方语言时表现出的那般的不屑。❶笔者认为其中的原因是日本与只使用汉字的中国不同，他们本来就拥有自己的使用假名的拼音语言，因此在拼音语言进入的时候对之并不陌生。其二，堺枯川的这段"证词"向我们披露了为什么明治初年日本突然出现了"汉字大泛滥"的乱局。第一个原因已经在第二章中表述过，就是大量的翻译的需求迫使翻译者增加更多的汉字语汇；第二个原因就是堺枯川所说的文人们在写作时候的舞文弄墨和卖弄辞藻，而最能显示文人"文字水平"的自然是那些生僻的汉字，他们在文章中大量地使用之，使得汉字的使用出现了"失控"的局面。这两个因素形成了"叠加效应"，让明治初期的语言文

---

❶　当时的中国并未给予过学习外国语的人"高雅"的认可。

字出现了"战国"样的危局，由此也引发了堺枯川这类"有识之士"对汉字"乱用"的反对的呼声。

汉字的"乱用"的确是招致"废除汉字"诉求的重要原因之一。明治三十年（1897年）九月《早稻田文学》上的一篇"彙報"严厉批评了当时汉字使用的问题，指出问题的核心是由于汉字使用随意所带来的音读上的前所未有的麻烦。这篇文章将当时汉字音读分为五种：第一种是传统的"训读"，即"正训"，比如"読む"的读法，这一种没什么问题；第二种是本来"和训"中没有的，比如"黄昏""果然""茫乎"的读法，在标注这些汉字的发音时先要揣摩意思，然后再给它们注音，而日本明治初期的小说中大量使用这类汉字且使用的数量极多，使得发音混淆不清，给社会造成了很大的困惑；第三种是按照中国"唐音"读法的训读，比如"親類"的读音，这一种没什么问题；第四种是与意思毫无关系的、使用音训的读法，比如"宛字""頓間""兎に角も"等字的读音；最后一种即第五种是先有"洋語"的发音，后有汉字的单词，比如"手巾""燐寸"（火柴）等。文章批评那些在小说中不负责任地使用佶屈聱牙的汉字的作家是虚荣心和道德心在作怪，是故意用"奇字珍字"来卖弄学问，而汉字在小说中大量的无序使用和旁训的千奇百怪给日本明治时期的文学语言带来了重大的弊端。❶

那么，除了思想家之外，文学家们自己又是怎么看待"汉字乱用"的问题的呢？不妨看看作家岛村抱月的态度。

---

❶ "小説中の漢字"，载第二期《早稻田文学》第四十一号"彙報"，明治三十年（1897年）九月一日。明治文库藏。

明治三十三年（1900 年），作为"言文一致会"15 名委员中的作家代表，岛村抱月接受了《新文》杂志创刊号的采访，采访的题目是《言文一致的现在、未来》（《言文一致の现在、未来》）。在对"言文一致"发表了若干看法之后，他还就汉字的使用问题以及汉字与"言文一致"的关系提出了自己的主张。总体来说，岛村抱月认为应该渐渐将汉字废除，用日本的假名取而代之。但他认为这是一个渐进的过程，第一步要做的是限制汉字的使用，做到"限制汉字的言文一致"。岛村抱月批评"某个派别的"一些作家在汉字使用上不负责任的、十分随意和任意的做法，他们往往是根本就没有深刻地理解汉字的意思，就仅凭偏旁、部首从字典中把一些以前从来没有使用过的汉字翻查出来后使用，然后让读者凭借那些汉字的字形猜测那些汉字的意思，结果把读者弄得一头雾水。岛村抱月指责那些作家的态度是玩世不恭的，他们把文字——汉字当成了一种玩物；他们在使用汉字方面的随意，致使"文运的发达"被阻碍，使语言变成了空洞的符号。岛村抱月所说的"某一派"作家指的是以尾崎红叶为首的"砚友派"的一些作家，他们经常根据"自家制用字法"滥用汉字并由此"创作"出来许多诸如"不如管はず""此方も爵勃肚で""猛且未練が出る"之类的来路不明的、含义不清的表达方法，这不仅不合时宜，也无疑对"言文一致"起不到积极的作用。对于"红叶派"作家们胡乱制作和使用汉字所带来的危害，堺枯川也曾经在同一篇杂志的《言文一致事业和小说家》一文中进行了批评，认为胡乱使用汉字是破坏"言文一致"的一种近乎于"毒害"的行为，应该引起尾崎红叶之后的小说家们的警觉。

　　显然，被岛村抱月批评的"一些作家"在明治初期将他们本来就不很擅长的从中国语言中"借来"的汉字如此大量地"滥用"是导致汉字最终被限制甚至险些被废除的"一大祸根"。从大背景上分析，当时的日本其实是在"舶来"和"借来"之间搞着平衡："舶来"的西方的思想需要文字的载体，日本本来的载体不够大，就从中国的语言中"借来"更多的"能指"——汉字符号将之承载。问题是这些"借来"的"能指"对于日本来说本身是"异化"的，于是日本对其中的一部分进行重新加工，改造并且创造出一些诸如"文学""心理""汽车"这样的新的"能指"，这无疑是成功的、有益的，但这是在除了文学之外的社会科学方面，而文学上把汉字大规模地"借来"却是失败的，其失败就反映在汉字的"乱用"上面。显然这种乱用的始作俑者和受益者是非常"小众化"的，是少数的舞文弄墨的文人的把戏，这种并不高明的把戏恰恰引发了社会中下层民众对汉字使用的反感，反而变成了引发文字变革的诱因。

　　这也是中国和日本在致使"废除汉字"思想发生上的一大不同之处：中国的"废除汉字"的呼吁起因于汉字书写的难度、学习时间长久、美观而不实用等，这都是和日本类似的，但由于中国本身就是汉字的母体，尽管也有人批判过汉字使用中的艰涩和故弄玄虚，却绝不可能产生汉字和本土语言"嫁接"问题而引发汉字是否"水土不服"的争论。

　　或者可以得出这样一个结论：日本的近代化之路就是在西方思想的"所指"和文字的"能指"（本土文字以及从中国借用汉字的双重体），二者之间寻找平衡点的过程。为了让"能指"为"所指"更好地服务，就要反复在"能指"

上历练和打磨，正所谓"不成功便成仁"，一旦汉字使用到"乱用"和"失控"的地步，就会有人发怒进而企图将其废止。

如果说以福泽谕吉、堺枯川为代表的思想家和以岛村抱月为代表的作家主张废除或者限制汉字是出于语言和艺术方面的考虑，还停留在可能性的探讨的阶段的话，那么以下看到的中井锦城和原敬的限制汉字的主张则带着明显的国家意识和实用色彩了。明治三十年代期间，《读卖新闻》一直是言文一致运动的一个阵地。无论是社说栏目采用的文体是否有标志言文一致的"である"，还是文艺栏目的小说、杂谈的风格是否"言""文"趋向统一，都是"言文一致"进展的风向标。明治三十三年（1900 年）前后担任主笔的"帝国主义者"中井锦城是《读卖新闻》"言文一致活动"的核心人物。他是一个"言文一致"的提倡者，明治三十二年（1899 年）就用"である体"发表相当于社说的论说，表明自己支持"言文一致"的立场。明治三十二年十二月十六日，他用"锦城生"的笔名发表了一篇议论文字改革的文章《国字改良意见》。在文章中他说道：

近来国字改良之议论声音十分喧哗，在帝国教育会内部设置的国字改良部正在紧锣密鼓地分头研究新字的使用、假名字罗马字的使用和汉字节减等事宜。本人认为新字、假名和罗马字实际上非常难读，根本就不应该将它们当"国字"使用。假若它们真的被当成"国字"使用了，那么学习了是等国字的人就不再能阅读我国早先的书籍了，那时候他们要想读懂早先的文章的话还要像现在似的重新学习古语，既然无论如何都是费事的事，还不如不进行国字的改良。还有，让日本人把新字、假名、罗马字当成自己的"国字"是十分不易的，就好比是让日本人都不吃米饭了而改吃面包。"假名会"（かなのくわい）和"罗马字会"那么盛行一时却忽然瓦解，不正说明所谓的"新字"自打开始就存在问题吗？全面激进的改革一定要慎重。何况有那么多有害的激进改革的先例！但我也反对墨守成规和一成不变。我认为可行性最大的是进行国字的局部改良，就是减少汉字的使用数量，同时更多地使用假名。❶

那么，具体怎样限制汉字的使用呢？在同一篇文章里中井锦城提议，将汉字的数量减少到 1 000 字，将"樱""鹤"等汉字改用片假名标注，不使用那些生僻的汉字，同时，他强调汉字和假名的混用的重要性，指出二者并存是实现"言文一致"目标的必备条件。为什么要将汉字的数量减少到 1 000 个呢？在《国字改良意见》中，中井锦城给出了他自认为的理由："如今支那（中国）电信局所使用的汉字数量被限制在三千字。连支那三千字都够用，那么我们用一千个汉字也就不少了。现在支那和朝鲜在初始教学读物中使用的汉字也就才有一千个字，还有当时日本最早引入汉字的数量也就不过一千个字，为什么呢？是因为一千个汉字就足够应付日常的使用了。由此，应该把作为'国字'的汉字数量减少到一千个字，使其作为'新千字文'在教科书上应用，至

---

❶ ［日］锦城生："国字改良意见"，载《读卖新闻》，明治三十二年（1899 年）十二月十六日。明治文库藏。——笔者译

于其他的汉字，就让它们像希腊文和拉丁文那样，变为纯正文学的文字吧。"❶显然，主张"节减汉字"的中井锦城的提议也是折中主义的，但他对那些"激进论者"们的批评和警示直到现在也有着时代意义。假如将朝鲜、越南的彻底废除汉字的"文字改革"和日本的"减少汉字"方法进行对比的话，其结果就显而易见了。正如中井锦城当年预言和警示的那样，彻底"脱汉"的朝鲜、越南人今天就无法再读懂文字改革之前的民族古籍了，后人要想了解之，就需要重新进行汉字的学习；如果不学，就形成由于文字而产生的文化断代。

与中井锦城的"汉字节减论"相互应和的还有原敬的"汉字节减论"。原敬曾任大阪每日新闻社的社长，他在"大阪每日新闻"的社论（社说）上使用"言文一致体"，并认为要使文章简明易懂就必须减少汉字的数量。在"汉字节减论"中他指出究竟如何统一文体，是统一成"文语文"还是统一到"口语文"，是个需要时日的重大议题，不是一朝一夕就能完成的，不能一蹴而就，但是从文章的便利上看肯定是"言文一致体"占有优势。他建议在统一文体之前应该先从"文字的限制"做起，而想简化文字就必须对汉字进行整理和节减。这之后才是文体的统一问题。❷总而言之，中井锦城提出的"言文一致"需要和"汉字、假名混合体"共存的思想也十分有创见性，日本目前实际应用的、基本上"言

---

❶ ［日］锦城生："国字改良意见"，载《读卖新闻》，明治三十二年（1899年）十二月十六日。明治文库藏。

❷ ［日］原敬："漢字節減論"，载《日本及日本人》临时增刊第六八九号《现代名家文库大观》，大正五年九月二十日。明治新闻杂志文库藏。

文一致"的"汉字、假名混合体"正是他提出的文字思想的现实表现。也就是说汉字并非"言文一致"的"天敌",二者可以和谐、兼容地存在。这和"假名会""罗马字会"等拼音文字的提倡者的思想有实质上的不同,前者将象形的汉字当成"言文一致"的必然的障碍,"汉字、假名"的兼容同时也是象形文字和表音文字的融合的成功实践证明,前者是错误和武断的。

对汉字的态度比中井锦城和原敬更为激进的是冈仓由三郎。明治三十三年(1900 年)《读卖新闻》也加入为"国字改良"助阵的大军之中。在《读卖新闻》的"社说"中,报社表明:"国字改良和学制改良一样,乃二十世纪我邦学界之大事业,在二十世纪的开头之年一定要取得实行的初步进展。我社将其作为本年度之一大事业尽全力为之。"在此方针的引导下,《读卖新闻》从明治三十三年一月八日起连载《关于国字改良的诸大家意见》(《国字改良に関する諸大家の意見》),"大家"包括前岛密、冈仓由三郎、三上参次、后藤牧太、芳贺矢一等五人。前岛密无疑是资历最深的"废除汉字"的先驱。这里值得关注的是冈仓由三郎在《读卖新闻》明治三十三年一月二十九日发表的有关"废除汉字"的言论,特别是他所给出的理由。在该文中冈仓先表述了由于日文"言"和"文"不统一给日本人带来的困难和困惑,那么言和文为什么不一致呢?冈仓说:"是因为毕竟我们的古语是一种外国语,使用外国语表现情感是十分困难的。由于我们在使用外国语的时候不带着真心实意,所以文章就总是和自然的活泼的生活相扭曲。能像现在这样用口语直接行文是多么的便利呀!既可以充分地表达感情又可以便利地学习和掌握……"❶"总之，那些古文和汉文学者总是将他们的知识当成一种奢侈品，而不是一般国民能够获得的普通财富。"❷ 接着，冈仓展示了自己对"言文一致"的愿景，预示"言文一致"如果能够成功，就会给日本的"我邦真正的文学"带来兴盛。怎么才能克服"外国语"给日本带来的"言文不一致"的问题呢？冈仓给出的方法是"进行国字改良，全面废除汉字，用假名取而代之，将言文一致事业的振兴当做我邦（日本）眼下教育界文学家的头等事业来抓"。❸

需要留意的是，明治三十三年（1900 年）时候的日本已经是羽翼大为丰满的现代国家，尤其在甲午战争中的得手使"大日本帝国"的概念在国民的头脑中日益牢固，这种狂妄自大在冈仓由三郎的话中表露无遗。那么，汉语和汉字究竟是不是像他说的那样，是日本的"外来语"和"外来文字"呢？从汉字的起源上看当然是，但从日本文字文章和中国的历史渊源上看又不完全是。在这个问题上的"困惑"，几乎所有中国之外的汉字使用国——朝鲜、日本、越南都有。这个"里"和"外"的纠结，又能使笔者的考证和柄谷行人在《日本现代文学的起源》中所讨论的日本"言文一致"运动给日本带来的"内面"，即"内心"的觉醒发生关联。柄谷行人想要表达的意思是，日本通过"言文一致"运动提高了假名的地位，从而能从汉字的"象形"的压抑中获得解放，从而找到了内在的"自我"。从上文冈仓由三郎把汉字当成

---

❶ 《读卖新闻》明治三十三年（1900 年）一月二十九日。
❷ 同上。
❸ 同上。

自古的"外国语"的说法，还能看到日本人对汉字除了抱有一种"象形"的压迫感之外，还把这种他们自愿从中国借来的文字符号当成一个"他者"，那么，用假名全部或局部代替、置换"外来"的汉字，就似乎是一种"解放"的感觉，从而，柄谷行人所说的"内面"也就自然地被恢复被复原了。

当日本进入大正时期之后，日本的强势和中国的弱势逐渐显见，因此废除汉字的缘由也起了相应的变化。大正五年（1916年），波斯贞吉撰文《口语体的文章和报纸》（《口語体の文章と新聞》），明确自己"绝对的罗马字论者"的立场，说是由于"汉字妨碍思想进步"。他说："支那之所以退步到今天这种程度，其中的原因之一就在于其复杂的文字。支那的文字太复杂和太注重形式。支那被因于形式的流弊之中。一般来说思想被因于文章，文章被因于形式。因此，虽然文章有所变化和进步，但思想却没有任何进步。而我国（日本）也使用此种汉文，虽然其结果是文章上有所提高，但由于受文字的拘束，使得思想的发达极为迟缓。因此我以为要么对汉文进行重大的改良，要么全然将之废止，否则日本人的思想无论如何也难于发达。我认为汉文和'假名混合体'的文章是妨碍日本文明进步之原因。所以我主张废除汉字，用罗马字代替之。"❶

本小节对从明治时期前的契冲、本居宜长等"复古主义者"到明治初年的前岛密，从近代思想家福泽谕吉和堺枯川

---

❶　［日］波斯贞吉："口語体の文章と新聞"，载《日本及日本人》第六八九号，大正五年九月二十日。明治新闻杂志文库藏。——笔者译

到文学家岛村抱月，直到 20 世纪初期的中井锦城、冈仓由三郎等人的汉字观念进行梳理，基本上可以用这样的结论对这个跨度达百年之久的"汉字观"历史进行概括：其一，日本近代对汉字的态度——从心安理得地"借用"到将其视为"言文一致"道路上的"羁绊"，虽然也有早期的"排外心态"的作俑，但集中的对抗心态的形成还是在近代和来自西方的拼音文字相接触和碰撞之后。其二，对于汉字这种来自中国的文字符号，日本始终在是"内"还是"外"的心态上游移不定。在面对西方时往往将其视为"内"，在和中国作对时又转而将其视为"外"，在自身处于弱势时喜欢将其视为艺术品和"国粹"，在实用的需要加大时又将其视为糟粕。其三，十分明显，日本的国家态势是汉字在日本境遇的一个非常大的"变数"。从前明治、明治初期、明治中晚期直到大正，汉字这条文字的小船几经大风大浪和颠簸不定，时而被日本人高举到头上供奉，时而被作为脚下踩踏的舢板，时而遭受弃船的威胁恫吓，日本人在对待汉字这个"借来"的物件上，从来都不是忠贞不贰的。

第二节　日本关于限制、节减
汉字的讨论和实施

彻底废除汉字的路是行不通的。既然汉字被一些人视为通向"言文一致"方向的障碍，又不能将之彻底废除，那么下一步就是对汉字的使用采取限制性措施了。不仅在日本，限制汉字的使用数量和减少笔画复杂的汉字的使用似乎是"汉字圈"各国在近代先后采取的措施。在中国的民国时期就一再地开展限制汉字的行动，根据日本人内山完造对作家陶晶孙的采访笔记，民国时期的文学团体"创造社"就是主张限制汉字的："（陶晶孙）实际上创作社做了一个汉字使用的限制。当时北京的新青年和文学研究会无限制地使用古旧难的汉字，而去了日本的创作社成员都停止使用那些古旧难的汉字了。之后首先开始自左向右书写形式的也是创作社，包括后来的浪漫主义，当然这些在当时来看都是像明治文学一样难以被接受的，只是在事后的今天看来具有一定意义。"❶从以上内山完造对陶晶孙的访谈，可以了解到民国时期主张限制汉字、将文章从左向右横向书写（而不是传统的从上到下）并在写作中付诸实施的是从日本学习归国的"留日派"人士，这说明日本的"言文一致"运动对中国也产生了影响。那么，日本又是怎样开始限制汉字的使用的呢？

　　日本关于如何减少和限制汉字的讨论是在日本的"罗马字会""假名会"方兴未艾的背景下进行的，而"两会"成立的主旨就是用罗马字和假名取汉字而代之。在废除汉字运动中扮演重要角色的两个组织——日本"假名会"和"罗马字会"是在中法战争后"应运而生"的。一方面，"假名文字运动"主张全用片假名，创造了"假名打字机"，但全用假名的"假名文字"最终并没有成为正式文字。另一方面，

---

　　❶　［日］内山完造著，何花、徐怡等译：《我的朋友鲁迅》，北京联合出版公司2012年版，第210页。

"罗马字运动"主张全用罗马字书写口语,日本内阁曾颁布过一个"训令式"的日本罗马字拼写法,但是使用范围并不广。在中法战争之后,日本朝野的"废除汉字""汉字放逐"的呼声四起,当时成立的日本"假名会"与"罗马字会"高扬表记法改革的大旗,发起了声势浩大的从"国字"中驱逐汉字的运动。虽然从语言学的角度来看,主张"欧化主义"的"罗马字会"和主张"国粹主义"的"假名会"有一定的分歧,但"两会"的主旨是殊途同归的,目标是一致的,就是将汉字和汉字的母国——中国的元素从日本的表记法中清除,用表音文字彻底取代表意文字。为什么说"罗马字会"和"假名会"既是废除汉字的"动力",又是减少汉字和最终保留汉字的原因之一呢?如下文所述,"罗马字会"和"假名会"虽然成立的目的是用表音文字取代表意的汉字,但最终两个"会"都是以失败而衰落的,它们的实践证明废除汉字是一项"不可能完成的任务"。也正因为如此,限制汉字而不是彻底废除汉字才成为日本最终的"不二"选项。❶因此可以说废除汉字的实践反而为"废除汉字"帮了倒忙,汉字是不可全废的。

在为保留汉字而主张对其精简的人里,大木乔任(1832～1899年)是最早实施"汉字节减可行性调研"的一个。明治四年(1871年)七月起,大木乔任就任日本文部省的"初代官"。由于他对文字简易化非常关心,在他的授意下文部省于明治五年(1872年)七月制定了一个名为

---

❶ "汉字节减论"和"汉字不可废论"就是在明治二十年(1887年)前后,在"罗马字会"和"假名会"方兴未艾的时期被提出来的。

《新汉字书》的"汉字限制调查",在该书中选定了3 167个汉字。这是日本文部省最早的有关限制汉字的调查草案。从理论上最早提出"汉字节减论"的是龙溪矢野文雄（1850～1931年）。龙溪矢野文雄出身福泽谕吉门下,早年曾经到欧洲游历,是日本新闻界的先驱,也是明治时期著名的民主思想评论家和政治家。明治十九年（1886年）,矢野文雄撰写了在日本汉字制度史上具有重要地位的著作《日本文体文字新论》。在这篇著作中他先以《左传》《史记》《太平广记》等名著为实例,说明能够传达后世的名篇都是将"时俗"融入其中的文章,随后他对日本当时通用的汉文体、和文体、欧文直译体和俗语俚言体进行一一分析,并由之推论,在汉字、罗马字和假名等三种文字符号中最适用于日本的是假名,但由于仅仅用假名书写文章的话,日本口语的"冗长柔软性"就难于克服,因此最好的办法是用"雄劲"而"短声急声的支那语"对其进行中和,也就是当时被称为"两文体"的两种长处兼备的那种杂文体。矢野文雄对明治二十年代初期的"国字改良"运动的急先锋"罗马字会"和"假名会"持批评态度,认为其过于激进和"革命",并提议对汉字采取折中的方法,将其数量限制在3 000字之内。矢野文雄的"三千汉字"的提法是日本近代史上最早的节减汉字的观点,是一种代表性的稳健的汉字改良论。在阐明自己"三千汉字论"的同时,他还在报纸上发表《纸面改良意见书》,提出报纸的"社说""杂报"等栏目尽量采用3 000以下的汉字并刊发《三千字字引》（字典）。

和矢野文雄呼应的是笔名为"社友N. N. "的一位作者,该作者明治十九年五月到九月在《教育杂志》上发表了《日本文章论》。首先他赞同矢野文雄在《日本文体文字新论》中提出的"节减汉字"的提议，说将汉字减少到3 000个十分符合自己对于文字的想法，同时他坚决反对"罗马字会"和"假名会"企图彻底将汉字从国语中驱除出去的主张。虽然"社友N.N."认同对日本的文字进行改革的必要性，也指出日本人之所以难于掌握书面语言和学习汉字十分困难是有关系的，但他坚决反对废除汉字。他说道："我国已经有长达两千年的使用汉字的历史，这种四角文字已经深深地印刻在我们的脑海，是决然无法消除的。这好比是佛说的过世之因缘。"据此，"社友N.N."提出了他的立场极其鲜明的"汉字不可废"的论点。"社友N.N."认为，改良日本语文的正确途径首先应该从改革文体开始，将语言口语化，其次才是对文字的"优化"，包括减少汉字使用的数量、尽量使用容易书写的汉字等。这一点他的意见和许多人的观点是相同的。

另外一位提出"汉字不可废论"的是杉浦重钢，他在明治二十年（1887年）一月九日的《朝日新闻》上撰文《日本的言语文章》（《日本の言語文章》），对"罗马字会""假名会"的激进行为进行"非难"，指出强行将汉字废除的做法不仅不能为日本的进步提供便利反倒会招致不便，所以当务之急应该只是废除那些"陈腐的汉字"，并在文章中使用更多的俗语。杉浦重钢的论点在当时被认为是"新保守主义"的开端。在他之后的明治二十一年（1888年）四月，三宅熊二郎、志贺重昂、井上圆了、辰巳小次郎等九人发起以"保护日本国粹"为宗旨的"政教社"，并发行机关报《日本人》，其目的是对激进的欧化思潮和国民是非进行反省。"新保守主义"的宗旨并不是盲目地排外反欧，认为适度地对国语改良还是必要的，但提倡对在国语问题上的"过分"行动——尤其是"废除汉字"等——进行告诫和纠正。

反观日本在"废除汉字"还是"减少汉字"两种势力争斗的过程，矢野龙溪、"社友 N. N."和以杉浦重钢为代表的"新保守主义者"们的"汉字节减论""汉字不可废论"可以说是"罗马字会"和"假名会"所派生的两种与初衷相反却实属必然的"成果"，即"为之后方知不可为"——只有尝试取消汉字之后，才发现假若真的将汉字——包括书写和概念——从日本的语言中"驱除"的话，日本就等同于自废文字和语言，因为汉字已经深深被镌刻于日本语言的骨髓之中。汉字的"书写"用罗马字和假名标记非常容易做到，但表音的改变并没有改变表音下面的"汉字概念"，这一点可以延展到朝鲜民族将所有的汉字"韩咕噜化"，文字的外表被改变了，但实质上并未变革原本深藏于语言中的汉字的"概念"及其文字搭配的结构。

上述过程或许能从中国"五四"时期有关汉字存亡的激烈斗争中找到极为相似的复本，正是因为"世界语派""国语罗马字派""拉丁化新文字派"以及更后期的种种用其他文字取代汉字的企图失败了，汉字的不可替代性才得以显现，才转而采用对汉字本身进行改良的措施。❶

明治三十五年（1902 年）三月，日本文部省成立"国语调查委员会"，委员会的成员大多是赞成"言文一致"的"言语学会"的委员。委员长是加藤弘之。"国语调查委员

---

❶ 比如采用简化字。

会"可以说是在中日甲午战争日本得胜之后日本的"言文一致运动"因之再次掀起高潮时应运而生的，这和"言语学会"的成立背景相同。它的成立表明国家机器、语言学者、教育家已经取代以往的文人，担当起语言变革的主要角色，同时语言的变革的意义已经超出语言、文体的范围，朝着"国语"的形成和统一交流形式的宏观目标发展和迈进。"国语调查委员会"进行语言调查的几大"调查方针"，包括"文字如何采用汉字之外的音韵文字（如假名、罗马字）""方言的调查和选定标准话""文章采用言文一致体""国语的音韵组织调查"以及"汉字节减"等主要内容，也就是说汉字的"节减"是日本当时整体国家语言战略的一个组成部分。"国语调查委员会"当时作出的选择是以音韵文字为努力的方向，对汉字实施"节减"而不是实施"废除"，把"汉字节减"列为了"应急事业"。❶ 应的是什么"急"呢？无疑是音韵文字（假名、罗马字）表现力的不足。

从"国语调查委员会"的这种"应急"说法可以解读出当时文字方针制定者们的"纠结"，他们一方面打出了"音韵文字"立国的大旗，试图调动一切力量研究去除汉字，用假名和罗马字代替之，但这只是理想层面的，实践上的不可行性暴露出来后他们就用汉字来补缺，想采用既使用汉字又对之加以限制和"节减"的策略，也就是说在"废除"还是"保留"汉字问题上，"国语委员会"选择的是一条折中主义的道路。关于限制汉字和节减汉字的具体方法，明治三十

---

❶ "国語調查委員会决議事項"，载《官报》第五六九九号，明治三十五年（1902 年）七月四日。明治新闻杂志文库藏。

七年（1904 年）高桥龙熊发表题为《现今时文的整理》（《現今時文の整理》）的文章，在文中给出了非常翔实的建议。他首先指出，应该从整顿和废除那些和口语的"缘分"非常遥远的"汉文脉"入手，然后再进行汉字的节减。至于汉字的废除方法，要先从那些"即使废除掉也无关紧要的'无益'的汉字"开始，其次是那些"妨碍语言进步和思想进步的汉字"。他例举了 30 多个他认为应该废除的汉字的例子，比如"是、之、维、此"和"即、则、乃、辄"等，他还号召从事中小学教育的人士尽量尊重口语，一切从学生身心健康的角度出发，尽量不刻意使用那些难写而无用的汉字。❶

　　然而汉字的节减并不是一蹴而就的，具体的措施一定要同"言文一致"的目标结合起来考虑。作为"国语调查委员会"和"言文一致会"等推进节减汉字和"言文一致"团体成员之一的后藤宙外就提出了这方面的忠告，他说虽然采用罗马字和"汉字全废"的理想主义的主张接连出炉，但那些"理想案"是不能急于求成地实施的，因此应该将文字改革的重点放在"汉字节减"和"言文相近"上，认为不仅"汉字节减"是难于单独成功的，而且"言文一致"和"文章口语同一论"也有商榷的余地。他指出，"言文一致"的方法绝不像有人说的那样迫不及待地将言文黏合或者只追求便利，而是要先写出出色的接近"言文一致"的范文来，而

---

　　❶　［日］高桥龙熊："现今时文的整理"，载《教育时论》第六七五号、第六七六号《学校政务》，明治三十七年（1904 年）一月十五日、二月十五日。明治新闻杂志文库藏。

这要仰仗文学大师的努力。❶

后藤宙外论点的要点在于"言文相近",这是与"言文一致"有所不同的。究竟是"一致"还是"相近"？这在"言文一致"运动中屡屡被思考和提及,❷ 大家谈及的对象是从西方语言究竟是"言文一致"还是"言文相近"开始的。假如日本的"言文一致"是世界"语音主义"潮流在东亚的一个支流的话,那么我们将"一致"还是"相近"的讨论上溯到这场运动的"师承"——西方语言的"一致"还是"相近"上面,就非常有讨论的价值和意义了。从某种意义上说,笔者以为"一致"是一个永远都难于到达的目标,而"接近"才是最终可实现的结果。但问题是"言"和"文"真的有必要完全"一致"吗？这从事物的"名"和"实"的角度来看是不可能的,因为"言""文"分别属于不同的"名"之下,其"实"完全相同就是对"名"的颠覆和消解,就变成毫无意义的"名实关系",从这层抽象的语义的辨析上看,"言"和"文"的"一致"只是一种后藤宙外所说的理想主义的"理想案"而已,其最后的结局必然只是"言文相近"。

日本的"减少汉字"之路并非十分平坦,不仅各派人士议论纷纷,而且实施上也并非一蹴而就。日本采取的是渐进和分层次的方法,直到"二战"结束之前还没有统一的国家规范,这就带来诸多不便。比如明治天皇在 1945 年发表"战败宣言"

---

❶ ［日］后藤宙外："言文一致の接近に就いて",载《大阪每日新闻》第六二五九号《文艺》,明治三十四年（1901 年）三月二十五日。日本国会图书馆藏。

❷ 详见本书关于"言文一致"概念的辨析。

的时候，由于天皇的所谓"玉音"中除了一些诸如"テニハ"之类的格助词之外所用的词语全是基于汉字的，所以绝大多数日本国民并没能听懂皇帝的"诏书"。据说有一个日本乡村的百姓竟然全不知天皇在广播中说的是什么，最后还是一个受教育高的嫁给了日本外交官的美国妇女将皇帝的"玉音"的内容"翻译"给村民们。为什么普通百姓听不懂天皇的"诏书"呢？其缘由是日本皇家所使用的汉字和普通国民用的不完全一致。1942 年日本"国语审议会"决定采用由文部大臣提议的"标准汉字表"的规定，在"常用汉字"之外又增加了"准常用汉字"和"特别汉字"两个新的类别，二者的总数是 2 528 个。"准常用汉字"指"国民的日常生活中关系不密切、使用程度低的汉字"；"特别汉字"指"皇室典范、帝国宪法、历代天皇的追号、诏书、对陆海军人赐予的敕谕、对英美等国的宣战书中使用的、常用汉字和准常用汉字之外的汉字"。❶ 由于"国语审议会"是在日本"珍珠港"事件发生后仅仅 6 个月颁布上述"汉字节减"方案的，在日本激起强烈的反对，那些"国粹派"和保守主义者们担心"皇家专用汉字"的设置是要变相将日常汉字的使用数量减少，他们纷纷提出强烈的反对意见，还成立了由日本文化人组成的"日本国语会"。这些行为迫使"国语审议会"在 1942 年 12 月又颁发了一个新的"标准汉字表"，将"常用汉字、准常用汉字和特别汉字"的分类方法取消。

在刚刚战败后的日本，汉字的废除又成为一个新的议题。天皇宣布战败仅三个月之后，日本新闻界就在《读卖报

---

❶ 北大日语系：《日本语言文化研究（第七辑）》，学苑出版社 2007 年版，第 437 页。

知新闻》1945 年 11 月 12 日的"社说"上发表《将汉字废除吧!》(《漢字を廃棄せよ!》)一文,其主要理由:(1)学习汉字过多地消耗学生的精力,对发展教育和提高知识、技能不利;(2)汉字是"中国封建时代的产物,具有封建的特征"❶。读卖报知新闻社在这篇号召废除汉字的"社说"中还将列宁曾经发表过的关于土耳其用"音标文字"(罗马字)的言论作为理论上的根据,列宁认为土耳其使用罗马字是"东洋民族的一大革命"。❷尾沼忠良在研究这次"废除汉字"的企图时发现了它和 1942 年那些"国粹派"反对"国语审议会"节减方案之间的相似性。从表面上看,1942 年"国粹派"们是因为企图阻止对汉字的"节减"而反对"国语审议会"的"汉字表"方案的,而 1945 年"废汉"的主张者则是采用相反的态度,将汉字作为"中国封建的象征"而企图废除之,但尾沼忠良指出二者实质上是相同的,相同点在于二者都没有将汉字作为一种"表意文字"对待,都没有从"汉字"本身的文字属性去看待之——竟然连一句这类的言论都没有过;同理,那些呼吁用罗马字符号代替汉字的人也并没有从罗马字的"表音文字"的文字属性本身探讨之和对待之,而是将其视为"美国式效率主义"的象征而大肆褒奖,也就是说废除汉字、改用罗马字(拉丁字母)变成"脱离中国封建主义、走向美国式效率主义"的同义语了。❸

---

❶ 北大日语系:《日本语言文化研究》(第七辑),学苑出版社 2007 年版,第 438 页。

❷ 同上。

❸ 同上。

　　"二战"战败之后借助于战后民主的浪潮和占领军的力量，日本于 1946 年 11 月 3 日颁布《日本国宪法》。宪法的颁布有助于日本从皇权的国家体制向现代化的国家体制转型，同时宪法的执行也对文字的彻底改革起到推动作用。1946 年 11 月，日本政府以内阁训令和发布告示的方式公布由于保守派的反对而搁置的《当用汉字表》，并配套公布《现代假名用法》，采用国策的形式将行文的方式统一为今天的"汉字假名混合体"，从而在根本上解决了从明治时期开始长期存在的假名和汉字的表记法问题。1948 年日本成立"国立国语研究所"，提出公文当用汉字 1 850 字，义务教育用字 881 字。❶1949 年 3 月，日本出版界掀起再版全集的高潮，新的全集将早先的"纯文学"作品的表记方式转化为"当用汉字"和"现代假名用法"。这无论是对传统文学向现代文学的新形式转换还是对"言文一致"的口语和文体向民间普及，都起到了极大作用。1990 年，在日本文部省的指导下日本统一了假名字体，并将教育用的汉字数限定在1 200字内。

　　对于上述日本废除汉字的过程，尾沼忠良在论文《日本語廃止論と漢字——敗戦直後の議論》中批判其缺乏语言学意义上的自觉，指出："1902 年（明治 35 年）设置的'日本国语调查委员会'只是将扩大使用日本语的音标文字表记作为出发点，将文字改用为'音韵文'视为第一目标并探索使用罗马字的可行性。在此之后，虽然对这个问题进行议论的言论百出，但无论是'国语调查委员会'还是作为其后身

---

❶　后来改为常用汉字 1 945 字，小学用字 994 字，此后又有不断改进。

的'国语审议会'都从未对这个目标从语言学的观点进行过公开探讨。1965 年（昭和四十年），当时的国语审议会长甚至根本无视'国语调查委员会'当初成立时候的目标，宣布了'文部省将来不会考虑废止汉字'的模糊不清的决断，他根本就没有回答'日本语能仅用音韵文字表达吗？'这样的根本问题。从那以后，'国语审议委员会'所做的工作就是出于便利学生学习的目的，对学生应该学习汉字的数量进行调整了。"❶从上述史实中我们可以看出，日本是在 1965 年彻底放弃"废除汉字"的"国语调查委员会"的那个初衷的，早先的"汉字的去留"的争议变成"汉字多少"的具体方案。"音韵中心"的可能性彻底地消除，日本语由此固定在"音韵—表意"混合的结构上面。

反观日本关于汉字的"是与非""存与废"的全部过程，它为我们展示了一场从明治初年就已经开始的、长达近 70 年的关于"汉—非汉""表意—表音""中国—非中国"的文字大战。虽然各个阶段的表象不同但实质是相同的，只不过前期的斗争是以十年、几十年为"一轮"，而 20 世纪 40 年代的这一小"轮"争斗发生的密度更高、间隔更小而已。还有，其在汉字问题上的"攻防转换"又是以"战争"为背景和轴心的：1941 年的"珍珠港"战争是日本对美国战争的"得势"，而 1945 年的战争则是日本对全人类的"失势"乃至完败。它们反映在对语言文章的观念和态度上就是一个急转弯式的"大回旋"，就是对汉字态度的一个不大不小的、

---

❶ 北大日语系：《日本语言文化研究》（第七辑），学苑出版社 2007 年版，第 440 页。

歇斯底里式的在不同派别间的"攻防转换"。回顾一下"言文一致"的历史就会发现，这种攻防转换曾经在明治二十年前后、在"言文一致"的"停滞期"（1890～1894年）和"第二自觉期"，也就是"日清战争"（1895年）前后发生过一次❶。

从"存汉"还是"废汉"——在文字上的，"文语文"还是"口语文"（或者汉文还是日本文）——在文章上的二元对立中，不难发现大和民族对待"汉字"这种既是"非己"又是"自己"的表意符号的纠结和复杂的情感。"珍珠港"对美国人的"小胜"似乎提高了日本人对自己文化的认同感，于是"保守派"和"国粹派"抬头，他们试图保护和提高汉字的地位，但毕竟汉字又不是日本人自己的真正的"国粹"，于是几年后与美国及其盟国的战争失败之后，有人又突然将汉字视为累赘和祭品，恨不得弃之而后快；而对中国的战争中，当"甲午"海战胜利之后，汉字也同样作为"弱国"的象征而遭到贬低和诋毁，如此反反复复、周而复始。或许这就是汉字作为日本的"他者"又不完全是"他者"的命运，也是从外部借来文字者和舶来文明者始终难以摆脱的命运吧。

---

❶ 详见［日］山本正秀：《近代文体発生の史的研究》，岩波书店1965年版，第32～56页。

第三节　日本的罗马字、拉丁文运动

　　罗马字是中日两国不约而同地用做顶替汉字的真正"他者"的、用于表现语音的字母，下面将对比和分析两国在选择罗马字、用拉丁文代替汉字的过程中彼此的相似性和不同之处。

　　首先，日本在使用罗马字、拉丁文字为语言注音方面的探索要比中国开始得早。在日本最早提出废除汉字和使用罗马字主张的是大庭云斋。安政二年（1855 年），他在《译荷兰文语》中阐述了这种论点，使他成为早期的罗马字论者。另一个罗马字的提倡者是南部义筹，明治二年（1869 年），他在《修国语论》中将罗马字的使用和国家的发达强盛联系起来，成为罗马字的大力提倡者。明治十二年（1879 年）十月，南部义筹又发表《以罗马字写国语论》。另外一个代表人物是大槻文彦，明治九年（1876 年）十二月，他发表《日本文字改革论》。

　　作为日本近代哲学的前驱和"哲学"一词的译者，西周在国语改革方面持十分积极的态度。如前所述，西周是"言文一致"的提倡者。他在《明六杂志》的创刊号上发表的《论用西洋文字书写国语》（《洋字を以て国语を書するの論》）中，他首先批评当时日本"言""文"不一致的愚钝和给文明传播带来的不便，然后对于纠正文言不一致的方法，他表示既反对有人提出的"汉字借鉴"说，也反对全部使用子音母音（辅音和元音）结合在一起的"单纯假名论"，建议使用罗马字。西周认为当时日本以西洋为师，但并不意味着完全放弃日本语而全盘照搬西洋的语言，❶ 却可以将西洋人的"国字"用到日本语的书写上，使之变成日本的"国字"，并用西洋的国字书写"和语"（洋字ヲ以テ和语ヲ書ス）。在实施方法上，西周建议采用渐进的方法，而不是用采用严令强行的方法，这就要求一些志同道合的人通过结社的方式进行这方面的探索，就要求成立一个罗马字协会。西周将使用罗马字代替汉字和和字（假名）作为日本的"国字"的利弊归结为"十利三害"。"十利"的第一是罗马字的应用可以有助日本确立日本的文法学。第二是儿童可以通过学习十分简单易学的罗马字非常快地接受文化教育、明白事理并且和各国人用相似的语言相互沟通。第三、第四是能够在下层民众中普及知识。第五是有利于阅读横向而不是纵向的书籍以及学习西洋的算术、记账方法。第六是有利于西洋人拼写日本语的词汇。第七是便于翻译西洋著作。第八是便于使用外国印刷设备。第九是在学术用语方面，可以不翻译成汉字词汇而直接引用西洋词汇。第十是"假如此法推行成功，则欧洲万事均为我国所有。废除自己的文字，取他国之所长。此改变绝非服饰类外表的改变，而是能将我国从善如流之性情传播世界，令世界为之骄傲，或足以令他们胆寒"。❷ 关于使用罗马字当日本"国字"之害处，西周在同一篇文章中说，其一是舞文弄墨者会失业；其二是造纸法会

---

❶ 这是森有礼的观点。

❷ ［日］山本正秀：《言文一致の歴史論考》，（东京）樱枫社昭和四十六年（1971 年）版，第 92 页。

随之改变；其三是汉学者和精通国学的人会对此提议十分厌恶。但以上的"三害"和前面所说的"七利"相比是微不足道的。除了"七利三害"之外，西周还讨论了实施罗马字的三大困难：第一是"语学"方面的，第二是"政事"方面的，第三是费用方面的。

同大庭云斋、南部义筹等其他早期罗马字的提倡者相比，西周的《论用西洋文字书写国语》无论从论证上还是从文脉上看都要缜密和严谨得多，是系统性颇高的论述。他曾预言五六十年之后日本就将全部废除汉字，而且他还在自己的一些书信中只使用假名而不使用汉字。这些都表现了他对使用罗马字代替汉字的信心和执著。由于西周是用汉字翻译和构建"哲学""意识"等100多个汉字核心概念词汇的"鼻祖"，并在早年接受过扎实的汉文和儒学教育，所以西周的"废汉字兴罗马字"的决心更具备象征意义。比如他在使用罗马字的"第九利"中说，使用罗马字后在学术用语方面可以不翻译成汉字词汇而直接引用西洋词汇，或许就是出于他在苦心孤诣地琢磨和西洋概念对应的汉字概念时的艰辛，试图通过直接引入罗马字铺平与西洋学术概念的直通道路。《明六杂志》当时每册的发行量是3 000多份，所以西周关于罗马字应用的文章在知识阶层被大量阅读，对明治初期的国字改良运动产生了相当大的影响。虽然外山正一也是最早倡导使用罗马字的代表性人物之一，但外山正一倡导成立的"罗马字会"的时间已经是明治十七年（1884年），是西周发表《论用西洋文字书写国语》10年之后。从这层意义上说，西周才是成立罗马字协会最早的提倡者。

"自由民权"运动中的自由经济学家田口卯吉也是使用

罗马字的倡议者。田口卯吉的"言文一致"思想见于他的两篇相关文章：《日本开化之性质》和《日本的意匠及情交》（《日本の意匠及情交》）。在《日本开化之性质》一文中，田口卯吉首先指出日本的"开化"和西方的"开化"是有所不同的，日本自古以来的"开化"是"贵族性"的，而西方近代的开化是"平民性"的，是由于平民意识的发达，因此明治维新之后的这一轮"开化"一定要从贵族式的开化转变为平民式的开化，一定要进行根本性的改变。从语言的角度来看，田口卯吉指出，当时通用的"和汉混淆文"（和漢混淆文、仮名交じり文）是只有上层贵族才能掌握的文字和文章，而真正的文章一定应该是谁都能读懂的、和谈话的方式统一于一体的文章，因此现有的这种文体不适用于将来的"开化"和变革。作为改正的方法，他建议在文字上采用罗马字，在文体上采用和讲话一致的"言文一致"的文体。❶

　　如前所述，西周是最早提倡使用罗马字的思想家，因此说田口卯吉并不是罗马字的首倡者，但西周只是在《论用西洋文字书写国语》一文中提倡使用罗马字并对使用罗马字的利弊分析，他并没有亲自用罗马字书写文章。田口卯吉不仅将"使用罗马字的谈话体"认定为日本未来的最理想的文体，还亲自进行使用罗马字撰写文章的示范。明治十八年（1885年），田口卯吉将《日本开化之性质》一文的全文用罗马字改写后发表于"罗马字协会"发行的杂志《罗马字杂

---

❶　[日]田口卯吉："日本開化の性質漸く改めざるべからず"，载《东京经济杂志》二百四十六号，明治十七年（1884年）十二月二十七日。明治文库藏。

志》（*ROMAJA ZASSHI*）上面。该文被从明治十八年的杂志创刊号上开始连载，一直连载了一年有余。值得一提的是，在明治十八年至十九年的《罗马字杂志》上面虽然发表了许多由矢田部良吉、外山正一、寺尾寿、山川健次郎等人用罗马字撰写的文章，但绝大多数都是将原本用"漢文崩し体"写成的文章原封不动地改写为罗马字拼音，所使用的词尾也都是古文的词尾，只有田口卯吉的罗马字文章中使用的是"デゴザリマス"样式的、易懂的口语体。这在当时非常出类拔萃，受到广泛的好评。

从西周和田口卯吉两位"思想者"在使用罗马字问题上的坚决态度行为上再一次显示出明治时期语言变革过程中"思想"的引导作用。如果将人类的语言逐渐朝口语化转变看成一种必然的进化过程的话，那么西周等人的"先知先觉"和身体力行以及行动中表现的果敢还是值得钦佩的。从时间上来看，无论是西周在明治初期还是田口卯吉提出使用罗马字的明治十七年（1884 年），都要比中国"五四"时期使用国语罗马字和拉丁化新文字的时间要早得多，而比之稍后出现的卢戆章的"切音新字"和蔡锡勇的"传音快字"等使用的都是传统的拼音方法，因此西周等人所表现的是"汉字文化圈"中最早的将拉丁文、罗马字等西方表音文字导入象形表音文字的意图。

那么，日本的罗马字协会又是怎样运作的，又取得了什么成效呢？

明治十七年，外山正一在《东洋学艺杂志》上发表《致主张罗马字使用者书》（《羅馬字を主張する者に告ぐ》），高调号召主张使用罗马字的人团结起来成立罗马字协会，并于同年的十二月发起由 70 余名同志组成的"罗马字会"，"创立委员"包括外山正一、矢田部良吉、山川健次郎、寺尾寿等 8 人。罗马字会的鼎盛期是明治二十年（1887 年）前后。《罗马字杂志》创刊时的明治十八年（1885 年），协会会员不到 3 000 人。明治二十年，除东京的本部之一，外地已经成立了 29 个分会，成员人数达到近 7 000 人。明治二十一年（1888 年）更是达 1 万多人。

日本的罗马字运动始终是围绕着"汉字"这个中心运行的，可以说成也汉字，败也汉字。以外山正一为代表的罗马字的提倡者们最初的目的就是企图用罗马字代替汉字、唱着"将大敌汉字击破"的高歌迈进的，但即便《罗马字杂志》使用通篇的罗马字母书写，和之前的文章相比，变化的也只是外在的字符形式，文章的内容还大多是用汉文和片假名混合的"漢文崩し体"书写的。就连罗马字会的"干部"矢田部良吉、寺尾寿、山川健次郎等人的文章结尾也使用传统文语的诸如"ナリベシ、ベカラズ"之类的词尾，直到后来才有人使用代表"言文一致"的词尾"ます"。虽然罗马字的提倡者大多是抱着"言文一致"的理想以及用模仿西方文体的"文章观"热心地参与到罗马字运动中的，但是他们在具体行文方面始终举步不前，始终没有摆脱汉字的"束缚"：他们发表在《罗马字杂志》上的文章中使用了被认为过多的汉语词汇，而由于汉字是字同音不同的，用仅仅表音的罗马字书写这种文体的文章，结果是夹杂着很多汉字的"漢文崩し体"的文语文文章很难被读懂，就连那些"会员"们也看不明白。对于这种和汉字"纠结不清"的问题，将名字用罗马字体写成 Kusano Monpei 和 Amagai Yuzuru 的两位会员劝诫那些在杂志的"论说"栏目中喜欢使用音意多变的汉字的人尽量使用"杂谈"式的、口语式的文体行文，指出只有用将"文语文"变成言文一致的口语文才能做到"言文相符"，才是罗马字摆脱汉字的途径。他们还提倡大力在普通民众中推广罗马字，用罗马字表达民众的日常口语，号召人们最终从难学难写的汉文和已经不适用的艰涩的古文的约束中解脱出去。

东京帝国大学教授、英国学者张伯伦（Basil Hall Chamberlain，1850～1935年）不仅是将《古事记》完整译成西方语言的第一人，而且是日本"言文一致运动"的主要推动者之一。张伯伦是明治十八年（1905年）召开的"罗马字会"创立兼第一例会的参与人之一。张伯伦在明治二十年（1887年）"罗马字会"总会上就罗马字问题作了重要演说，这篇演说被用通篇的罗马字发表在《罗马字杂志》上。在演说中，张伯伦首先指出在"罗马字会"的会刊《罗马字杂志》上有许多非常"汉化"（漢語ばり）的"文语文"（文言文）成分，它们是罗马字普及的极大障碍，而将它们去除正是罗马字会的使命。张伯伦说阻碍"罗马字丸（号）"前行最大的"暗礁"就是汉字，如不尽快将这块暗礁排除，"罗马字丸"就有沉船的危险。他说对于不懂得汉字的外国人来说，用汉文体书写的、音义多变的罗马字文章简直就是"天书"，是复杂不堪言的"谜"，尤其是那些使用汉字成语（"熟语"）再用罗马字表述的文章。他指出罗马字运动的最终目的就是彻底地将汉字废除，改用更加容易读懂的罗马字普及日本的语言。考察日本人喜欢使用艰涩的古语表现的原因，张伯伦将其归结为深受印度、中国两大文明影响的日本、朝鲜、安南（越南）的"守旧"传统，说这三个国家之所以言文不同，是由于都有着喜旧厌新、重繁轻简的习惯，写文章时都讲求昔日的文法而轻视日常的俗语。张伯伦指出，这种传统和欧洲早期的尊崇拉丁文的书面语言的传统极其相似，说正是因为文章的书写遵从古法，写文章和读文章的人均为少数，因此阅读报刊新闻的人也不多，致使民智不开，而要想改革日本的教育、使人民的知识进步的话，第一良策就是废除非常烦琐的文体，用俗语书写文章。张伯伦表明要想达到上述的目的就应该彻底放弃"漢文崩し体"，改用易懂简便的文体，也就是用俗语和口头语书写文章并将其在近代开化国家中普及；应该用言文一致的"大和语言"中的俗语而不是汉文书写文章，因为通俗的俗语不仅在著述上有益，而且为了能创作出优秀的文章和为了能使文学发达，用俗语写作也是必不可少的。张伯伦还说，"言文一致"已经在日本成为大家都关心和议论的话题，这是不足为奇的，但更重要的是如何将其真正实行。张伯伦赞扬《罗马字杂志》的创立是"言文一致"的一个重要实践，应该向报刊新闻推广。❶

　　张伯伦这篇站在国家视野上的讲话在日本的文字改革和罗马字运动中所起的作用举足轻重。其不仅号召将废除汉文汉字和实行"言文一致"当成刻不容缓的要务进行，还给罗马字运动的参与者们造势打气，起到巨大的启蒙和鼓动作用。同时也要看到，张伯伦之所以在"罗马字运动"中当上"急先锋"并起到巨大的推波助澜的作用——尤其在废除汉

---

　　❶　［英］张伯伦："言文一致"（GEM－BUN ITCHI），《罗马字杂志》第二十四号，明治二十年（1887 年）五月。日本国会图书馆藏。

字用罗马字取代这一方面，其欧洲人的身份和立场是不容忽视的。对于欧洲人来说，将日语改造成一种能让他们一眼望去就非常熟悉的拉丁（罗马）字母的"新语言"，不能不说是他们内心的一种十分强烈的需求。法国人就在越南成功地作出了第一个实例，使越南脱离了"汉字圈"。张伯伦的这篇有关日本语罗马字改革的"强烈呼吁"中包含着十分明显的语言"新殖民"色彩的渴望和迫不及待。从阅读难度上说，其实在使用罗马字行文的"新日本语"中潜藏着用汉语熟语（成语）表现的内容对于熟悉汉语熟语的日本文人来说不能说是太"高难度"的，但对于那些对汉语和古日本语完全不知的外国读者来说，即使是能从发音上掌握，其内容也仿佛"天书"。因此作为西方人的张伯伦极力号召彻底废除汉文和彻底将日本语口语化，也是十分自然的事情。张伯伦的这篇讲话在当时反响极为强烈，在当时的"罗马字运动"中起到了振聋发聩的作用。受这篇"讲话"的影响，明治二十年（1887年）后期的《罗马字杂志》中用"俗文体"书写的文章比例明显增加，"ます、です"等象征"言文一致"的词尾逐渐代替了旧式词尾，许多学者和作家——比如山田美妙就是在看过张伯伦的这篇讲话的内容之后受到激励而投入"言文一致体"的创作中的。

虽然日本的"罗马字运动"在英国人张伯伦的鼓动下在明治二十年前后达到了空前的高潮，"罗马字会"的会员达到一万人之众，但是日本为什么没有像越南那样最终变成"汉字圈"的另一个"叛逆者"，或者像后来的朝鲜、韩国那样用韩式的文字表现方法将汉字彻底从本国的语音中清除出去呢？或许原因是多方面的，但从明治二十年前后的"罗马字会"的兴盛和衰落中或许能得到部分答案，那就是在此之前从张伯伦的"发言"中看到了罗马字推行时候的种种"不可行"：首先，第一个不可行就是文章中的"汉字癖"，在内在结构还是汉语的状态下单单地改变标音符号反而会让读者一头雾水，增加阅读的难度和文字内容的不确定性，即便后几期的《罗马字杂志》试图通过给一些汉字后面加上表现音调的符号，用于区分那些字同音不同的汉字，但是这个问题并未得到根本解决。其次就是单单变化标音符号并不能解决文体本身的文体，只要日语还是一种书面的文语体，无论怎样标注，对于减轻阅读难度都是徒劳无益的，都是只治其表未治其里，都不能达到增强国民教育的最终目的。因此，在"罗马字运动"的后期，张伯伦和一些日本学者开始意识到"罗马字运动"并非语言改革的全部，"国字改良"之前提应该是"国文"的改良，是"言文一致"文体的诞生，也就是说，他们认识到只用比汉字简单的符号——罗马字表现日语而不事先将日语的文言化打破是一种徒劳无益的行为。因此，"国文改良"——也就是下一章讨论的内容，就逐渐取代"国字改良"而被纳入改革的议程。

将日本这个时期所做过的尝试与中国"五四"时期的拉丁文运动作跨越时空的联想，或许能够发现汉语圈语言变革的某种内在规律，即在对语言的内在结构进行变革之前，人们通常会采用急于求成的变革文字的途径——因为这种方法最为简单，有时是行得通的，比如在欧洲从拉丁语走向多元的各国口语的时候；有时是行不通的，比如在日本和后来的中国；也不乏"第三条道路"的存在，如越南的成功被拉丁化以及朝鲜半岛的"韩咕噜化"。

最后一点也许并不十分重要，就是在中国的语言变革的整个过程中，似乎并没有出现过类似张伯伦这样的从西方拼音文字圈中请来的"领军人物"。早先对中国的语言改革起过间接的促进作用的西方人士比如利玛窦等人都是为了自己的便于阅读的目的，用拼音文字对汉字进行标注，或者用更加接近口语的语言记录和传播《圣经》，但他们的作用大多是边缘化的，并没有主动参与中国语言变革的强烈意识，也并未被语言研究者提到很高的地位上进行评价。❶ 与他们相比，张伯伦在日本罗马字运动中的"高调"和所作所为就大相径庭了，他当时地位的"如日中天"恰恰说明日本在"舶来"文化面前采用的是"甘心接受"的态度，想用"舶来"的西方文字取代"借来"的中国文字的心情在当时极为迫切。

第四节　日本的假名（かな）运动和其他"新字"的尝试

一、作为"土特产文字符号"的"假名"

在日本的"罗马字协会"在高调中成立，又在不了了之中陷入低谷的同时，用另外一种文字符号全面取代汉字的尝

---

❶ 关于这一点刘进才在《语言运动与中国现代文学》第三章"现代语言运动发生的异域资源———西方传教士与白话文体的先声"中有详细的讨论。

试也在进行，那种文字符号就是日本"固有"❶的假名。

我们先简单回顾一下"假名"存在和它与汉字"对立"着被使用的历史。

在平安时期，平假名体（ひらがな体）就作为女性文体在《土佐日记》等女性文学作品中使用，成为从汉字文中"脱颖而出"和寻求"独立"的标志。平安时代有两种平衡存在的"文"的体系：

（1）汉文体 男——公的——国际的——文语体；

（2）平假名体 女——私的——地域的——口语体。❷

在《土佐日记》中，原本可以用汉字书写的"十二月二十一日"被特地用平假名写成"しはすのはつかあまりひとひのひ"，在当时大多数"贵族"都能用汉字阅读"十二月二十一日"的情况下，不能说只是出于实用性上的考虑，不是出于对从男性世界"统治"的文字世界中独立出来的追求。古桥信孝认为《土佐日记》之所以刻意用假名体而没有使用当时通行的汉文假名混合体（漢文仮名交じり体），是出于一种"对汉字的抵抗"，也是一种"地方的"价值观和独立的追求。当时汉字体是从中国流传出去并经由朝鲜半岛向"全世界"传播的文体，当时"世界"的概念还十分狭小，所以"汉字文"就代表"世界文"，而假名文则是"地方"的，是日本独特的。相对于异邦文字的汉字体的文章，假名体的文章是使用日本"原发"的文字书写的，因此被认

---

❶ 无论是"平假名"还是"片假名"都是取自汉字的偏旁部首。

❷ ［日］古桥信孝：《日本文学の流れ》，（东京）岩波书店 2010 年版，第 11 页。

为能够更加"自由"地表现日本人的内心世界，但是由于汉字体的文也能够表现日本人的内心世界，所以使用平假名体（ひらがな体）更是对"口语文"的追求。古桥信孝认为从平安时期开始日本就存在一种从"文语文"的制约中追求"口语体"的独立的冲动，"假名体"的文就是其中的一种，但是到了平安末期，即使是"假名文"也出现了被"规范化"的趋势，逐渐和"口语文"相脱离，变为"文语体"的文了。❶

进入明治时期，最早主张废除汉字的前岛密可以说也是积极提倡用假名代替汉字的著名人物之一。明治三十三年（1900年），前岛密作为明治三十三年成立的"言文一致会"的"座长"，同时也是被日本文部省委任的国语调查委员会的委员长，发表《关于国字的卑见》（《国字に就いての卑见》）一文。在文章中他提出他一贯坚持的"假名专用言文一致主义"，主张用假名全部代替汉字，并且为了将假名大力普及，前岛密还在文章中附上了他所制订的细致周到的实施方案。❷前岛密在明治四十年（1907年）已经73岁高龄时还发表了一篇《从局外人的角度看文章》（《局外より见たる文章》）。在该文中，前岛密批评那些乱用汉字和汉字注音的人，说由于象形的汉字不佳，一定要用"音韵文字"代替之，并建议先将是采用罗马字还是采用日本固有的假名的争议搁置一旁，先解决当时必须解决的将文章"言文一致"化

---

❶ ［日］古桥信孝：《日本文学の流れ》，岩波书店2010年版，第11页。
❷ ［日］前岛密："国字に就いての卑见"，文部省国语调查委员会的谈话资料，明治三十三年（1900年）七月。

的问题。❶

对于在《汉字废止之议》中首倡"废除汉字"的前岛密来说，在爱国主义的情绪背景下企图使用日本"固有"的假名代替汉字是最自然不过的了。前岛密并未提出过用西方的罗马字代替汉字的主张，始终坚持用"国粹"而不是"舶来"的符号顶替汉字被取消后留下的"空缺"。

前岛密的"假名代替汉字论"和其他人主张的"罗马字代替汉字论"从本质上是有所不同的，前者可视做是一种"改良"，后者则是"全盘西化"；前者只是从平安时期就有的"汉—和"之争的位置和比例上的重新排列，后者则是用完全"异域性"的、完全外来的文字的"新物种"彻底置换东方的文字标志。前者假如被实施，是可恢复的可重新排列的，后者则是不可逆的——越南语言的彻底拉丁化就是一个最好的例证。其实日本当代语言中大量被使用的由片假名组成的"外来语"实质上是一种"日本式的拼音文字"，虽然"外来语"距离用全盘西化的罗马字作为日本的文字仅"一步之遥"，但由于片假名毕竟还是日本的"土产"，即使"外来语"在现代日语中大行其道，至少从心理上说仍然还是"日本的文字"，这与前岛密时代用假名而不是用罗马字代替是有些相似的。

二、"假名会"的成立及其衰亡

日本的"假名会"（かなのくわい）成立于明治十六年

---

❶ ［日］前岛密："局外より见たる文章"，载《文章世界》第二卷第二号，明治四十年（1907 年）二月十五日。明治新闻杂志文库藏。

（1883年）七月。"假名会"和"罗字字会"是先后成立的，后者的成立时间是明治十八年（1885年）七月。这两个协会的成立标志"言文一致运动"的一个高潮，也是日本企图用汉字之外的音标符号取代汉字的集中表现。领导"假名会"的主要代表人物包括三宅米吉、岛野静一郎、平田东雄、片山淳吉、林茂淳、物集高见、林甕臣、大槻文彦等人，这些人在本书的其他部分有的已经涉及，都是从不同的角度、尝试用不同的方法推动"言文一致运动"的核心人物。鼓吹"驱逐汉文"的三宅米吉也是"假名会"的代表人物之一。他在明治十七年二月出版的《かなのまなび》❶上撰文，指出，以汉文为基础的所谓"假名混合文"以及古式的"和文"都非常难读，大多数人都读不懂，因此非常有必要实行"言文一致"，用假名来代替。另外，三宅米吉还提出学习西方文章中的"、。"等句号、逗号以及采用文章横写的方式。

"假名会"在明治二十年（1887年）后期和明治二十一年（1888年）进入全盛期，仅仅维持了很短时间的高潮，就在明治二十二年（1889年）之后迅速地步入衰亡期。导致"假名会"衰落的原因可归咎于明治二十二年的日本的"言文一致运动"本身进入了一个"反动期"，作为运动组成部分之一的"假名会"也未能幸免。但是假如对之进行深入剖析的话，其失败的原因和"罗马字会"的失败原因如出一辙，即汉字在其中"作梗"——在不改变以汉语为主的文

---

❶ 《かなのまなび》杂志第六号，明治十七年（1884年）二月，明治文库藏。

体的情况下，任何只改变文字符号的企图——用罗马字也好、用片假名也好，都是徒劳无益的。这一点在"假名会"成立的初期，在刊登纯粹假名文章几种杂志诞生的时候就露出问题的端倪了。由于人们在书写文章时始终不能完全摆脱汉语，用假名符号写出来的文章虽然能够简易地进行读音，但因为汉字中有众多的字是"同训异义"（同訓異義）的[1]，这些字如果只有发音没有汉字的话，意思极容易产生"漂移"，极容易被"误读"——尤其是对于那些本来教育程度就不高、对汉文十分不熟悉的下层平民来说，由此平田东熊等人就指出，单单进行"文字"的变革，"文字运动"是不可能完成的，一定要先进行文章本身的"平易化"，先将文章"言文一致"化。物集高见在分析"言文一致"和全部使用假名行文的可行性时认为，日本不可能完全像欧洲人那样实施"言文一致"，因为日语的自然发音和西洋语言是不同的，"文姿"（文の姿）也和西方语言迥异：日语的"文"从古至今可以分为两种，一种是"记录文"，另一种是"会话体"，前者是绝不可能"言文一致"的，后者或有那个必要，因此他对用假名顶替汉字持保留态度。

　　将以上两种"言文一致不可能论"作一番整理，就会发现，"假名会"之所以没有在明治二十二年后延续它的"高潮"，是在改动文字。用假名取代汉字之前日本的"文"离口语甚远，假如"文"不先行口语化，字符的改变就是一种"大跃进"式的改革，所以"国字"的改革在"国文"的改革之后进行，才是一条正确的出路；或者说，

---

　　[1] 比如"此·是·之""吾·我""得·穫"等。

只要汉文的主导地位不变，文字本身的改变充其量只是皮毛性质的。

三、罗马字和假名之外的其他"新字"尝试

在拼音化的宗旨下，日本还进行过除罗马字和假名之外的拼音化尝试。小岛一腾和他发明的"新字"就是一个例子。明治十九年（1882 年）五月，小岛一腾出版《日本新字》，虽然这是一本很薄的小册子，却是日本明治维新之后提出"新字论"的开山之作。在这本书里小岛发明了一种和罗马字十分相近的"新字"，由 24 个字母以及 4 种标点符号组成；使用这些字母和音标，就可以形成一个由 204 个"正音"以及 609 个"变音"、总数为 813 个的一种新的"音节表意文字"。小岛一腾自夸说，这种文字的拼写方法十分容易学会，只需学习四五天就能书写和阅读了。在解释发明这种"新字"的动机时小岛说，为了克服其他文字的缺点——罗马字不方便，日本字不完全，"支那"字"迂远"，他才致力于新文字的发明的。明治二十年（1887 年），小岛一腾在新版的《前所未有日本新字发明》中又将字母的数量从 24 个增加到 28 个，并分别在"新字和日本字母假名的比较""新字和支那字的比较""新字和罗马字的比较"等章节中论说了他所发明的新字的特征。小岛在他的说明文中使用了"であります、でございます"等在当时象征着"言文一致体"的结尾词，这是在小说之外的首次出现，同时他论述文的特征是"谈话体"的，也能充分体现出他支持并参与"言文一致运动"的态度和立场。

小岛一腾在陈述为什么要呕心沥血地致力于发明一种"新

字"时，首先对学习汉字对"幼稚儿童"的身心摧残进行了"控诉"，然后他说明"新字"比罗马字的优秀之处，就在于克服了罗马字中没有"ｄｍｕｐｔｚ"等重音的缺陷，使用的音素（音源）也是"万国人"通用的，而罗马字在这方面就不周全。他那样做的动机是让未来日本的"新字"能和国际主流的西方文字接轨。小岛一腾在明治四五年"洋学风"在日本盛行时学习英文并从英文中获得启发的，之后又通过对罗马字的接触获得创作"新字"的灵感，同时他也是个狂热的基督教徒。他的那本用"言文一致体"书写的有关"新字"的说明文被登载在明治三十四（1901 年）年出版的《言文一致》里面，由此再次引发了人们对他的关注。

虽然小岛一腾的"新字"和罗马字、假名文一样最终没被在日本普及应用，但他的尝试为我们在汉字、罗马字、日本固有的假名文之外又提供了一个"非主流"文字改革的实践案例，可以推断或许"新字"之外，日本还曾有过其他多种在文字方面的创新。小岛一腾的"新字"从其结构上看与中国"五四"时期发明的将汉语"国际音标化"以及越南在法文字母基础上生成的拼音文字有一定的相似性。

明治二十年（1887 年）前后日本通过成立"罗马字会"和"假名会"而兴起的"国字改良"以失败告终，被改良的对象汉字最终并未由拼音文字彻底取代。"改良"的结果是改革者通过实践充分认识到以下两点：第一，汉字是不可被完全废除的，充其量只能够在数量上消减；第二，如果想达到最终的"言文一致"的目标，"国字"上的改良充其量只是表面的，真正需要改良的并不是作为符号的"国字"，而是用国字写出的"国文"。国文若不改，若还是书写体的、言文不一致的汉文体，任何字符的改良不仅是徒劳的，而且会进而造成语言上的混乱。因此，"言文一致运动"需要攻击的下一个堡垒就变成"国文"了，就此完全可以将明治二十年代初期发生的"国字改良"运动❶和大约 10 年之后、在"日清战争"日本取得胜利后所掀起的新一轮"言文一致"高潮❷看做是以"汉字"和"汉文"为轴线的两个"前赴后继"的运动：通过"第一自觉期"的文字改革的尝试以及失败，日本觉悟到仅仅通过将汉字废除而达到"言文一致"目的的捷径是"此路不通"的，意识到"汉字"背后的核心其实是"汉文"，因此从"字"到"文"的改革在所难免，由此"汉文"自然而然地变成下一个"自觉期"的改革对象了。正如坪内逍遥在评述日本文字改良时指出的那样："最近世上出现了假名会和罗马字会等各式各样的团体。有许多人企图改良我国的文字，这是理所应当的设想，也很是值得钦敬。不过，仔细一想，不管主张用罗马字写文章，还是主张只用假名写文章，恐怕都不是这些人的最终目的。为什么这样说呢？因为我们这些人对未来所长远企望的是宇内万国的统一，建立一大共和国；向往的是，如果可能的话，能将风俗、政体、语言都完全使之相同。为此，在将来，或者改良我国的语言，使之和欧美的语言相同，或者使欧美的语言与我国语言相同，除了这项目的之外，更无其他终极目的。"接下来，坪内逍遥指出："但是，欧美的文明开化较我国为优是自不待言的，使他们的语言与我国的语言相同，毕竟难

---

❶ 即山本正秀所说的"第一自觉期"。

❷ 即山本正秀所说的"第二自觉期"。

以实现。正因为如此，一些博学之士才创立了罗马字会，其目的大概是想通过这种办法，作为使我国语言和他们的语言相同的一个阶梯。从这种观点来看，罗马字会也好，假名会也好，都不是最终目的而是一个阶梯，岂不昭然若揭吗？话虽如此，罗马字会这类组织，由于它更接近最终目的，所以许多学者、博士们聚集一堂进行研究，看来是非常合乎自然的事。至于另外的假名会之类的组织，可以说是阶梯的阶梯，近似于为了用罗马字写文章的事先练习。既然是进行事先练习，那么，为什么不从更为捷径的、容易登上顶峰的地方着手呢？……与其如此，反不如创造出一种可用罗马字表现的新文体，将有志于罗马字主义的人士全部都纠集到会中来，全力以赴从事此项改良，岂不更为重要吗？……笔者既未加入罗马字会，也不是'假名会'的反对者，也许假名会的宗旨有别于笔者的意见而另有所在，万望假名会的诸君子勿加斥责为幸。"❶

坪内逍遥在《小说神髓》中写的这两段话几乎是日本文字改革运动最为恰当和客观的总结，是作为同时代文坛领袖的箴言性的评述。他直接指出无论是汉字废除的主张还是用罗马字、假名顶替汉字的文字改革者们的"终极目的"并非在文字本身，文字只是一种"阶梯"、手段和工具，他们的真正目的在于谋求国家民族的统一——在先统一文字之后。而那种他们寻找的、可用于统一国家的文字又不是孤立性和封闭性的，是能够和世界发达国家，尤其是欧洲列强所使用

---

❶　［日］坪内逍遥著，刘振瀛译：《小说神髓》，上海译文出版社 2010 年版，第 140～142 页。

的拼音文字"接轨"的。日本是企图先从文字上脱离汉字的"藩篱"，先从文化承载符号上和世界列强链接，先脱离亚洲，然后再朝"终极目的"靠近。

坪内逍遥在文中批评了企图简单通过把日语罗马字化而达到"终极目的"在技术上的不可操作性，因为单单把本国的语言用另外一套他国的语音符号表记，虽然看起来是一条文字改革的捷径，但实际上是行不通的。真能使日本语朝拼音化和简易化方向靠拢的有效途径是"创造出一种可用罗马字表现的新文体"——一种"言文一致"的文体。因为先有"文"然后才有记载"文"的文字，只有先在文体上把日本语言通俗化和言文相近之后，他们的"终极目的"才有望实现。而坪内逍遥在上文结束时所期待成立的那个能把"怀抱共同理想的"文字改革者汇集到一处的那个"会"，正是日本明治三十年代之后成立的"言文一致会"。

正如中国语言学家周有光对日本的文字改革所给予的评价中指出的："日本文字改革的主要成果是：普及国语，文体口语化大量减少汉字，充分利用假名，减少小学教育的困难。战后进行公文改革，从文言改为白话。日本语文现代化对日本国家现代化的贡献是明显的，但是语文改革只有一时的热情，没有科学的长期计划，这是不可否认的缺点。"❶ 日本对汉字的废除的企图以最终的妥协、以限制汉字的使用数量而了结，日本并未真正走上罗马字和假名或其他"新字"的全拼音之路。

---

❶ 周有光：《孔子教拼音——语文通论》，世界图书出版公司 2011 年版，第 140 页。

通过本章对日本"废除汉字"、取代汉字的种种思考和实践研究发现，日本的"言文一致之路"并不平坦，因为除了让他们既喜爱又烦恼又不肯舍弃的"汉字"的"羁绊"之外，真正阻碍言文一致的是由汉字连接而成的字符串——"汉文"。

第四章

"国文"的改革和
"普通文"的诞生

在近代日本通往"言文一致"的道路上共有两个被视为"羁绊"的障碍：第一个是我们在上一章中讨论的"汉字"，即文字的符号，第二个则是我们在这一章里试图讨论的"文"，即"汉文"。

"言文一致之路"是从前岛密关于废除汉字的"建白"开始的，到了"罗马字会"和"假名会"盛况空前的时期，"言文一致"似乎就要实现了，却突然堕入低谷，是由于人们发现"此路不通"——即便把所有的字符全部换成了拼音文字，只要"文"还是晦涩的、佶屈聱牙的、非口语化的、以汉文为主体的文，那么"言文一致"之路仍旧是阻塞的，是半途而废的，由此前期的"言文一致"的努力到此终结，人们将语言改革的着眼点转向了由汉字连缀而成的，同样是从中国借用而来的"汉文"。

对于当时的日本来说，"文"（text）的变革的道路显然要比"字"的变革之路更加艰险。"文"是"字"的排列组合，而这种排列组合是在"相乘效应"而不是"相加效应"的作用下生成，牵一发而动全身，因此"文"的改革比"字"的改革更具冒险性和挑战性。明治中期的日本还没有统一的"文体"，文体还处在一团糟的"战国时代"，今天的日本人除非是专业人士，面对日本 100 年前的文章好比面对"天书"，那是各种字符、字块和被用各种杂乱不堪的法则编织而成的乱码，是阅读的敌人，是平民的敌人，是理解的阻碍。日本明治时期和中国同期在文体上是不同的。虽然中国清末也是一片非言文一致的文言文的世界，但是在当时的中国，小说体的白话文已经十分发达和成熟，虽然小说体不能和文言文并驾齐驱，却着实地存在着、应用着，因此

"五四"的文体的转变只是将文言文从"大雅之堂"和"神坛"上请下来，让位于"下里巴人"的口语的小说体而已，只是让"小说体"变成可"大说"、可"说大事情"的文体而已。而日本则不，直到白话的《红楼梦》《水浒》在中国已经妇孺皆知的时候，直到甲午战争日本"胜利"的时候，日本还没有一种全国通用的和口语相近的文体，因此要想"言文一致"，就要在文体的乱木的丛林中"杀出一条血路"，要开山造路，要在学界、文章界、政界的共同协作下利用当时现有的"基础材料"发明、打造、创作出一种适合于口语的全新的文体，这就足见其难度之大和变数之大了。

在第一章"绪论"中笔者说，在世界语言的变革模式中应该有一种被命名为"中日模式"的模式，是因为这两个国家的语言都是以汉字为"支点"。在同样的"汉字文化圈"中，朝鲜和越南由于历史原因语言的变革出现了在外力挤压下的"裂变"，使得"汉文化圈"里只有中国和日本的语言变化模式相似——都包含着诸如废除汉字、采用罗马字等内容。但废除汉字和罗马字符的采用的讨论都是在"字"的层面上，而在"文"的变革上，中日既有相同之处，又有不同之处。"文"的变革的相同之处是在"文言文汉文"处理方面，是废除之还是对之改革的选择。"文"的改革的不同之处则在于近代日本原本没有任何一种和现代日本相似的"言文一致体"能将日本从"文"上引导入"近代"和"现代"，使之为近代的国家服务，日本完全需要"另起炉灶"，而中国的"文"的近现代之路要比日本容易得多，只是将小说体向其他文类扩展。

也就是说，"中日模式"中的中、日两国在"字"上相同，在"文"上则大不同。

第一节　近代"文"的概念辨析

一、何为"文"？"国文"和"国字""国语"之关系

"文"比文字更高一个级别，首先指的是"文"的形式——"文体"。从中日两国间关系的角度看，汉文曾经是并且到目前依然是连接中国和日本的另外一个纽带，而在日本废除"汉文"（文言的汉文）和在中国废除同样的汉文——文言文，是中日两国"言文一致道路"的第二个核心组成部分。下文将考察这同一个议题在两个国家实施上的异同点。必须提示的是：笔者或许更加关心在实现"言文一致"的过程中对于"汉文"进行舍弃时遇到的抵抗——日本的抵抗和中国的抵抗，以及当时抵抗的现当代意义——假如对失去"汉文"（文言文）持有一种惋惜的态度的话。另外，值得指出的是，学术界对中国在取缔文言文的时候诸多保守派所做的抵制行为的研究比较充分，而几乎无人研究过19世纪末20世纪初日本的"保守派""复古派"是如何抵制当时取缔"汉文"的社会潮流的。由于那时日本的"汉文"就是中国古式的文言文，可以说当时对"汉文"的保卫派们就是中国"五四"白话文运动时期那些文言文的保守派们的前驱。值得指出的是，日本对于"文"（"文体"）的变

革要求是在明治二十年（1887 年）之后"国字"改革陷入低潮和失败之后才进入实质性实施阶段的，也就是说改革的进程是先"国字"后"国文"。由于汉字的存在，"国字"不能通过罗马化和假名化的捷径一蹴而就、一举成功而达到"言文一致"的终极目标，"文""国文"就变成了新改革的对象。而由于早先的"国文"实质上还是由汉字构成的"汉文"，因此如何将"言文不一致"的汉文"言文一致"化，如何在传统的中华文体中掺杂进其他的、"和"和"洋"的成分进而使日本的书面文体变成"和汉洋"的混合体从而和口语接近就变成了新的课题。可以说，日本"国文"的整个过程，就是从"汉文"到"倭文"的演变过程。

那么怎么从世界语言学整体的角度把握"文"的概念呢？以下将采用在世界语言史上将中日和西方关于"文"的概念分别给出"坐标"的方法，通过对"文"这一概念在中西和日本的不同寓意进行解析，找出"汉文"和西方拼音文字中的"文"的区别；只有在区别被澄清之后才能确切地解读 19 世纪末 20 世纪初"汉文"在日、中两国的既相似又不同的命运。

"'文'究竟为何物？似乎没有比这更模糊的概念。"❶林少阳在讨论日本近代"文"的概念和日本作家夏目漱石对"文"的关联时，将"文"的概念所包含的内容分为以下三个方面：首先是文体意义上的，明治、大政时代日本的"美文""写生文"；其次是在偏于语言的书写体（ecriture）意

---

❶ 林少阳：《"文"与日本的现代性》，中央编译出版社 2004 年版，第62 页。

义上的"文","具体指的是在相对于英国（语）文学的意义上，以汉字假名混合体为书写特征的日文以及汉学所代表的书写体系，尤其特指以意义衍生为目的的书写行为以及书写体"。❶"文"的第三个层面的含义，按照林少阳的说法是存在论（ontology）意义上的，是作为精神寄托对象的"文"。❷ 这是以夏目漱石为代表的日本文人尤其注重的"文"的成分，也是从古代中国传授到日本的以汉文为根基的文人传统。

"文体理论"近来愈来愈被众多研究者所重视。在中国古代文学中，"文体"与"文之体"相近，大体可分为两大脉络：一是指用来区分文章类别的"体裁"，二是以"体"来表述作家的个性风格或时代风格。在西方传统的文体理论中，但丁的地位举足轻重，他在《论俗语》中对语言和文体进行了集中论述。19 世纪之后西方的文体理论有了很大的发展，各种新方法新理论如"偏离说""差异说""个性注入说"等五花八门。❸ 从对现代西方文体理论的研究中至少得到几点启发：第一，充分认识到"文体研究"的重要性，"把文体确定为与哲学、宗教、艺术、科学等同一层级的文化存在方式，并且确认正是文体使得文学独立，使文学的特质得以体现"。第二，"从语言与文体的关系，探讨文学具体的语言因素的构成情况，包括从言语到文学文体的转换的

---

❶ 林少阳：《"文"与日本的现代性》，中央编译出版社 2004 年版，第 62～63 页。

❷ 同上书，第 63 页。

❸ 刘东方：《"五四"时期胡适的文体理论》，齐鲁书社 2007 年版，第 15～16 页。

研究、文学文体的特质以及文学文体的内在构成机制等"。❶
在"文体学"领域，还可以将研究的方法细化到"文体类
型"的研究，将其应用到日本近代文体的转型研究。"所谓
文体类型，指文体的各种内在诸层次因素的运作方式，每种
方式都拥有独异的，由诸层次因素参与的构成规则。"❷西方
学者们对文体类型的诸层次因素的认识并不一致，韦勒克和
沃伦认为文体类型应该由以下四个层次构成：（1）声音层
面，节奏格律；（2）意义单位，它决定文学作品形式上的语
言结构、风格与文体的规则；（3）意象和隐喻，即所有文体
风格中可表现的核心部分；（4）存在于象征和象征系统中的
特殊"世界"。❸波兰哲学家、美学家英伽登认为文体包含的
因素应该有：（1）语词声音和语音构成以及一个更高现象的
层次；（2）意群层次：句子意义和全部句群意义的层次；
（3）图式外观层次，作品描绘的各种对象通过这些外观呈现
出来；（4）在句子折射的意象事态中描绘的客体层次。❹

　　从以上关于"文"和"文体"的中、西、日❺各方学者
的定义和所关心的内容中，不难看出他们的异同之处。首
先，相同和相似的是在文体（style）、文类（genre）两个方
面，因为无论是东方、西方或是东方中的中、日，自从有文

---

　　❶　刘东方：《"五四"时期胡适的文体理论》，齐鲁书社 2007 年版，第
17 页。

　　❷　同上书，第 135 页。

　　❸　韦勒克、沃伦：《文学理论》，生活·读书·新知三联书店 1984 年版，
第 171 页。

　　❹　转引自刘东方：《"五四"时期胡适的文体理论》，齐鲁书社 2007 年
版，第 136 页。

　　❺　或者研究日本"文"概念的中国学者对日本"文"的概念的定义。

学现象的那天开始，"文"就自然地以散文、诗歌、小说、传奇等不同形式地存在了；其次是"风格"，任何民族中产生的作家都会有不同的写作风格。以上两点是毫无分别的。但是，由于"文"所使用的文字符号不同，"文体"和"文"中隐含的结构和寓意不尽相同，于是，就有了林少阳给出日本近代文学的"文"的第二个层面上的"文"的内容，即"偏于语言的书写体（ecriture）意义上的'文'，具体指的是在相对于英国（语）文学的意义上，以汉字假名混合体为书写特征的日文以及汉学所代表的书写体系，尤其特指以意义衍生为目的的书写行为以及书写体"。虽然这层"文"的意义和英伽登所认为的"文体"的第三项——图式外观层次，作品描绘的各种对象通过这些外观呈现出来，以及第四项——在句子折射的意象事态中描绘的客体层次——有着很大的相同，但英伽登所说的非汉字的、纯粹拼音文字的"文"中的"图式外观层次""句子折射的意象事态描绘的客观层次"等和象形文字汉字中"组装"起来的包含的"文"中的"图式"以及"意象"是绝非可以同日而语的，因此，林少阳在"文"的意义中所说的第三个——"存在论（ontology）意义上的，是作为精神寄托对象的'文'"，也是"日本言文一致运动"、中国"五四"时期白话文运动中包括夏目漱石、林纾、严复、黄侃等"保守派"们所不甘遗弃、奋力呵护的"文"。它其实在西方语言的"文体"概念中是根本不存在的，是纯粹东方的，是专属汉字的"文"的要素，也是象形文字中独有的，也就是说"文"就是"文"，是汉字圈独特的被深藏于语言符号中的寓意体。它虽然也被部分地包含于世界其他语言研究时所使用的"文体"

"文类"等范畴之中,却拥有极大的"东方色彩",因此在进行深入研究时必须将其纳入象形文字的特殊语义的"观照"之下进行。因此,在探讨日本近代语言转型过程中的"国文""文"的变化时,我们将要处理的就将是一个庞大和繁杂的同时具备"共性"和"个性"的文化载体。"文"就会成为从局部到全部、从悸动到勃发、从个人行为到整个民族自觉的一个文化的集成。它既被西方启发、牵引,又独具东方特色,共同意义上的"文体"和东方意义上的"文"之间进行着旷日持久的、错综复杂的交集和互动。诚然,在研究日本"言文一致运动"期间"文"的转变时会借用一些中西方关于文体(style)、文类(genre)的理论成果,但我们发现,不但传统的关于"体裁"和"风格"的论说难于恰当地解读"言文一致"中"文"所发生的演变过程,就连现当代西方新派的"文体理论"也只能为我们的研究提供有限的帮助,也不足以令人信服地诠释那么一场历时几十年的"文"的脱胎换骨的蜕变。这不仅是指日本的"言文一致运动",也包括中国"五四"时期的"白话文运动"。从难度上看,日本的"言文一致"过程中"文"的演变要远远高于中国的白话文运动的"文"的变革:前者几乎是从无到有的,是充满困惑的对古典和两种外来文体(汉文、西方文)元素的取舍和十分艰难的重新打造,后者只是在既成文体(文言、白话)之间的取舍。日本"言文一致"过程中的"文"的演变和欧洲的有一定的共性。比如和意大利语的"俗语运动"就有相似之处,但日语是从汉语这种象形而不是音标文体中派生出来的,其"改版"和"升级"并非只是仿佛但丁将一种方言选用为"文"的模板那样简单:日语从以汉文为基础的"文"向最终的"普通文"的转型过程是一个从象形为主体的文体向语音为主体的"文"的改变过程，其表象犹如蝉蛹的"华丽转身"，同时又泥沙俱下、高屋建瓴，将文章的"体裁"（genre），作家的"风格"（style），语言要素中的语法、语言、标点符号等几乎一切都"裹挟"到那场变更之中，仿佛运动和更换了全身的每个部位，而且在变革的过程中以上所述的成分又彼此互动，既相互作用又互为因果。因此如此庞大规模的，牵动整个国家和各行各业文人、政客、学者、思想者的历时几十年的全方位的、从被动到主动的"文"的迁徙运动，能和其在气势和规模以及所涉及的深远度相提并论的只有之后在另一个"汉文"的国度——中国发生的"五四"白话文运动。由此那些基于语音文字变革过程发生的，从但丁到韦勒克、沃伦再到英伽登的用于解释"文体类型"变革的理论，只能勉强被当做小块的"他山之石"，不足以权威地、整体地、令人信服地诠释位于东方的日、中两个国家的大约 150 年前开始的前后相连的"文"的转型和革命。

笔者想使用"汉文脉"这个介乎中文和日文中间的词汇作为以汉字为字符的"文"的特色的代称。"文脈"（文脉）是个日文词汇，翻译成中文是"文理"；"汉文脉"中的"脉"既象征着文章的"脉络"，同时又代表着文章的条理和"纹理"。只有象形的文章才有形状的感觉，才有意向的生成，才有被柄谷行人在《日本近代文学的起源》中所赞美的"风景"——文的景色、字的景色和心灵的气象。

"汉文脉"无疑只有在汉文中才有，是区别于西文的"style"的，是不完全等同于"文体"的，但"文脉"却可因文体的改变而发生变化。"文脉"是"文体"的根部，当动了"文体"时，倘若是局部的，"文脉"的改动是轻微的，但当"文体"的形式发生了大幅度的改变时，下面的"文"的"主动脉"就会发生位置的偏移，就会动了文章的血脉，就会发生"文质"的改变。

无论是日本的"言文一致"还是中国的言文一致，当明治时期的学者文人以及"五四"时期的文化革命者只是想通过改变文章的形式，还只是想通过改变小说的、政论的、学术的文体而实现他们的语言的理想的时候，他们起初想改变的或许只是文体，只是表述的形式，只是字和句子的连接方法，但是，当这种改变已经到了不可逆转的时候，当隔代的人已经再也读不懂上一代人的文章的时候，那时的"文脉"就已经发生了实质性的、不能再恢复的位移和断裂了。因此，文字、文章、文体的改革有时仿佛一把锋利的刀子，能将千百年文化传承的大动脉触动甚至割断。

那么，对于在日本"言文一致"过程中介乎"国字"和"国语"之间的"国文"，应该携带怎样的"问题意识"展开研究呢？笔者认为，首先需要做的是正视日本在"文"的内涵方面的独特性：日本的"文"的概念并不完全等同于汉文的"文"的概念。虽然与之有很多相似性，都以"汉文脉"为主干，但由于日文原本为一种象形、音符代码合二为一的语言，作为文字符号的"链接体""合成物"以及"集合体"的"文"的演变方法和逻辑要远远复杂于以象形符号为主的汉语的"文"和以语音符号为主的西方"文"的演变方法、逻辑。其次，对"国文"进行研究时应该时刻注意到其演变过程与"三位一体"中的前后二者，即"国字"和

"国语"之间的互动关系。其中的道理非常简单明了：当"国字"中汉字的数量做加法或者减法的时候，作为其"集成体"的"国文"中的"文"的内涵必然会发生连带的演变，同理，作为"国之语言"的"国语"的"定位"也会反作用于"国文"中的"文"的成分，比如当中国在甲午战争中战败、日本的"大国"野心膨胀的时候，在"国文"中消减汉字和汉文等"汉元素"就会成为日本朝野必然的诉求，而以上都是日本的"国文"作为文体理论探讨对象所不同于中、西方新旧理论涉及案例的独特之处。虽然日本的"国文""文"的变革是个牵扯到诸多方面的研究对象，但是出于中国人的立场和研究视角，笔者在对日本近代"文"的历史作梳理研究时主要采用作为"汉文"主体者的立场，注重日本的"国文"变化过程中汉文成分的增减和变化，试图通过这种相对清晰的脉络描绘出一条日本近代"文"的变异轨迹。

魏育邻在研究夏目漱石和"言文一致"的关系时从"汉字式语言模式"和以英文为核心的语言模式的对立的角度剖析夏目漱石在二者之间的纠结和痛苦。❶ 那么夏目漱石只是一个个案吗？不妨将他作为在继承着"汉文传统"和发现了"非汉文新模式"之后的明治时期许多"学贯中西"的日本文人的一个代表人物进行评判，因为在"固守汉文模式"和"尝试新文模式"的文人队伍中还有许许多多的著名人物。

本章将从"言文一致"新文体的探索的过程中主张废除汉文的一派势力和对其质疑、与其对抗并主张保存汉文的另

---

❶ 魏育邻："'言文一致'：日本近代文学的形式起源——从历史主义到历史化"，载《解放军外国语学院学报》2003年第2期，第115页。

一派势力的"两派斗争"这样一个核心轴展开。无疑，厘清"文"与"言"的关系也是另一个理解日本近代"文"的方法。正如林少阳指出的那样："'言文一致'，即日语白话文这一'国语'的确立，其中便隐含了'文'与'言'的对立。因为'文'乃'物相杂'之意，只能比喻性地被认识，所以于'言'来说，'文'正是一种排除声音中心主义的书写体。"❶

第二节　言文一致的"胎动"和明治初期文体的杂乱

本节将先沿着明治前和明治初期的日本的"文脉"进行梳理，找到"文脉"的搏动、形态以及后期发生的变异。

一、西方影响下"言文一致"的"胎动"

正如在见识了西文文字符号的简便便萌生了对汉字的复杂的疑念，日本"言文一致"意念的产生也完全是在接触西文之后发生的。最早注意到西文"言文一致"现象并对其抱有浓厚兴趣的也是明治之前的"兰学者"（学习荷兰文的人），他们在注意到荷兰文只用二十几个字符就能够顶替"万字有余"的汉字的功能之后，就将好奇心投向了被字符

---

❶　林少阳：《"文"与日本的现代性》，中央编译出版社2004年版，第72页。

构成的"文",于是,他们注意到荷兰文的"言"和"文"、书面语和口语文是统一的(尽管也有对此质疑的提法)。他们的代表人物是杉田玄白(1815年著《兰学事始》)和大槻玄泽(1783年著《兰学阶梯》)等人,18世纪末19世纪初,这些研究荷兰的语文或者科学的学者在掌握了荷兰文之后,注意到荷兰文的三大特点:(1)言文一致;(2)行文的"丁宁精细";(3)俗语化。这使他们将"言文一致"文体特征与"人智""学术"的发达进步联系到一起;他们还注意到西方文章的一些和日文文章不同的细节,比如标点符号的使用。这是日本人最早对西方文章"言文一致"的认知,同时他们开始对文言文体的汉文的反思,这些反思虽然属于"言文一致"最原始的"胎动",但正是这种质疑的长期存在使幕府末期以及明治初期开始的"言文一致"的诉求变成早晚发生的事情。"デアル"这种象征着"言文一致文体"的"文末辞尾"也是在"兰书翻译"中第一次出现的,之后,这个颇具象征性的"辞尾"的诸多变形变成贯穿整个"言文一致"过程的"主要变量"和"风向标"。继荷兰之后,第二种令日文"胎动"——文体上的,是英语文化的入侵。1808年英国军舰"费通号"入侵长崎以及1853年美国军舰的"佩里号"的到来,揭开了日本被动地和第二种西方语言的"交流"的序幕,从前的"兰学者们"也开始兼学英文。大量英—日译文的产出过程就是日本人自荷兰语之后对西方文章"言文一致"印象逐步加深的过程,当时所产生的大量译文也变成后期"言文一致"运动中诸多作家如二叶亭四迷、山田美妙等人在明治二十年从事创作时的模板。

从荷、英两大主要西方语言先后进入日本并启发和刺激日本进行之后为期漫长的文体改革，或许可以假设：没有荷、英的"言文一致"的冲撞，尽管在史上并非没有过"口语化""俗语化"的诉求，日本并不可能受到"仅用二十几个字就能制作成言文一致的、细致严谨的文章"的启迪，因此，说西方是拉开明治维新后日本长达半个多世纪的"文体之变""逃离汉文"的大幕的"启动装置"，不能说是没有依据的。

二、明治时期的文体的杂乱

明治初期是日本文学各种文体混战丛生的时期，各种风格的文体达十几种，仅仅从幕府时期流传下来的就有"元禄文""拟古文"等旧式的文体，进入明治时期之后，从"言文一致"的角度来看，我们可以把那个时期出现的各种文体分为"进步"的和"保守"的以及"中立"的三种。代表"进步"和"改革"的有"欧文"元素比较多的文体——山田美妙体，有思案外史、柳浪子、涟山等人的"文库派"，其特征是和谈话体、俗语比较接近；代表"保守"的有雅俗折中的"西鹤调"，代表"中立""中间"的有森鸥外的"和汉洋混合体"，除此之外，还有森田思轩的"翻译体"、尾崎红叶派的"折中文"，等等。"进步派"和"保守派"文体之间的攻守转换发生于明治二十年（1887年）前后❶，以二叶亭四迷和山田美妙、嵯峨の屋为代表的提倡"言文一致"的作家们在明治十九年（1886年），将"言文一致"体

---

❶ 依照山本正秀的"言文一致"运动的七个时期的划分方法，这个时期是第三期，也就是"停滞期"。

小说的创作推向了一个小高潮并形成诸多的派别，但从明治二十一年（1888年）开始，"保守"的势力开始得势，欧化思潮后退，国粹主义抬头；明治二十二年（1889年）前后"文章雕琢"的呼声渐高，以幸田露伴、尾崎红叶为代表的"西鹤式"的雅俗折中体的创作实践得到社会的褒奖，复古风渐猛，"言文一致"进入停滞和休眠期。用"言文一致"区分，当时代表"言文一致"的作家是二叶亭四迷和山田美妙、嵯峨の屋三人，代表"非言文一致"的作家是幸田露伴、尾崎红叶、森鸥外以及落合直文。作家的作品中也能反映出明治时期文体上的"乱象"。比如女作家樋口一叶（1872～1896年）小说使用的文体就是一种独特的"拟古文体"。"拟古文"是一种文言体，因此也被称为"仿古文体"，对于现代人来说，樋口一叶的小说有很多难以理解之处。在和歌的创作方面，樋口一叶又深受原井西鹤"雅俗折中体"的影响。明治时期的许多作家，比如尾崎红叶、幸田露伴等都和樋口一叶一样，在文体上深受原井西鹤的"西鹤调"的影响。原井西鹤出生于大阪，生活于江户时代，早先是俳文作家，1682年发表小说《好色一代男》。原井西鹤的文章追求的是一种简洁，这种简洁无赘字的文体，被认为是受到俳句的影响。原井西鹤的文体被称为"西鹤调"。"西鹤调"的主要特征是诙谐轻快，自由奔放。西鹤小说涉及的题材非常广泛，包括市民阶层的风俗人情、男女恋情、色欲人生等，因而被称为"浮世草子"。"浮世"指的是"现世、俗世、尘世"，同时，还有"情事、好色"的意思。"草子"是"故事"的意思。西鹤的"浮世草子"流行于江户的元禄年间，是江户时代的主要文艺形式。"西鹤调"之所以被称为"雅俗折中文体"❶，是因为它在文章的叙述部分使用文言体，在人物会话部分使用口语体，这也是原井西鹤的文体特色。在明治时期的"言文一致"运动中持折中态度的尾崎红叶的成名作《两个比丘尼的色情忏悔》和其代表作《金色夜叉》中使用的就是这种"雅俗折中体"，从这些作品中读者可以清楚地看到作者在会话部分使用的是白话文，而叙述部分使用的是文言文。关于其中的原因，徐琼指出："在明治时期，小说的地位是很低下的，没有人把小说作为艺术对待。而尾崎红叶模仿原井西鹤的写作手法，将雅文体（即文言文）和俗文体（即白话文）巧妙地结合起来，既提高了小说的品位，使小说进入艺术之行列，又没有失去原有的读者层，不仅小市民可以阅读，文人雅士也可以欣赏，达到雅俗共赏，取得积极的效果。雅俗折中体在日本近代文学史上留下了不可忽视的一页。"❷樋口一叶后期的小说采用的基本上都是"雅俗折中体"，徐琼认为："所以，可以这样说，樋口一叶的后期小说之所以获得成功，其重要原因之一就是这种雅俗折中文体带给读者的新鲜感受。"❸关于"雅俗折中体"的源流，或许能将之追溯到日本文学受古代中文古典小说的"雅俗折中"的影响上面，因为不止一位日本学者以及作家注意到了中国古典小说叙事采用"雅"的文言文，在对话中使用"俗"的口语文的现象并将之作为追求"言文一致"的模板。但是也有对雅俗折中体持批评态度的，三矢重松就批

---

❶ 日文："雅俗折衷体"。

❷ 徐琼：《樋口一叶及其作品研究》，知识产权出版社2012年版，第110～111页。

❸ 同上书，第113页。

评"鹤文"(西鹤文)的雅俗折中体是"古语的复活",是一种"破格文法宽容",是一种口语的混合。❶

从对日本古代固有文法继承的角度来看,近代初期的文体又可以划分为"和汉雅俗折中派"和"和汉洋雅俗折中派"两大派别,由于前者是基于日本古来的语法的框架(比如自动词与他动词的区别、动词的时态以及活用等)构建明治时期的文章,因此又可以被称为"古文法派",后者"和汉洋雅俗折中派"显然比前者要自由得多。由于"和汉洋雅俗折中派"在"和""汉"的传统之外掺杂了"洋"的因素,它不仅在文章中纳入种种新式思想,还不时打破"和汉雅俗折中派"中的种种文规和戒律,因此也可以被称为"新文法派"。在两大派别之中又可以详细地分出众多的小派别。明治以来两个派别之间虽然明争暗斗又一直长期地并行存在,可以说明治之后的文章的风格和法则最终之所以能够形成并得到最后的确立,就是这两个新旧"语法派"不停斗争的结果。

文体的维新是社会维新的产物,明治十七年(1884年),矢野龙溪在一篇题为"文体论"的文章中列举了《左传》《史记》《源氏物语》《太平记》等四个日本当时公认的经典文本,指出凡是流传后世的旷古名篇都是既结合当时时俗又能自成一派的文章,明治十七年来的好文章都能打破"旧物"的束缚,都"放纵不法",这反映出时代呼吁能与其"繁杂精密"的新倾向相适应的新文体的诞生。新文体将

---

❶ [日]三矢重松:"時文の統一",载《国学院杂志》第六卷第五号《论说》,明治三十三年(1900年)五月二十日。日本国会图书馆藏。

是怎样一种形式呢？矢野龙溪在一一点评了当时通用的四种
文体——汉文体、和文体、欧文直译体和俗语俚言体的各自
的"特质"之后说，最好的文体应该是集四种文体各自所长
"混用"的那样一种文体，即当要求表现"典雅悲壮"的时
候用"汉文体"的格调，当想表现"优柔温和"的时候用
"和文体"的格调，想表现"致密精确"的时候用"欧文直
译体"的格调，想表现"滑稽曲折"的时候就能用"俗语俚
言体"特色的那种文体。❶矢野龙溪对集四种格调为一体的
"新文体"的期待可看出当时各种文体之间的隔离程度之深，
同时还可以想象要想将四种格调和特征几乎截然不同的文体
"混用"，即整合成一种自然的、兼容的、灵活的"新文
体"，当时的日本文坛所面临的技术层面上的困难有多大。
大和田建树将明治初期的文体分成和文体、通俗体、汉文直
译体、洋文直译体和言文一致体等五个类别，认为同一个国
家使用同一种语言的人民之间用如此多种类的文体作为交流
的工具，既妨碍学术实业的进步，在教育上也是巨大的损
失。在点评五种文体的各自特征时，大和田建树说，虽然
"通俗体"用在教育上是最易于传承的，但遗憾的是"通俗
体"在形态上不十分完备和正式；"汉文体"的训读从江户
时期就有"道春点""闇斋点""后藤点""一斋点"等方
法，从"后藤点"之后就逐步变成汉文的"奴隶"，而与
"国语"的距离渐行渐远了。关于和英、法、德等文接近的
"直译体"，大和田一方面提醒如果不加以改革，它也是日本

❶　［日］矢野龙溪："文体論"，报知新闻社刊《经国美谈》后编"自
序"，明治十七年（1884 年）二月十八日。

自身"国语"发展的一个障碍，但同时由于直译体在文法上比传统的文体精致，在实用科学和文学方面使用西洋文体是难以抵御的诱惑。关于"和文体"，大和田说，虽然"和文体"有"古文偏重"的倾向，但今后不妨让"和文体"向"通俗文"靠拢。总之，在五种文体中大和田建树最看好的是"洋文直译体"，认为它和其他四种文体的距离都不甚远，可以将"洋文直译体"通过一定程度的塑形，使它在和其他几种文体"亲近"时吸收其他几种文体的长处，并在减除其固有的弊端之后，最终成为未来"国语"候选对象的、通俗易懂的文体。❶

三矢重松将明治时期的文体分为：古文、鹤文、汉文书生的文、洋学者常用的口语化的文、普通文似的文、候文、敬体口语文、纯口语文等八种。说到"普通文"的时候，他说最初的普通文是"拟汉文"，在明治维新之前普通文已经逐渐演变成候文而且渐渐和口语接近，但在明治维新时那种文体被那些"汉学书生"指责说太俗气，他们就把候文改变成前所未有的"直译文"，因此就增加了文体上的烦恼。❷三矢重松还指出"汉文直译体"和"欧文直译体"之"害"，说汉文直译体虽然有着"时文"的"骨髓"，但使用的全是口语中完全不用的语言，因此没有时态的区分，还打乱了日本语原有的词汇接续的文法规则，比如把敬体词缀丢弃等。"欧文直译体"之"害"虽然没有"汉文直译体"的害处

---

❶ ［日］大和田建树："文体の一致を論ず"，载《国会》，明治二十四年（1891 年）九月二十日、二十五日，十月二日、十七日。明治文库藏。

❷ ［日］三矢重松："時文の統一"，载《国学院杂志》第六卷第五号《论说》，明治三十三年（1900 年）五月二十日。日本国会图书馆藏。

大，但也有许多，比如一定要使用"彼"作为第三名词代名词、描述未来时一定要用"べく、であらう"，在表示可能的使用一定要用"書き能ふ"，在表示继续时态的时候一定要用"つゝ"等。❶

因明治维新而"应运而生"的两种新文体——"汉文直译体"和"欧文直译体"，正如三矢重松所说是日本文体发展史上的两匹"黑马"。它们可以说是一种急功近利心态下的产物，能让人联想到梁启超的"豪杰译"以及林纾用古文翻译西洋小说时候的"不择手段"。它们的"突然现身"彻底打乱了日本文体原本的从"文语"到"口语"的正常的变化节奏，而且其成像是极其"异类"的，其表现就是三矢重松批判的那样，汉字、汉文和西洋语法同步地如洪水猛兽般地到来。应该指出的是，虽然两种"明治产儿"的新文体一个被称为"汉文直译体"，另一个被称为"欧文直译体"，但前者绝对不表明"汉文明"在日本的兴盛，而是恰恰相反，"汉文直译"和"欧文直译"的目的都是接受西方的文章和文明，都是"临时抱佛脚"的产物。前者是借用汉文的词汇库补充在译介西文时日本原有词汇的不足，后者则是为了在语法上进行革新来接西洋文——这种外来语言的"招儿"。

另外值得关注的是"汉文直译"和"欧文直译"两种"明治应运儿文体"在几十年"言文一致运动"过后的命运，前者最终销声匿迹，后者得以改头换面在"普

---

❶ ［日］三矢重松："時文の統一"，载《国学院杂志》第六卷第五号《论说》，明治三十三年（1900 年）五月二十日。日本国会图书馆藏。

通文"中延续，比如第三人称代词的"彼"就被固定成为现代日本语的文法现象。其实这是必然的："欧文直译体"中被埋下了日本现代文体的西方语法化的种子❶，因此"欧文直译体"并不是像"汉文直译体"那样纯粹昙花一现的、被临时创造出来后用完就丢弃的过渡性文体，而可看做日本现代文体的雏形。对两种"明治产儿文体"从现代的角度回望，它们一来可以被视为"救世军"——临时组建成的解决语言词汇不足问题的两支"新军"，但由于它们来得太突然而且本身并不成章法；它们也同时是"麻烦制造者"，它们在明治维新后若干年的日本文章体裁中的被强制性使用把日本文体搅和得乱七八糟和不伦不类——这一点可以从明治文章的形态的千奇百怪中明显看到，因此明治维新之后的二三十年直至"言文一致"的"普通文"最终得以确立的全过程，又可以看做消灭和改良这两个"麻烦制造者"的过程。请神容易送神难，它们来得匆匆，去得可不匆匆。

假如从起源上将明治时期的日本文体分类的话，新保磐次明治二十年在所著《日本普通文如何》❷中把日本的文体分成如下两个系列：第一个系列是汉语的系列，即汉文—汉文变体—明治时期的"往复文"；第二个系列是和文—军记文—小说体—汉文译读体（漢文訳読体、汉文假名混合体）以及女子用文体。"女子用文体"是日本的一种独特的文体，是"和文"的传承，它起源于日文自古的"男子汉文、女子

---

❶ 这种现象同样发生在"五四"运动之后的现代汉语。
❷ 《以良都女》杂志第二期。

假名文"的传统，直到明治初期日本的教学体系仍然贯彻教授男子用汉字作文和教授女子用假名作文的体制，这种"汉文主义"和男尊女卑无疑是"封建残余"。随着明治初期为了迎合全盘西化的需求使更大量和生僻的汉字被用于转译西文文章的过程之中，"男文体"和"女文体"之间的差别被逐渐加大，但是随着"言文一致运动"的展开及其对"新文体"的诉求的增强，原本"不入流"的"女子文体"恰好进入改革者的视野，成为除"罗马会"和"假名会"实验结果之外的第三种几乎是现成的"言文一致体"的模板——女子的"假名文"不是比诸多繁杂不清的以汉文体为主体的"男文体"更接近"言文一致"的目标吗？于是在文部相森有礼的支持下日本采取了"男女文体同一"的措施，这无疑是有助于"言文一致"的。这种用性别区别文体的方法，或许是日本独有的语言现象吧！

坪内逍遥在《小说神髓》中谈到日本明治时期的文体："在我国，从古至今，小说似的文体没有一个固定的模式。但是，都不外乎雅文体、俗文体、雅俗折中体这三种。"❶关于明治初期小说文体混杂纷繁的原因，坪内逍遥于明治二十四年（1891 年）撰文《文体的纷乱》（《文躰の纷乱》），在该文中对其原因进行高屋建瓴的描述和分析，他指出日本明治时期的文体之所以出现前所未有的"大纷乱"，是社会"大革命"的余波，在于日本在维新时期所发生的史无前例的和外来新思想的接触、吸收以及在这个过程中和旧思想之

❶ 徐琼：《樋口一叶及其作品研究》，知识产权出版社 2012 年版，第110 页。

间的摩擦。文体产生巨大的变革可分为主观原因和客观原因两类，社会上也可以划分为反对文体革命的闭门锁国派、复古派和支持文体的革命派、维新派。坪内逍遥在文章中用图示的方法将各种派别的划分和他们的主张清晰地陈列出来。比如，在文体的"革新派"中也可将支持文体变革的人分为两种类型：第一种类型的人被坪内逍遥称为"皮相"改良者或"小理想主义者"，他们只想在文体外观上学习西方的样子；而另一派人则是"大理想主义者"，他们想在"精神"上彻底模仿和学习西方，表现在文体上，这些人就试图将日本的文体进行脱胎换骨的改良，不仅学习西方那样将"小说"等能表现人物内心思想的文类的地位提高，而且在文法上企图对日本的国文进行结构上的"欧文脉"的革新。坪内逍遥在文章中也表达了自己对文体欧化的担忧，他接连用了几个"非也"来表达对文体改革中欧化的抵制：第一，他认为在学习西文的简洁时不应该（"非也"）照搬外国的"语格"；第二，他反对（"非也"）在"国文"中加入任何尚不稳定的"造语"；第三，在试图打破既成的"文法语格"时不应（"非也"）不考虑利弊而轻率进行。❶ 在《文体的纷乱》的结尾，坪内逍遥对明治时期文体的混乱的原因进行了总结并对未来的前景进行了预测，他预测的是"国文学的兴隆"，认为在历史大碰撞和大摩擦之后，日本的文学——其中既包括传统的汉文学、和文学，也包括最新进来的西方文学，必将在相互竞争和相互吸收的变革中得到前所未有的

---

❶ ［日］坪内逍遥：载"文躰の紛乱"，载《早稻田文学》一号，明治二十四年（1891年）十月二十日。明治文库藏。

兴隆。

坪内逍遥的这篇文章是明治时期文体现象的一个通览性的概述和有见地的分析，当然，逍遥在做关于未来日本"国文学"的预测时所表现的立场是折中的，甚至是保守的。

以上对明治初期日本文体的"纷繁"状况反映出的是一个"文体上的战国时期"，假如将之与当时（1868 年前后）中国的文体状态作一番笼统的比较并对其进行宏观的评估的话会发现：

第一，日本当时的文体是非常混乱的，而中国尚处于相对平稳的状态，只是存在文言文（正规体）和白话文（小说体）之别。

第二，虽然欧式文体通过《圣经》的翻译等途径进入中国比日本要早，但对中国文体的影响和冲击是局部的，而西方的"文脉"通过翻译等途径全方位渗入并影响日本的时间要早于中国，这可能是因为日本有拼音文字和汉字并行之便利，文人对之也不加抵抗地接受，由此形成明治初期各种文体——中式、日式、西式文体发生了史无前例的"大碰撞"。

第三，在文化的"三足鼎立"之中"日本语"先作为语言表现了"嬗变性"，这正如其国家也总是"首鼠三端"一样。当时日本的语文首先发生了难以预测其未来走向的"投机性"和犹疑不定，同时也存在"崩盘"的危险——由于中、日、欧三种文体都有各自的特性，代表着三个并不容易被整合到一处的母国文化，同时当时的大英帝国、大清帝国分处对立的两极，日本在文化"整合"时所作的比例的选择绝不仅仅是语言、文体层面的，也是国体之选择和文明之选择。

第四，由于明治初期大量西方新观念在"欧文直译体""汉文直译体"两种截然不同的文体的承载下进入日本，日本其实在两路"外来语言物种"恣意汪洋的繁衍中被夹击着尴尬地生存，或者在二者之中选一，或者将二者糅合进本土的语言体系，总之，日本已经走上了一条必须尽快作"文体抉择"的道路。本来西文和汉文就是两种迥异的文字体系，将二者融为一体谈何容易？何况，不管是"欧文直译体"还是"汉文直译体"都是一种在特殊情况下生成的语言的"变异体"：前者和东方传统文明格格不入，后者不是用于承载本来应该承载的儒教，反而被用做储存西方新思想"神水"的器具，它们难道不都是"悖论"性极大的道具吗？

第五，明治时期语言文体上的"纷乱"如果不能及时地终止，日本语言将面临一种濒临毁灭的境地：因为两个不同轨道上跑的"汉文直译体"和"欧文直译体"不可能有自然合并到一处、交汇到一起的那一天，它们无规范地发展和延伸的结果，一方面使日文中日本人陌生的汉字汉文越来越多而与口语越来越分离，另一方面欧文的泛滥也会使日本人的语言出现前所未有的"异化"而变得日益不伦不类。因此可以认为19世纪中叶的日本在文体上是处在东西两大语言体系各自长驱直入的时代，是"汉文脉""欧文脉""日文脉"三大脉络的跳动的集合点和争斗点，哪方能胜，哪方会负，哪方在夹缝中能苟且偷生呢？这是个最大的变数。

将以上各项总括，近代的日本在文体上所必须做的事情就被归结为两点：首先是文体的整合和统一，而完成这项工作就必须完成"新文体"的创造。其次是被整合和统一出来的"新文体"的言文一致。前者是文体上的"戡乱"和再一次的"集合",后者是近代语言的必备品性。与日本的"境遇"相比,中国19世纪末的"文体使命"要相对简便,因为中国已经有本来就言文一致的小说体的准备,所要做的只是将其向其他"文类"的"扩大适用范围",虽然胡适、鲁迅等人在新诗、新小说方面也做了文体上的尝试,但那些尝试都不是"重大突破"式的,都是一种既有文体的延伸的试验。为什么日本会将"言文一致"认为新的通用文体的必由之路呢?这在第二章已经解读,因为明治的"开化"已经使人们将口语的以语音为特征的语体视为"世界潮流"。从"新文体"生成的土壤来看,虽然日本在明治之前已经有"净琉璃""怪谈""速记文"等坊间的说书文体作为"言文一致"的技术上的铺垫,但"净琉璃"和其他那些文体毕竟和现代性的"文"有一定差距,要想真正实现言文一致的目标,日本必须另起"新炉灶",打造出一种前所未有的文体。

那么,日本是怎样做"文体"上的抉择和实现言文一致的呢?他们是怎样对"国文"中的三种元素——"和文脉""汉文脉""欧文脉"进行补充和修正的?

第三节 "国文"的改革和有关"汉文"的争议与取舍

一、"新国文运动"对"和文脉"的强调

首先,通过明治二十三年（1890年）前后的"国文"

改革中对"和文"的重视来看在"文"的变革过程中本土的
"文"的元素是怎么被强调的。对于日本来说，"和文脉"
无疑是十分重要的，本来是先行于"汉文脉"和"欧文脉"
的，但在日本明治之前的"文"的发展史上，"和"的元素
往往被"汉文"的"正统"所边缘化，变成了女性、坊间的
"彦文体"，"汉文"是"正文"，"和文"是"偏文"，既是
一正一偏，又是主流和支流。因此"新国文运动"对"国
文"的强调就是要将其由"偏"扶正。

　　如前所述，日本近代文学在文体改革方面的"进步派"
和"保守派"文体之间的攻守转换发生于明治二十年（1887
年）前后，也就是"言文一致"的停滞期和休眠期。而日本
的"和文改良"的"新国文运动"就是这个时期开始的。最
初的代表人物是小中村清矩和落合直文。他们是在明治二十
三年（1890年）提出"国文"这个概念的。明治二十三年
正值幸田露伴和尾崎红叶的"西鹤元禄文体"大行其道，也
就是复古之风盛行的时候，日本掀起了一轮"国文学热"。
所谓的"国文学热"，从"言文一致"发展的角度来看是一
种停滞的表象。同年，东京大学教授小中村清矩作了题为
"文章论"的演讲，在演讲中他指出，从明治维新之前到近
代日本的文体一直是遵循了一条将传统的"和文"不断完善
的沿革的道路，但明治维新使得日本传统的"和文"沿革的
道路突然中断，取而代之的是晦涩难懂的、"言""文"脱
节的"汉文直译体"，通过这几年的努力才终于弱化了"汉
文直译体"，朝着以流畅平易为特征、以日本固有的语法为
基础的"文语文"的方向回归，这是十分可喜的。由于小中
村清矩的身份是学者，他的"回归和文"的思想代表着学术

界开始从明治初期各种混杂的状态中清醒过来，在文章文体
上朝着民族主义方面转型的悸动。

从明治二十三年到明治二十七年（1890～1894 年），落
合直文就一直是小中村清矩的支持者，也是"新国文运动"
的核心推动力量。明治二十二年（1889 年），发表题为"文
章的谬误"（"文章の誤謬"）的演讲，指出日本的文体中存
在包括汉文直译体、小说体、言文一致体等多个种类以及由
此而产生的种种的不规则和谬误，需要用一种"正雅"的普
通文体代替它们。❶明治二十三年，落合直文又在《国民之
友》杂志上发表了题为"将来的国文"（"将来の国文"）的
文章，在该文中他具体地指责了当时流行的另一种文体"假
名交杂体"（仮名交じり文）在文法语格上（自他动词的使
用、时态、动词和助词的关系等方面）的错误，强调应该在
日本固有的文法语格的基础上确立正确的日本"将来的文
体"。这篇《将来的国文》既是落合直文最重要的关于文体
的文章，也是日本"国语"形成过程中的重要文献。那么什
么是"国文"呢？按照落合直文的设想，所谓的"国文"就
是被大多数国民使用的"文"，也就是指广义的"普通文"。
既然是能被大多数人正确地使用的文体，现代的"普通
文"——"国文"里就应该使用一定的固定的文法和语法，
但根据落合直文的分析，在那种诸如"假名交杂体"的文体
中根本就没有一种统一的语法形式，在文法和语法方面是
"十人十色"，由于每个写作的人都按照自己的意愿随意写，

---

❶ ［日］落合直文："文章の誤謬"，载《皇典讲究所讲演》第 11，明治
二十二年（1889 年）七月十五日。日本国会图书馆藏。

致使文章的形式千差万别，因此将"假名交杂体"作为"国文"使用根本就是不合格的。那么怎么才能形成一种能够被普遍使用的"国文"呢？落合直文认为应该对当时的语言进行"修正"，将日本固有的文法语法注入语言之中，使之遵循一定的法则。他还将"国文"的规范化和文学事业联系起来，指出尽快形成一种规范的国文对于文学事业是最紧急的和最关键的。落合直文认为，日本之所以出现文体上鱼龙混杂的现象，尤其是在语法上没有统一性，从语法上看根源在于"汉文的训读"。他认为古代在训读汉文的时候使用的"语格"是正确的，在助词的使用方法上也有一定的传承性。训读混乱出现在德川时代，而由于德川时代在训读上出现的混乱，使得日语的语法失去了连贯性和继承性，以至于出现了诸如"假名交杂体"之类的无任何规范和语法规律可循的文体。落合直文认为要想将日语纳入"国文"的正轨，就必须从假名使用的规范和助词的使用上着手改进。他指出，在日语中助词非常重要，相当于人的脑髓，脑髓混乱，就会使人失去感知的能力并有碍人体各个器官的协调和同步发展。❶值得注意的是，落合直文并没有否定将汉字和假名混合使用的"假名交杂体"，在文字符号的使用上他是宽容的，但在语法上他坚定地认为日文的语法既不能抄袭汉文的语法，也不能照搬欧文的语法，日文的语法就应该以从古代传承下来的日本固有的语法为模板，应该对助词、时态和词组之间的

---

❶ ［日］落合直文："将来の国文"，《国民之友》第一百号、第一百零一号、第一百零四号，明治二十三年（1890 年）十一月十三日、二十三日，十二月二十三日。明治文库藏。

连接方法等三个方面进行规范，只要把这些细节给规范了，使之形成固定的格式，那么日本的"普通文"的定式也就能自然形成。为了使"普通文"回归日本古文的传统，落合直文强调阅读古文的重要性。他认为日本人应该在《源氏物语》与和歌等古文的复习和教育上重新找回古文里的韵文的味道，并将这些"古文之韵"糅合到现代文之中。作为"国文"的理想的样板，落合直文推举德富苏峰的《将来之日本》，认为该文的语法文法十分规整，应该作为读书人的样本。

由于落合直文明治二十三年（1891年）在《国民之友》上发表《将来的国文》的时候还是文语文式样的"汉文直译体"和"欧文直译体"占统治地位的时代，因此，他的这篇文章无疑是惊世骇俗的。从历史的角度来看，《将来的国文》不仅是新国文运动的核心之作，而且在后来明治四十年盛大的"普通文运动"中也是最被关注的经典性文章之一。从落合直文关于"普通文"的结构的设想上我们看到了他在"文"上的民族主义的意念，这就为"普通文"最终成为和"言文一致"最为接近的文体铺垫了道路。

明治二十三年是日本"国文"和"国文学"形成的起始之年，所以非常重要。明治二十三年，首先坪内逍遥在文章《今年初半文学界的风潮》中讨论了"国文学"的概念，之后有小中村清矩的《文章论》和森鸥外的《言文论》，随后，落合直文等人通过出版《日本文学全书》的形式大力提倡"新国文运动"并号召"国文"以古典文章的法则为模板。同年由他主办的《国文》杂志得以创刊。在另外一本明治二十三年创刊的《文则》杂志上面，落合直文撰文提倡

"折中和汉欧三种文体之美，创立将来之国文"，之后落合直文又在《国民之友》上发表《将来的国文》这一具有历史意义的文章。同年竹文小仙发表《今后的文学者》（《今後の文学者》）的文章，指出在和文、欧文、元禄文（指西鹤调）多种文体杂乱共存、文章界各行其是的时候，文学家有着创立和选定将来的日本的国文的责任。也就是在这种众说纷纭前景不明的时候，被落合直文提倡和推举的新文体——"和文改良"观念逐渐取得优势，变成明治时期"普通文"的极其有利的候选对象。因此可以说明治二十三年在日本近代文学发展史上是以落合直文为代表的新国文运动者们最初的活跃时期。

通过"新国文运动"，日语中的"和文脉"得到新的肯定和加强，从"彦文"的地位上得到提高，那么，原本作为"主干"的"汉文"的地位会发生怎样的变化呢？

二、围绕"国文"中的汉文元素的争议（之一）——主张去除汉文的一方

作为日本古代近代诸多文体中的一个主要构成部分，"汉文"始终是和日本各个时期的各种文体或为主干、或为枝干，或为核心、或为边缘地黏合在一起的。早先，汉文在日本文体中的地位几经周折起伏。自从汉文被传入日本之后，就变为男子使用的主流文体，与女子专用的从"和文"传承的假名文背道而驰。但是自从遣唐使制度被废除之后，为了消除所谓的"支那主义"并使"文"与"言"接近，汉文的地位遭到打压，成为一种"异体的文章"。进入德川幕府时代之后，初期经由新井白石、贝原益轩等"鸿儒"润

色过的"汉文假名杂交文体"被广泛应用，日本的"言""文"之间的距离曾经被大幅度缩短。但是到德川时代后期，在"氏族"阶层的带动下被视为身份象征的汉文的地位又大幅度提升，尤其是当大量西方文化涌入日本之后，使用汉文直接翻译西文的风潮掀起。明治维新后汉文在日本不仅没有衰落，反而因"维新"而获得"复兴"和短时期的大量应用，其主要的存在方式是"汉文直译体"，顾名思义，就是用汉文直接翻译西方的书籍而产生并被大量应用的❶。这个"汉文直译体"兴盛的时间长达20多年之久，大致是在明治初到明治二十三年（1890年），也就是小中村清矩和落合直文开始提倡使用日本的"国文"的时候才开始逐渐被其他文体所取代。

　　明治时期关于如何对待日文中的"汉文"曾经掀起过旷日持久的"大辩论"，辩论的"正方"和"反方"各执一词，当然也有"中立"的一方。我们对那场"大辩论"的介绍先从"反方"——也就是反对在日文中继续保持汉文一方的言论开始。

　　首先是"思想者"的群体。西村茂树是日本明治初年启蒙团体"明六社"的重要成员，在启蒙运动中起到了不容忽视的作用。明治十七年（1884年）西村茂树在《文章论》中言及《汉文体》在使用中存在的问题。在这篇文章中他先概述了日本文章中"和文"和"汉文"两大派别之区分和它们各自的来历，然后他将和文的特点归结为"软弱、冗长、

---

❶　"汉文直译体"在解读汉文时所用的具体方法就是将汉文的语序打乱，按照日语语序重新排列，然后在需要的地方加上助词和助动词。

浅薄",因此难于用和文记载和评论"大事",同时他将"汉文体"的特征归结为"庄重、典雅和严正",因而汉文历来被"重用",但是由于汉文毕竟是"他国之文",因此日本人使用汉文时有五大"不便"之处,哪五大"不便"?(1)语法之不便:汉文的语序和日文的语序是颠倒的,因此造成了不便;(2)汉语的语气词如"焉""矣"之类在日本的"邦语"中本来没有,所以使用时候非常不便;(3)汉文有其固有的"语势",是和日本的"邦语"不完全一样的,用其文体表现日本人的"语势"时必然出现不协调的拙劣之处;(4)汉文极为难学,学习汉文需耗费超长的时间和精力;(5)以上诸项之综合,即学习他国之文章文字毕竟不足以成自身之事、汉文和日本人固有之语言次序颠倒,且学汉文者多为不实的名誉而为之等。❶西村茂树指出,由于日本人学习汉文体有以上五大"不便之处",因此在文学上十分"不利",难于到达"致妙"之境地。如何弥补和改正之并用新的文体代替之呢?西村茂树给予了他认为最佳的"日本文章改良方法",即"先将本邦的古文之语法熟读精通,然后精通支那及其欧美诸国的现行语法以及古希腊古拉丁之文法和文章,之后再将三者融会贯通,发明出前无古人的新的文章之法"。❷

　　西村茂树在《文章论》中关于汉文的几大"不便"的总结基本上和后来者对汉文的看法相同,我们能将他总结的汉

---

❶ ［日］西村茂树:"文体論",载《東京学士会院雑誌》第六编之四,明治十七年（1884年）九月二十七日。明治文库藏。

❷ 同上。

文的几大"不便"归结为两大类：第一类是"技术"层面的"不便"，第二类是"非技术"方面的"不便"。技术层面的不言自明，但他将汉文说成是"他国之文"就涉及"中国元素"在日本的文化中到底是"内"还是"外"的问题了。假若中国元素是"外来的"的话，那么西村茂树想用"欧美诸国"和"古希腊古拉丁"的元素对之进行改造，难道就没有"引进外来元素"之嫌？不过西村茂树提出的在当时几乎是"不可能完成"的"和汉洋三体"的文章改革方案也和后期"普通文"的思路基本暗合，这一点值得肯定。

三宅米吉也是"反汉文"的。在一次主题为"莫要轻视俗语"的演说中，"假名会"的代表人物三宅米吉从表达事物时的实用性和装饰性两个方面指出汉文的不便。他认为充斥着修饰成分的汉文不仅在表现具体事物的时候非常华而不实，而且在进行普通记事、论说以及讲述道理的时候汉文也是非常不实用的。现实中只有少数人十分在意文章的艺术性和修饰性，而中下层民众只关注用文章书写表达时候的便利和通俗性，因此应该大力简化文章中汉文和雅言成分。三宅米吉建议将日本古语和缺乏通用性的"死语"成分众多的汉文从日本语言中"追放"（驱除），代之以使用价值高的、日常生活不可缺少的俗语。当时日本的汉学者和国学者都是雅言和汉文的高度推崇者，对现代语都极为轻视，因此，三宅米吉的这种说法在当时是十分大胆和振聋发聩的。❶三宅米吉是"言文一致"的倡导者。关于"文"和"言"的脱节

---

❶ ［日］三宅米吉："ぞくごをいやしむな"，载《かなのざっし》，明治十八年（1885 年）十一月。明治文库藏。

带来的问题，三宅米吉认为历来人们之所以认为"文章是高尚的，口语是鄙俗"的并贬低后者是因为"修辞"的有和无，即口语中缺乏修辞，因此解决"文"和"言"差异的唯一方法就是在口语中加大修辞的练习。三宅米吉号召演说家、官僚和学生都加强口语修辞的演练，并通过口语修辞的提高达到"言文一致"。❶

三宅米吉的关于汉文的"雅俗之辩"值得肯定，这基本和"五四"关于文言文的缺点的讨论是吻合的。我们注意到，明治时期的"反汉文者"已经将文体的改良和"民智"的提高联系在一起考虑，把对汉文的"追放"（驱除）的必要性上升到提高民众认读的权利的高度考虑，看来汉文的大厦已经危险。

再看学者。芳贺矢一（东京大学教授，1902～1925年担任"国语调查委员会"的"主查委员"）视汉文为"羁绊"。芳贺矢一于明治三十九年（1906年）发表《从汉文的羁绊中解脱出来！》（《漢文の羈絆を脱せよ》），指出未来无论如何要选择言文一致的文体，而当下的文体几乎等同于汉文的直译，完全没有从模仿汉文的制约中解脱出来，这样就无法发展成日本国语特色的自然的、自由的文章。日本一定要像当初欧洲各国先从古希腊和拉丁文中独立然后创作出各自的文体那样，也尽早从汉文的训读体中脱离出来，获得真正"日本语的文"。而要想获得真正的"日本语的文"，就一定要停止模仿古文，一定要从日常的会话语言中提炼出那些可

---

❶ ［日］三宅米吉："言文一致ノ論"，载《文》第一卷第十号，明治二十一年（1888年）九月。明治文库藏。

以用做"比喻"的修辞成分，否则"日本人的文"不会产生。在词汇方面，除了那些无论如何都舍弃不了的源于汉文的词汇之外，一定要让"国民"的成分发达起来，让基于口语的国民文学发达起来。如果迟迟没有使用当今语法的、能够描绘明治时代的辉煌的"大文学"诞生的话，不能说不是一种极大的缺憾。因此芳贺矢一号召尽早从汉文的"羁绊"中解脱出来，开拓出一条日本独自的口语文之路。❶即使芳贺矢一将汉文看做自然的"日本文"生成的"羁绊"，他知道想彻底摆脱这个"羁绊"也不是完全可能的。大正三年（1914年），芳贺矢一在《关于国语读本的文章》（《国定读本の文章に就いて》）一文中探讨什么是作为自然的日本文的摹本的"普通文"时，将未来的"普通文"的概念定义为"既不是雅文也不是汉文的通常文"（雅文でもなく漢文でもなく通常の文）。具体地说，所谓的"普通文"既不是"纯汉文"，也不是"拟古文"和"雅文"，即便如此，也应该是和汉文的句式大体一致的文体（大体は漢文読下しの句調であること），怎样理解呢？就是在"漠然（漫不经心）的状态下能够自然读懂的汉文"❷，由此可见，在芳贺矢一的心目中，即便汉文是"日本文"的"羁绊"，却是在未来的理想的"普通文"中必不可少的那种"羁绊"。

即使是百多年过后，芳贺矢一的"羁绊说"仍令人深思和义愤。"羁绊说"已经从之前几位的对汉文的技术上的批

❶ ［日］芳贺矢一："漢文の羁绊を脱せよ"，载《文章世界》第一卷第三号《论说》，明治三十九年（1906年）五月十五日。明治新闻杂志文库藏。

❷ ［日］芳贺矢一："国定读本の文章に就いて"，载《文章研究录》第一号、第五号、第七号。大正三年（1914年）一月至七月。

评转向了情绪化的愤怒，当然，日本人所说的"羁绊"和"五四"时期中国学人对汉字汉文的批评甚至是咒骂听来的感觉是不完全相同的——汉字本来就是日本从中国一厢情愿地"借用"过去的，本来应该感恩才是，怎么能在认定其"不便"之后就视之为陋敝呢？从汉文的"羁绊"中解脱又有从中国的"羁绊"中解脱的弦外之音，在芳贺矢一明治三十九年（1906 年）发表"羁绊说"的时候，日中两国的国力对比已经远远不能和西村茂树、三宅米吉发表"反汉文"言论的明治十年、二十年代相提并论，可以想象在日、中两国关系已经发生"惊天大逆转"之后，日本对中国除了"文"中的技术性的需要已经没有从前的对"天朝"的仰视，东京大学教授的"汉文说"中已经可以暴露出对汉文母国中国的鄙视和嫌弃。但是即便如此，在芳贺矢一给"日本文"开出的"最佳配方"中，他也必须将"在自然的状态下能够读懂的汉文"作为其中的必要选项。

除了"思想者"和学者之外，文人中也有认同"汉文羁绊说"的，"写生文"的代表人物正冈子规就是其中的一个。正冈子规把汉文看成写生文的羁绊。说"从文体上说言文一致或者是与其相近的文体是最适合于写实的，因为言文一致非常平易顺耳"。他极端厌恶那些刻意使用不协调的难懂的汉语的文章，说如果想炫耀语言之美的话完全可以去选择写生文之外的文体，而在写实的文章中卖弄语言的美会使写实的趣味丧失。正冈子规指出，真正的适合于写生文的文体就是言文一致和与其近似的文体，要想创作出好的写生文，就要回避复杂的汉文。❶ "写生文"是日本近代口语文的雏形。作为日本近代口语文先驱的正冈子规对汉文的态度在一定程度上具有代表性的意义。在正冈子规去世之后，高浜虚子接过传承"写生文"的使命，因此高浜虚子同样也是"言文一致"的号召者。明治三十三年（1900 年），当甲午战争（"日清战争"）结束之后，日本的"国字、国文"改革的议论声再起之时，高浜虚子发表了题为"言文一致"的文章。在这篇文章中他将明治三十年出现的"言文一致文"视为"真正的言文一致文"，并断言"言文一致体"虽然经历了一定的波折但最终会当成"唯一的文体"被大众所接受并得到普及。他说一定要停止使用"汉文训读流纹切望"之类的古形容词和修辞的方法，将能够"清新纵横"地叙述事物的"言文一致体"的优势毫无保留地发挥出来，使文章获得生机。❷

文人们将汉文视为"羁绊"基本上是出于写作的技术上的考量。究竟汉文和日本的理想的"文"怎样才能兼容？这是每个作家都曾经思考过的问题，而且答案因人而异，因时代而异：喜欢和擅长汉字汉文的人将汉字汉文放在文中"撑门面"，反之则将其视为麻烦。

那么搞哲学的呢？搞哲学的九津见蕨村是在进行西方哲学的译介时感到旧式文体的不足的。九津见蕨村起初对"言文一致会"比较冷淡，对言文一致体也不十分积极。他态度

---

❶ ［日］正冈子规："叙事文"，载《日本》"日本附录周报——闲日月"，明治三十三年（1900 年）一月二十九日。日本国会图书馆藏。

❷ ［日］高浜虚子："言文一致"，载《ほととぎす》第三卷第七号《文学美术评论》。明治三十三年（1900 年）五月十日。明治新闻杂志文库藏。

的转折发生在他从事德国哲学家谢林的《哲学史》的翻译的时候。他发现以前的和文体、汉文体和候文体无法被用于表述充满哲学式思想和知性的情感的文章，用它们也无法完满地译出德国哲学的原汁原味以及近代复杂缜密的思想和感情，因此，他坚信只有"言文一致体"才是唯一的选择❶。值得一提的是九津见蕨村不仅从西方哲学的译介的角度提出了"言文一致"的唯一性和必要性，对于"言文一致体"本身的进步他也提出自己独到的看法：他认为当时的"言文一致"之所以还未被普遍接受，是由于"言文一致"尚且缺乏"思想的整顿"。说使用"言文一致体"撰写文章时一定不能像有些人那样信口胡写，而要先在大脑中把要表达的东西——"思想"整理和按秩序排列出来，在厘清前后顺序、搞明主客关系、将首尾贯通之后，再将其付诸文字，不能像当时许多"言文一致"的文章那样支离破碎、词不达意，致使思想无法用之充实，理论也无法用之通顺，那就根本无法按希冀的那样用之正确地表达新思想。❷ 将九津见蕨村的关于"言文一致"和西方哲学思想的紧密关系和他的上述关于"言文一致体"的"急需整顿"相联系，我们就能体悟到明治时期对文体这种承载思想的"器"的既爱又恨的矛盾心态：一方面，"言文一致体"是崇尚西方新思想的载体上的新希望；另一方面，当时的"言文一致"尚不发达，尚存诸多的缺陷，距离理想的"器具"要求甚远，因此学者们各尽

---

❶ ［日］九津见蕨村："文章と思想、感情"，载《新文》第一卷第四号《新文》，明治三十四年（1901年）八月一日。东京大学图书馆藏。

❷ ［日］九津见蕨村："言文一致と思想の整顿"，载《新文》第一卷第七号《新文》，明治三十四年（1901年）十一月一日。东京大学图书馆藏。

所能地或对其指指点点、或为完善之而出谋划策。

日本进入大正时期之后，有关汉文的"新思想"的议论也多了起来。主张废除汉字的波斯贞吉关于"汉文是新思想的障碍"的说法是他在大正五年（1916 年）的一篇文章中表达的。他说：

日本若创新出新的文体，那种文体必须能够描述新的思想。必须废除"汉文脉"的文章，也是催生新文体的原因之一。将来我国会吸收越来越多的欧洲思想，而汉文是不足以表达如此复杂的思想的。而且如果使用汉文来表述之，一定会在读者浮现出"支那流"的意识，难于体现作者清晰的自然的思维。从文体上说，和外国文体逐渐接近也是大势所趋。眼下文章中的汉文体已经逐渐衰落，翻译体成为主流，将来更会逐步向欧文体靠拢。汉文中形容词非常之多，其用途在逐渐减少。形容词在文章中属最易变化之类，且常常和时代趣味观念相左。随着时间的变化，一些古旧的形容词必然会逐步废止，其中的一些今日早已不用。比如"缘木求鱼"和"登船山"等古人认为非常有趣而奇特的形容词，对于今日青年来说已经变得非常愚蠢，已经不被认作形容词了。也就是说，这些死去的形容词已经丧失了生命力。有必要改良汉文的另外一个原因是现代青年人的汉文素养在逐渐下降。有人对年轻人汉文素养的下降大发感叹，我却不以为然。汉文不好并不意味着失去必须拥有的能力，只不过表现出了其下滑的必然趋势而已。因此绝不该对之感到忧虑。相反，我以为应该大大鼓励才是。现代青年人并非读不懂汉文，只不过写不好汉文文章罢了。一般之文章一定要符合一般之需求，而一般之文章一定要能言简意赅。在这样的时期，有汉文素养的人往往喜欢故弄玄虚，把文章写得万分的幽玄。我以为大可不必。无论你如何在文章上卖弄，都无法令今日的年轻人折服。其危害之一是那样就更会阻碍新思想、新文章的生成。我国的文章之所以迟迟没有取得进步，就是因为无法突破汉文体的制约。使用依托支那思想产生的汉文字是无法表现现代思想的，这已经是无须置疑之事实，因此，文体也会朝洋文体的方向变化，这是大势所趋的。❶

在大正时期，波斯贞吉这段关于汉文和新思想关系的说法或许是那个时代日本知识界的主流意识。在他的言论中反复提出反对"支那流"的主张，明显地对中国（"支那"）已经抱有排斥和敌视的态度，这时候"汉文脉"似乎已经变为日本的一种重负，急于从这种"汉文脉"的压抑中脱离出去，恨不能尽快将之废除而后快。

近代著名哲学家西田几多郎关于汉文体的议论也是大正时期发表的，这似乎和波斯贞吉形成"应和"。他坚信无论是"汉文体"还是"国文体"都难于自由地、适当地表达现代的思想和感情，一定要使口语体（翻译调的である体）的文章精练和发达起来。而要达到这个目的，不仅要充分咀嚼

---

❶ 笔者译。［日］波斯贞吉："口語体の文章と新聞"，载《日本及日本人》第六八九号。大正五年（1916 年）九月二十日。明治新闻杂志文库藏。

和利用汉文和国文，而且要大量翻译外国的文学和哲学作品，学习其中的语言表达方法，使日本的语言表现方法得以丰富。那么什么是最理想的文章呢？按照西田几多郎的说法，就是那种"无论何处都非常明晰的、无论何处都有助于彻底地思考的、能把自己的心得和思想毫无虚饰地尽情表现的文章"❶。

为什么进入大正时期之后的日本在减少汉文方面变得"决断"了呢？首先，大正五年（1916年）的日本和中国的国力对比已经强弱分明，日本似乎"脱亚入欧"指日可待，因此，由国力推及语言文字并抨击和贬低曾经的文化宗主国的文字和文体，似乎是"趋利避害"的常理和日本的天性使然。其次，将汉文看做"支那流"思维意识的载体从而企图挣脱那个"落后"的、过时的"载体"的冲动，表现出那个时代日本知识人想喜新厌旧却苦于没有现成的新载体的"落空"的焦虑。最后，波斯贞吉的关于"形容词"的"易变性"的说法有一定的新意，事实上就连中国在经历了"五四"和白话文的改造之后，大量的古老的形容词也被作古和尘封了。波斯贞吉的文章中还描述了20世纪初那些"汉文"的坚守者"顽固"的、几乎是接近尾声的对"汉文体"故垒的守卫以及从明治维新之后一直持续到大正时代的对"新文体"的抵抗——通过"舞文弄墨"和在文章中的"故弄玄虚"，而当时的年轻人分明已经非常"去汉文"化，已经在

---

❶ ［日］西田几多郎："問題は口語体の精錬"，载《日本及日本人》临时增刊第六八九号《现代名家文章大观》，大正五年（1916年）九月二十日。明治新闻杂志社文库藏。

追求"洋文体"的道路上马不停蹄地奔走。

另外，我们能联想到的是在"汉文体"的故国中国，大正五年（1916年）也同时在进行着晚清白话文的"后续工程"以及"五四白话文"的、同样是"废除汉字"和"废除汉文"的预热。也就是说日本的去汉字、去汉文在这个时点上和中国发生的文字、文体的"故事的情节"——已经开始了重合。在这个时点上，日本经历了从明治初年的"言文一致"的探索，文章已经逐步进入"和汉洋"三者合一的"普通文"的模板的"试用期"——此时的波斯贞吉的文章已经几乎和现代日语相差无几，而汉字、汉文体的母国，新文字、新文体的革命的爆发还处在能量蓄积的时刻，还没有受到"五四"的导火索的点燃，还是一个以文言为主要文体的国度。

通过以上对从日本明治到大正两个时期几位思想者、学者、文人、哲学家主张废除汉文的言论的综述，可以看到明治之后"和文脉"通过"新国文运动"的气运的提升背景下的"汉文脉"所遭受的抨击和诟病以及几十年中几代人对其"动外科手术"的冲动和实验，很明显，汉文在这两个时期已经被请下曾经常驻的"神坛"，汉文的神秘感、优雅感和其作为儒学载体的崇高已经遭受质疑，大背景当然是西学的日渐兴隆，中日两国综合国力在此阶段已经逆转。语言当然是社会的产物，为社会的现实所左右所"劫持"，而语言又反过来作用于社会。国家之变数决定着语言的变数，日本这个时期你一言我一语地对汉文之诟病就是最好的例证。在这一轮"汉、和、洋"三种"文脉"的博弈中，我们看到的是前者的下降和后两者的上升，但是如何在技术上、在"文"

205

中将新的组合比例良好地、妥善地、实用地表现出来，就变成了新的课题。"普通文"在众多的"新文体"中已经得到了重视，似乎可用来肩负这个使命。

三、围绕"国文"中的汉文元素的争议
（之二）——主张保留汉文的一方

有主张废除汉文的，也有主张保留汉文的。

先看文人的代表尾崎红叶。虽然尾崎红叶由于在小说中使用了代表"言文一致"的结尾词而被誉为"言文一致"运动的代表性人物之一，但尾崎红叶对文体方面的态度是十分保守的，他经常公开表示自己对"言文一致体"的厌恶，还通过撰文《红叶山人的文章谈》（《紅葉の文章談》）以及《今日的言文一致》（《今日の言文一致》）表述自己对"言文一致"的反对和抵触态度。在《红叶山人的文章谈》中尾崎红叶将"言文一致"与拟古文进行比较之后，认为"言文一致"的文章虽然在书写方面比较自由、便利，也有一定的表现力度，但它只是适合于科学技术方面的文章以及信函的写作，而且无论怎么应用也不可能用"言文一致"写出"美文"，因为和拟古文相对比，"言文一致"缺乏拟古文中的"余韵"和"妙味"，无法产生让人读第二遍和第三遍的兴致。出于以上原因，尾崎红叶对当时"言文一致"文章的未来持观望的态度，认定无论"言文一致"文章如何取得进步也不会最终产生出"美文"，因此不会最终兴旺发达。在访谈录《今日的言文一致》中尾崎红叶重申自己反对"言文一致"的态度，认为"言文一致"和拟古文孰优孰劣最终取决于哪种文体中含有更多的"天然的余情"，这方面显然

"言文一致"不如拟古文,而且"言文一致体"里还缺少"音乐之声""雅趣"等元素。尾崎红叶对这方面"言文一致"的缺乏表示遗憾并得出"言文一致体"不适用于写作"美文"的判断。尾崎红叶在明治三十五年(1902年)《少国民》刊物上也表明反对"言文一致"的态度,重申和拟古文相比"言文一致"缺乏"余情"和"雅趣",他说:"今日言文一致的文章主要是以讲谈家的话语体为主,与之相比拟古文更具备音乐之声。无论讲谈家的口才有多么的出众、听起来有多么的有趣,其中也没有丝毫的余情,但音乐中是含有天然的余情的。因此,即使想用言文一致体写美文,现在的言文一致体也遗憾甚多。""在写日用文章时言文一致是十分便利的,这是因为日用文章只是随想随写,写得易懂就行,但美文不可,也就是说尽管言文一致是今后十分必要的,但现在的样子绝对不行,还要更加进步才可。"❶

尾崎红叶上述关于文言文和"言文一致体"的对立的观点(音乐之声)和夏目漱石的汉文有"余韵"的说法十分相近,被他视为"优雅文体"的"拟古文"是明治时期的一种文体❷,而在"拟古文"中大多使用文言文。

明治三十三年(1900年),内海弘藏在《国文学》第一百五十号发表《关于言文一致体的文章》(《言文一致体の文章に就きて》),在文中他对言文一致进行了质疑。他虽然不反对将言文一致体作为"普通文"的标准文体的想法,但

---

❶ [日]尾崎红叶:"今日の言文一致",载《新文》第二卷第一号《主义》,明治三十五年(1902年)二月一日。昭和女子大学近代文库藏。

❷ 女作家樋口一叶使用的就是这种文体。

他认为在具体的实施过程中一定要先进行一番充分的调查和研究，不能轻易作出结论，需要将言文一致的长处和短处一一进行分析。他反对"帝国教育会"下辖的"新国字调查部"想在短短的数月内就作出"将言文一致体适用于所有文章"的决定，认为那是十分轻率的举措，是受到言文一致文体表面上的使用便利的迷惑。内海弘藏认为，虽然言文一致体的长处在于明晰易懂，但在复杂的文章中也不能对其"明晰度"期待过高。另外，在当时的文章中的接续词也不够用，致使言文一致不能充分发挥所长。他还指出言文一致文章里缺少作为"文"的"势"以及作为"文"的艳丽，而在运用比喻上也有缺陷。在没有找到弥补以上诸多缺陷的方法之前，不能过急地将其指定为标准的文体。他批评学者们只是在空谈的基础上就急于将言文一致作为一种标准文体推广，这不应该是学者和教育者所应有的态度。内海弘藏声明他并不反对言文一致文体，相反，对之他是极力赞成的。但他反对在不进行详细调查研究之前就做轻率结论的那些人，认为是一种轻举妄动的行为，尤其是将新文体推广到教育的时候，就应该更加的慎重。❶

内海弘藏所珍惜的"文"的"势"和"艳丽"也正是言文一致的口语体所缺失的。"五四"时代保守的一方在抵制白话文的时候大多也是从这方面对文言文进行赞扬的。

明治三十五年（1902年），《少国民》上刊登了一篇讨

---

❶　［日］内海弘藏："言文一致体の文章に就きて"，载《国文学》第一百五十号《论说》，明治三十三（1900年）年三月十日。明治新闻杂志文库藏。

论"言文一致"得失的文章《小栗风叶的谈话》（《小栗風葉の談》），他对"言文一致文"的普及和推广持保守的态度，认为应该保留传统的"候文"。"言文一致体"用于写实的小说未尝不可，但在写庄严的历史小说时使用"言文一致体"是十分不妥的。由于文语文有"趣味"而且用语简洁，所以更适合于写历史小说。小栗风叶认为不能像欧美文章那样什么都做到文言一致；虽然反对言文一致有"国粹主义"的嫌疑，但假如把拥有几千年历史的如此发达的文章完全放弃，用言文一致替代之实在是件不可思议的事情。

小栗风叶所说的"拥有几千年历史的文章"显然不是指日本的古文，而更应该是汉文。从这一点来看，日本明治时期的文人在处理"文"时潜意识中还是把从中国借用的汉文当做自己的传统的"文"的。

怎样看待汉文体？并不是所有人都像小栗风叶那样把"几千年历史"的、被借用到日本的汉文当做日本文的一个不可割舍的组成部分。和把汉字"外国化"一样，在寻求言文一致的过程中，"汉文体"也是"外国化"的对象，例如，明治三十四年（1901年）冈部精一就在以"百年大计"（"百年の大計"）为主题的演讲中说，要想书写时代的精神和清晰地表达当时的思想，与其使用借用的外国文章的汉文体和六国史的文体，还不如使用口碑之上的《古事记》或者用天皇原话写的宣命，或者是言文一致的用假名文写的《源氏物语》，总之，他认为要从日本本土的古文献中寻找言文一致的样板。

由冈部精一的上述言论可以发现，即使是处在19世纪和20世纪的分界线上，在"文"的来源上日本仍然没能确定什么是自己的"根"和什么是应该被保留和传承的，或者说对待汉文在日本语文中的"身份"还处于犹疑和焦虑的状态，一方面有些人要保留之保守之，将文言的汉文视为日本"文脉"的传承之一；另一方面有人将其"外国化"，想从日本的古典中寻找能为新文体提供基因依据的东西，但显然日本的古典中的"文"的养分不够充分，汉文还是不可彻底放弃的。

再看"明六社"成员的态度。作为明治时期重要启蒙团体"明六社"核心成员的西村茂树对"言文一致"的态度有若干次重大的起落，开始是尝试（明治五六年期间），其后是发表有关新文体的谏言（明治十七年），到明治三十四年，西村茂树就变成"言文一致"的质疑者和反对者。在经历了从支持"言文一致"和建议将文体改变为"和汉洋三体"之后，明治三十四年西村茂树又发表《论言文一致》（《言文一致ヲ論ス》），他对"言文一致"进行批评并力图阻止"言文一致"运动的深入。他是从"言文一致"的实行方法上开始批评的，指出日本不可能像西洋那样实行"言文一致"，因为西方的"言文一致"起始于古希腊，而古希腊的辩论术和修辞学非常发达，致使言语和文章并行发展，因此欧洲的日常言语和文章本来就十分相近，十分易于保持"一致"。而日本和欧洲的情况是不一样的：日本的文章从奈良时期的和歌为了保持自身的高雅和技巧性，与日常的言语分道扬镳了，而日本的日常言语从上古开始就缺乏学养，就非常的"野卑"，因此日本绝不能像西洋那样将原本大相径庭的典雅的文章和"野卑"的日常用语混为一体，绝不能贸然地让二者"一致"。西村茂树批判那些将"言"和"文"强行达成一致的努力是一种让文化退步的行为，是十分荒唐和可笑的。西村茂树说，真要想让"言语"和"文章"达成一致同时继续保持文章的优雅，就必须先将原本粗鄙的口语提高档次，就应该先学好《万叶集》之类的经典文本中的语言，政府和民间就应该齐心协力地共同提高民众的口语水准，只有先将这项工作做好，"言文一致"才有真正实施的希望。❶

西村茂树的上述论点有几点值得注意：（1）东西方语言的特性问题。西方语言是由于古希腊"辩术"的发达而导致"言语"的发达从而更倾向言文一致的吗？这似乎是可议论的，因为中国古典春秋战国时期的"辩术"也十分发达，那时期的文章也非常口语化和生动。难道说对"文"的尊崇是出于封建时代的"大一统"的需要？（2）"文"和"言"之关系。显然西村茂树认为"文"本来就应该高于"言"，"文"是"言"发达和发展之后的成果，是人类的智慧的结晶，因此"言""文"本来就不应该一致。西村茂树的这种观点是得到过许多人的赞同的，辰巳小次郎

---

❶ ［日］西村茂树："言文一致ヲ論ス"，《东洋学艺杂志》第十八卷第二三八号《杂录》。明治三十四年（1901年）五月。明治新闻杂志社文库藏。

就是其中的一个。❶

西村茂树可以说是明治时期一个非常具有代表性的人物，这些人的特点是"先儒再西然后再折中"——他们是在接受了儒学的系统教育之后才和西方的文化接触的，在羡慕西方语言的"言文一致"和思维的科学缜密之后开始大力提倡走西学的道路、呼吁进行西化式的文字改革，但是在经过一段实践之后发现"此路不通"——他认识到虽然日本在文化的"建设期"能够以西方为学习的榜样引入一些西方的东西，而且这也是不得已而为之的，但是，日本全盘引入西学是有"界限"也是有很大难度的，他认识到应该或多或少地保持一部分日本的"国粹"，于是转而反对在日本彻底地搞"言文一致"。西村茂树当时任日本文部省的"编书课长"——负责教科书的编纂，他自身从一个"言文一致的先觉者"到反对"言文一致"的保守主义者的转换，对从行政上能否实质上推行"言文一致"无疑起到非常大的决定作用。

即使进入大正时期，对汉文的尊崇也在继续。内田鲁庵在

---

❶ 辰巳小次郎是第一个提出"欧文言文并不一致说"的人。明治二十年（1887年）八月至十月发行的《学海之指针》杂志上刊登辰巳小次郎的《驳言文一致论》，使他成为近代日本最早对"言文一致"运动发出质疑声音的学者之一。辰巳小次郎文章批评的对象是英国人张伯伦在《罗马字杂志》上发表的力挺"言文一致"的文章。张伯伦在该文中表达了他的核心观点：罗马字会成立的目的就是"在文章中原汁原味地使用俗语"，对此辰巳小次郎坚决予以反对。他从以下几个方面论证了"谈话"和"书面文"（書物）是大有不同的：其一是"谈话"谈论的是私事，而"书面文"用于公事，即 Private 与 Public 之不同；其二是"谈话"的内容只是涉及少数人，而书面文涉及的对象是多数人，即 Local 与 National 之别；其三是"谈话"往往只是言及眼前的事物，而书面文谈古论今并传承文明，此乃 Momentary 同 Permanent 之差；其四是"谈话"往往只是关乎人类之"五感"，而书面文则作用于读书人的"心志"，此乃 Sensual 同 Psychical 之异也；其五，"谈话体"为世间人情世故之摹写，而书面文为修养学问之工具，这一点为 Popular 和 Scientific 之不同。

一篇讲述"我的文章观"的文章中将汉文比喻为"东方之宝",说:"虽然现在文章已经难说是'经国大业'了,但是,支那的古文难道不应该作为东洋文明之国宝而被尊重吗?"❶和内田鲁庵一样对汉文"依恋不舍"的是松井柏轩,他坚信现代的文体一定要统一到"和汉洋折中"的"今日新闻纸论文体"的上面。他说虽然"言文一致"比较"达意",但缺点是缺乏"庄重的态度",不适合于发表"权威性的议论",因此不能将之用于报纸上的"社说"之类的论文体(社论)。松井柏轩说他自己最"爱诵"的是朗朗上口的"支那文",最欢喜韩愈的文章,其次是孙子的文章。而欧文的特点是善于比喻,在文字的运用上面到底难以与"支那文"比肩。❷松井柏轩在此十年前就发表过"言文一致不合格"的意见,主张将"汉文口调"的文章体用于论说文,政府在发表重大意见比如外交言论时就显得更加强烈和庄严。由于许多人在这个问题上的态度和松井柏轩一样,因此论说文体的"言文一致化"一直是"言文一致"运动最艰巨的工作,真正在"社说"栏目中使用口语文是"二战"结束后的事情了。更加有趣的是田中次郎的将"言文一致"比作"光屁股文"(裸)的说法。针对那些说汉文中"修饰"成分过多、华而不实的批评田中次郎反唇相讥,将口语体的文章说成是既冗长又缺乏装饰的"裸文",说"言文一致"虽然易懂却

❶ [日]内田鲁庵:"文章上の田舎者——即ち文章の革命者",载《日本及日本人》临时增刊第六八九号《现代名家文章大观》,大正五年(1916年)九月二十日。明治新闻杂志文库藏。

❷ [日]松井柏轩:"新聞紙論文体に統一",载《日本及日本人》临时增刊第六八九号《现代名家文章大观》,大正五年(1916年)九月二十日。明治新闻杂志文库藏。

完全没有"余韵"——这一点很像是夏目漱石的说法，说他自己并不觉得"汉文体"有什么难学的，说虽然"言文一致"自诩"达意"但是"没穿衣服站在大马路上的"的光溜溜的文体，而真正的"文"是少不得一定程度的"文饰"的。❶

内田鲁庵在日本进入大正时期之后对汉文所表现出来的尊崇在当时的历史背景下不能不说是难等可贵的，尽管我们无法就他将汉文视为"东方瑰宝"中所指的"东方"是否含有"中华文明"进行考证。当时的日本已经将"大东亚"的说法挂在嘴边，而对东方民族的征服和进行日式的殖民是那个时期日本国家的主要目的。

大正时期当日本的一只脚又重新踏回"东方"的时候，日本已经并不再将自身视为"东方"的国家，似乎福泽谕吉的"脱亚入欧"的梦想已经实现，日本在"重返东方"时其实是蔑视和排斥真正的"东方"的。从"文"的发展脉络上看，这时日本已经被"言文一致"的"欧文脉"所改造所重塑，"和文脉"也已经复苏，而"汉文脉"则处于岌岌可危的险境，许多人企图废弃之，而有些人却坚决地捍卫之，比如夏目漱石。

夏目漱石保守的"汉文观"值得研究。夏目漱石是近代日本最具代表性的作家，同时他也是始终坚守和坚持"汉意"的作家。中国学者孟庆枢认为夏目漱石所坚持的是"汉意"，即是与声音中心主义相对抗的象形文字汉字的隐喻性。❷ 林少阳在

---

❶　［日］田中次郎："冗長は口語体の缺点"，载《日本及日本人》临时增刊第六八九号《现代名家文章大观》，大正五年（1916 年）九月二十日。明治新闻杂志文库藏。

❷　孟庆枢等：《二十世纪日本文学评语》，吉林人民出版社 2009 年版，第85 页。

《"文"与日本的现代性》中，也梳理出一条从江户时代的汉学家荻生徂徕—夏目漱石—横光利———西胁顺三郎的"文"的展开系列，将夏目漱石安放到了一个用汉字的"隐喻性"和"象形性"对抗声音中心主义的"透明性"的角色上。林少阳指出夏目漱石之所以在《文学论》中将"文"和"自然"的概念紧密地联系在一起，因为"自然"中涵盖着三种寓意："首先，'自然'指的是取材的层面，亦即符号学意义上的指涉对象（referent，或译'指示对象'，'指称对象'）的层面……此一层面的'文'指的是作为'文'的材料的'自然'。第二层面的'文'指的是作者师法自然的'自然'，即技巧层面上的'自然'。……第三层面上的'自然'指的是读者反应层面上的'自然'。"❶ 林少阳所说的夏目漱石关于"文"的"自然"属性的第一层意思——"自然"指的是取材的层面，是符号学意义上的指涉对象（referent），其实就是"汉字"这种文字符号中所特有的"微缩自然景观"。

"皮之不存，毛将焉附"。假如"汉字"是夏目漱石心目中"自然之文"必不可少的载体，那么，对于从自然中提取的象形符号"汉字"的偏好使得夏目漱石那样固守汉文传统的"保守主义"者必然会对当时激进的取消汉字、取消汉文的倾向持反对或抵触态度。夏目漱石并不认同当时流行的"进步的"文学观，对进化论文学观一直持批判的意识。虽然夏目漱石在伦敦居住时也用言文一致体写长信，但夏目漱石对日本试图通过实行"言文一致"而走上欧洲的声音中心主义之路始终持怀疑和拒绝的态度。对于夏目漱石来说山水

---

❶ 林少阳：《"文"与日本的现代性》，中央编译出版社 2004 年版，第 74 页。

画与汉文学具有相同意味，他竭尽全力地想恢复那个"文""绘画"的而不是"声音"的世界。夏目漱石在《写自然的文章》中论及"言文一致"，强调文章的韵味与精细。他强调"文"中必须有"余韵"，如果人靠"言"而丢了"意"，人就成了空壳。这或许是夏目漱石为何对西方的声音中心主义始终抱有警惕态度的原因。

夏目漱石对"文"的理解又是和他对"文学"的理解有密切关联的。什么是"文学"呢？"文学"对是 Literature 的近代翻译，但无疑，汉文传统的"文学"观和英文的 Literature 并不是完全一致的。林少阳指出："在脱亚入欧的时代风潮中，夏目漱石那样的知识分子精神上所依托的'文'的存在和理想在意识形态的操作下已被视为他者。"❶小森阳一和柄谷行人也指出："夏目漱石心目中以'左国史汉'为代表的汉文学，并非是与近代意义上的民族国家的'中国古典文学'，而是东亚共同使用的表意文字的汉字书写体以及作为其历史产物的文本体系。"❷也就是说，在理解夏目漱石心目中"文"的真谛时，绝不能忽视他心目中的"文学"和被近代日本教育体系按照西方"文学"体系确立的"文学"是不一致的，也和纯粹中国的传统"文学"的理念不完全一致，可以说是一种被"东亚化"以及"日本化"了的，既被"普遍化"又被移植、被日本人"视为己出"了的"文学"，但无论如何变异，那种"文学"根植的不可缺失的土壤是

---

❶ 林少阳：《"文"与日本的现代性》，中央编译出版社 2004 年版，第 77 页。
❷ 转引自林少阳：《"文"与日本的现代性》，中央编译出版社 2004 年版，第 77 页。

"表意文字的汉字书写体"，也就是以汉字为载体的汉文。

关于夏目漱石和"言文一致"运动的关系，林少阳还试图从"文体"中寻找，指出："显然在夏目漱石那里，文体的问题根本上是书写体（'书写语体'）的文体。这一写体的问题始于明治初年的'言文一致'运动（即日本的白话文运动），又表现为白话与文言，最后由归结为表音的表记方式的'假名'（音：kana）与汉字的二元对立。"❶

夏目漱石这位明治、大正时期的日本文学巨匠在汉文上的态度可以作为保守主义的经典性范例。首先，他是学贯东西的；其次，他是既激进又保守的。他的激进表现在他是个讲习英国文学的学者，他投入西学的怀抱，而他的保守恰恰是出自他对西学的明白。夏目漱石是个分水岭式的人物，日本文学在"文"上的东西方就划分于夏目漱石的脚下，随着1916 年他的亡故，日本文学中的东方的"余韵"就随之消失，了解汉文、将汉文视作生命的神髓的一代人从此逐一消失于日本文学的舞台，而随着他们的肉身的死亡，日本的汉文的精神也就死去，从此再没有人对言文一致后的"文"中是否还有"余韵"，甚至是否有"韵"进行质疑，而当这种质疑都停顿之后，真的"韵"也就真没了。

四、围绕"国文"中的汉文元素的争议
（之三）——折中主义者的探索

以下介绍在力挺汉文和主张废除汉文两派之间的中立派，中立派是最终决定日本近代文体走向的势力。

---

❶ 林少阳：《"文"与日本的学术思想》，中央编译出版社2012 年版，第147 页。

　　井上哲次郎就是一个典型的在言文一致和汉文之间的
"平衡主义者"。明治三十四年（1901年），井上哲次郎在题
为"关于言文一致"（"言文一致に就いて"）的演讲中将言
文一致的好处归为以下几点：其一，言文一致能使文章像说
话那样易懂；其二，有助于从从前受汉文体和汉语的支配中
解脱；其三，用言文一致体表达思想的话，语言和文章就变
得更加自然了。❶ 值得注意的是井上哲次郎所说的第二点：
"有助于从从前受汉文体和汉语的支配中解脱"。从这句话可
以解读出，"言文一致"虽然从形式上是日本近代找寻一种
新的简易文体的"语言现象"，但同时也是一种从文体、文
法上脱离"汉文体"和汉语的"挣脱"。从这层意思上说，
言文一致体从初现端倪到最终成型的过程，也可以将之解读
成一个"汉文体元素"依次和逐渐递减的过程。关于这一
点，从明治初年汉文体元素（比如汉文成语、汉文句式句法
等）——当然伴随着汉字数量的减少——在日本文章中所占
的比例逐步下降就可以得到量化的印证。井上哲次郎在"关
于言文一致"的演讲中同样指出言文一致所带来的"失"其
一，言文一致体的读物显得十分冗长啰唆，而且在表达"叮
咛"（客气语气）的时候几个结尾词都不理想——"でござ
います"太长、"です"音调下降；"である"连续使用上
给人一种失敬的感觉；其二，用言文一致体写文章时容易把
非常郑重的主题用普通的语言书写，这显得十分粗俗，也是
文人不愿意用言文一致体著述的原因；其三，用言文一致体

---

　　❶ ［日］井上哲次郎："言文一致に就いて"，载言文一致会编《言文一
致论集》，明治三十五年（1902年）五月三日发行。东京大学图书馆藏。

难于写作"美文",使得文章显得平凡而乏味。**❶**

井上哲次郎给言文一致体缺点优点各打 50 分的打分法是典型的"平衡论",持平衡观点的人一方面主张把汉文取代,另一方面又对取而代之的言文一致体不满。那么,出路何在呢?

翻译家用他们的实践给出了答案。

在世界语言史上任何重大的语言变革中都有翻译家留下的巨大身影。翻译家是两个文字文体体系的牵手人,是连接两个语种的"媒婆"。以近代日本为例,译者在日本通向言文一致的道路上起到了重大作用。那么,他们又是怎么看待汉文的呢?

如果说思想家和小说家对汉文的态度代表着思潮和话语表现艺术层面的话,那么翻译家对汉文的态度则更是技术性的。翻译家在面对文本进行转译时所做的是两种或更多的语言体系的"对话""对垒"以及"对仗""对偶""对接",无疑这些都是在恨爱交织和痛苦万分的状态下进行的——尤其在日本的明治初期,当日语在不"言文一致"的汉文结构的"主宰"下被翻译家们强行使用着表现相对来说更加"言文一致"的西方的文本的时候。

在这方面最有发言权的可能就是被誉为明治时期的"翻

---

❶ "美文"既是"美妙的文章"的意思,也是指一种日本明治时期的一种文体。最早,"美文"是由明治二十多年日本文坛上十分活跃的国文学者落合直文在和文的基础上尝试创作出来的。其特征是优雅和柔和。当时被誉为是"和文的新生"。樋口一叶的小说大多也是用"美文"书写。但这种"拟古"的文体不久就被废除,被汉文脉、和文脉交织的文体所取代。佐藤武义:《概说日本語の歴史》,明倉书店1995年版,第218页。

译王"的森田思轩❶。明治二十一年（1888 年）《报知新闻》上发表森田思轩的《日本文章的将来》（《日本文章の将来》），森田思轩在这篇文章中系统阐述了作为著名翻译家的他的有关日本文体改革的观点。首先，森田思轩抱怨说由于日本当时的文体出于十分纷乱的"杂然"状态，作为一个翻译家他无法采用一种能够使用的统一的文体，这令他十分苦恼和无所适从，因此他认为日本必须尽快找到并确定一种统一的、"普通"的文体。其次，对于当时日本进行的试图用罗马字或假名取代汉字的文章改革森田思轩表示反对，指出由于日语中有着大量的从"支那"（中国）借用的或者"和制"的汉语同音异义的词汇，完全使用拼音文字代替是不可能的，因此"汉字和假名混合"是文字上的"绝对必由之路"。请读者注意，这几乎是翻译家给我们上一章所讨论的日本文章改革的一种"定论"，是一种折中的路线。在将文字的选择决定为"汉字与假名混用"之后，接下来就是文体的问题，于是问题的焦点就变为在仍然保留汉字的前提下选择怎样的文体。森田思轩将当时的文体分为以下两种：第一种是"纯粹的支那文章"即汉文，第二种是当时报纸杂志上使用的汉字和假名都包含的所谓的"漢文崩し体"，由于后者也是"由来于汉文"，因此也能从其中找到汉文的痕迹，

---

❶ 森田思轩（1861～1897 年）被称为日本近代的"翻译王"，这个称呼足以证明他在近代翻译史上的地位和影响。他曾在庆应义塾学习英文并到欧美漫游。在森田思轩从事翻译之前，日本文学翻译并不被视为一种艺术，而是一些政治家利用业余时间从事的"余技"。森田思轩在翻译上的成功将文学翻译者提高到"文艺家"的地位，同时通过将大量的西方文学译介到日本，对近代日本文学的成立起到不可缺少的作用。

比如使用"纯粹汉文"所说的"余见诸君",假若将之用"汉文假名混合体"表示的话就能够找出许多种不同的表达方式,如"余は諸君を見たり""諸君を余は見たり""見たり余は諸君を"等,总共达 6 种之多,看起来蔚为壮观,由此森田思轩认定和"纯粹的支那汉文"相比当时的日本文章是能够"在陈列词语的时候进行语言回转的顺逆位移",因此就更加"自由自在"❶。

　　森田思轩从西方修辞法中借来 emphasize——"强调",他强调说日本这种能够"顺逆多变"的文体在文章的"效用"上作用极大,而这种构建上的自由使用到日本和歌的创作上艺术效果尤其明显。同时,他虽然承认在汉文中也有"倒装句法",由于"纯粹的支那文章"(汉文)受传统文典的严格制约,绝不可能做到像"汉和混合体"那样"完全无法无则"和随心所欲地绝对自由。通过翻译实践,森田思轩感觉到"纯粹的汉文"和他所追求的"细密繁杂"的文体是不适合的,也就是说传统的汉文无法满足明治之后人们对更加多样化的生活所引发的"细致"的思考。为了证明这一点,他还特别收集和研究了一些美国人用"汉文"书写的文章,发现即使是美国人,他们使用纯粹的古典汉文体只能记录和描述生活中的事实,而在记录纯粹"西洋风"的思考内容时那些"秦汉时代的文体"就不适合了,美国人就只有用中国小说中使用的通俗的谈话体将其记录。他于是预测到明治时期之后,当日本人的思维逐渐在西方的影响下变得"细

---

　　❶ ［日］思轩居士:"日本文章の将来",载《郵便報知新聞》,明治二十一年(1888 年)七月二十四日至二十八日。日本国会图书馆藏。

密"以及日益在学问上接受西学之后，假如不对文体进行改造，继续沿用他认为"简单"的生硬的汉文文体的话，那么日本可能就会陷入文体和思维不配套甚至渐行渐远的矛盾之中。

由上可知：第一，森田思轩是不赞成继续用"纯汉文"的，他想从"汉文脉"中脱离，采用汉文脉、和文脉兼有的混合文，因为在通向西洋的言文一致的路上，后者更为接近。其实"纯汉文"难于和西洋文兼容并不是森田思轩最先发现的，先前来中国的利玛窦等传教士早就领略了这一点，而利玛窦和他之后的"历届"传道士将宗教的经典进行汉语口语化的文字处理也是东、西两套文字体系的最早的交汇。第二，美国人不能用对于他们来说简直如"天书"一样的"纯汉语"书写文章是很自然的事情——那是一项"不可完成的任务"。这段史实鉴证了中国的语言在日本这一"异地"上和西方的交汇的过程中意外地变成了日本寻求语文变革的起因，这颇令今人回味。

森田思轩还对明治维新之后头十年日本新闻杂志上面的文章进行回顾和分析，他发现在过去的十年中日本的文体已经在不自觉中逐步朝"脱离汉文体"的方向发展，具体表现在用纯粹汉文体书写的内容比例下降，而这种蚕食性的变化从技术层面上之所以可能，就是因为前面介绍的使用"汉和混合文"日文的灵活多变性（更能够"顺逆回转"）和"自由自在"；蚕食渐进的最终表现就是假名使用的比例在文章中逐渐增加，这样一来文章的灵活性就可以大大提高，更加精确地表现明治时期人们逐渐变化、变得比从前任何时代都更加具备错综复杂的思维方式，同时这也意味着随着这个进程的继续，随着日本人用“细密度”高的思维习惯的养成以及“智能”的进一步提高，那些与之不相适应的“汉文的要素”就会逐步降低甚至彻底从日本的文体中退出，而那种纯粹日式的“自由自在”的、变化多端的文体就将“君临天下”。既然日本的文体比汉文体在表现手法上更加自由自在，那么下一个议题就是怎样对这种“汉和混合体”进行“标准化”的修正整理，使之成为规范的普通的——也就是能够作为统一使用的文体。森田思轩说真正理想的文体在当时是不存在的：那种“理想文体”既不是纯粹的汉文体也不是当时日本的文章体，因此“理想的文体”在森田思轩人看来不存在。

森田思轩在他的脑海中“生成”一种“未来文体”，然而森田思轩最终也没能塑造出一种现在看来理想可行的文体。他的理念是在文章中将“支那式的字的结构”以及“西洋式的文体和修辞法”——也就是他翻译时使用的“欧文直译文”的文体相互结合起来。他的做法是在翻译时将其进一步“周密化”，但是这种将汉字的文字法则和西式的修辞和文体法则不加改造地组合在一起的体裁阅读起来显得十分生硬和干涩，❶ 而这也是森田思轩认为当时的欧文直译体中存在过多的“难解的汉字”的缘故，作为改良的方法，他主张在欧文直译体中融入更多的“谈话”也就是口语的成分。但是森田思轩并不主张彻底地“言文一致化”，他说即使是在西洋文章中“言”和“文”也不是完全一致的，指出最理想的文体应该是“言文十分相近的文体”，而不是完全一样的。在这方面日本是有先例的。森田思轩说，在德川时代汉文达

---

❶ 外貌颇似中国严复等人的译作。

到"全盛时期"，产生过众多的比中国人还要优秀的汉文大师（如祖徕、白石、山阳、息轩等人）的时候，由于日本的"言"和汉文的"文"在那时候是绝对不可能一致的，就产生过诸如"弁稽状""今川状"之类的和谈话体十分相近的文体并被那些汉文大师们在生活中使用。因此他认为产生未来"理想文体"的正确思路是在保持汉文成分的前提下如何将"文"和普通的、日常的话语成分融合起来，也就是如何对现有的文体进行"平易化"的改良，而要想做到这一点的话在使用汉字时就要十分的细心，要先将汉字的词意吃透，然后按正确的方法使用之。

从明治时期的"翻译王"森田思轩题为"日本文章的将来"的文章中我们能够了解到作为身处东、西文字文化的"文本最前线"的翻译家，他对"粗大的汉文"和明治之后日本逐渐进入的"细密的思考"之间的形式上的不协调乃至矛盾的体悟以及从实践上深刻了解两种语言系统的专家的角度提出的对文体的改革的意愿以及可行性的分析。其要旨是：（1）汉字虽然妨碍日本的"进步"，但不能废除；（2）文体必须改革，但不能完全"言文一致"，最好是在汉字和西洋修辞、文体中寻求平衡，以达到"言文相近"的终极目的。

前文曾经介绍"思想者"西周、福泽谕吉在明治初期通过翻译对日本语言的词汇所作出的贡献，通过对西周、福泽谕吉、森田思轩这三个人的案例的分析，可以找到一条由"译者"一棒棒接力似的由"欧文脉"进入"汉文脉"，并与"和文脉"会合的线路。西周所作的贡献是新概念的东西嫁接，约等于中国清末严复的功劳；福泽谕吉进行的是新鲜词汇的引进以及"脱亚入欧"的情绪化的煽动；而森田思轩这个日本"翻译王"所做的工作等同于林纾，是外来的异种的"文"的和本土"文"的大面积的对照和对译。如果说为日本到达言文一致彼岸的前几块河中的石头是西周、福泽谕吉投下的话，那么森田思轩就是真正身体力行过河的人；西周时期的日本的东、西对接只是"点"状的，是词语上的，那时候"文"本身还是汉文，而森田思轩是真的在文的"脉络"上下功夫，将之改道，将之引入前所未有的新的方向。

早年的译者是和外来文明中走来的对手的"最亲密接触"者，通过他们和其他语言文化的"搂搂抱抱"和耳鬓厮磨，异邦的文化的基因和种子就被传递进、揉搓进本土的文字语言土壤之中了。因此，可以说翻译之桥是言文一致路上所必须搭建和通过的。

在作家中持"折中主义"的是深受德国文学影响的森鸥外。森鸥外是日本近代文学的又一大重镇，因此他对"文言一致"的态度值得关注。如果说夏目漱石在"文"这个问题上的立场是"坚守"汉文的"余韵"的话，那么森鸥外则是在平衡"过去"和"现在"的过程中寻找着建立"未来"的可能性，他对新文体的贡献不仅仅停留在评判上，他用自己的作品开拓了新的"文路"。

首先森鸥外承认日本的"言"和"文"需要改革，需要将"言"和"文"统一起来，在文章《言文论》中，他探讨了几种将"言"和"文"进行统一的可行的方法，比如可以让现代人的"言"统一于古式的"文"，也就是让"今言"向"古文"靠近，或者将现代人的"今言"统一于现代的"今文"，总之，二者取一，或许就能达到"言文合一"的目的。森鸥外还对那些认为古语就是"雅文"，就应该是现代"言"的模板的说法提出反对意见，认为"文"的

225

"雅"和"俗"不应该以"古"和"今"等同，无论是古希腊、古罗马，还是在中国的秦汉唐宋、日本的奈良时代，都有许多已经不再能被使用的"死文"，那些"死文"早已不适用于后面的时代，因此，在现代人的"文"和"言"中一定要摒弃那些作古的文字。

在文体的传统和革新之间，瑞洒舍主人也持有和森鸥外相似的辩证的、变化的态度。对于明治时期传统汉文发生的一些改变，瑞洒舍主人表示支持，指出所谓的"汉语乱用"是有其必然性的：在汉语经过时代的变迁进入他国之后，意义自然会发生变化，这是非常正常的。因此，要容忍汉语所发生的意思的变化。其次，汉语发生变化的最根本原因并不是汉语自身非要变化，而是思想的变革，因为原本的汉语不能完全表达从西洋输入的新事物中的新精神，即使汉语非常盛行，这种变革也是不可避免的。那些死守近古的文学排斥外文直译体的人是"老人之声"和"怀古之声"。❶

在文体方面，森鸥外也始终在保守和革新两边持犹疑态度。一方面，他在创作活动的早期曾经热心于在作品中使用象征口语的文末辞法"だ"和"です"，是个"言文一致"的支持者和实践者，但他后来又将"だ"和"です"视为俗不可耐的东西，认为必须将它们废弃，用文语的词尾"なり""べし"代替，也就是说在文末辞法上他最终还是认为需要保留古典的方式。换言之，森鸥外是想在保持古典语法框架结构的同时，在行文中掺杂进"言文一致"即口语的内

---

❶　［日］瑞洒舍主人："樱痴居士的文章论"，载《早稻田文学》第五十三号，明治二十年（1887年）内十二月。明治文库藏。

容。但森鸥外忽视了一个要点，就是"言文一致"和"非言文一致"的区别主要就在于文法和文章的结构上面，二者是难以兼容的。森鸥外还认为比较理想的文体应该是兼顾传统和现代的，例如"福泽调"（福泽谕吉文体）所用的比较明快易懂的那种，但所谓的"福泽调"也不是完全口语的，而是文言的。森鸥外对"罗马字会"用拼音文字代替汉字和假名的实验嗤之以鼻，将之视为荒唐的举措。森鸥外认可和赞赏山田美妙在"言文一致"方面的创作实践，认为山田美妙在散文方面的"言文一致"的写作是非常有意义的。但他也反对将"野俗陋劣"的语言放到文字之中，认为文章无论如何地改良也要有优雅的内涵，也要用心创作，也要成为能被欣赏的艺术品。在创作实践方面森鸥外于明治二十三年（1890 年）有了新的突破，明治二十三年一月森鸥外在《国民之友》上发表著名的小说《舞姬》，在《舞姬》中他成功地使用了集汉语、西洋语、和文三种语言中的优点于一体的文体，即所谓"和汉洋混合体"。明治二十四年（1891 年）四月，森鸥外又在《文则》上发表由他翻译的屠格涅夫的小说《该撒》，使用的也是"和汉洋混合体"。当时正值落合直文在大力提倡新的"国文"，他对森鸥外的"和汉洋混合体"非常赞赏，认为这种文体是保守了"国文"法则的"妙文"。森鸥外自己也认为自己的这种文体集合了"优雅的国文、雄浑的汉文以及精巧的欧文脉"等三方面的优势。

从以上森鸥外对"言文一致"所表现的态度和他自己在创作方面的实践上，可以看到森鸥外对文章的口语化运动是持保留和批评态度的，他坚守"和文主义"，认为传统的和文应该是日本"国文"的根本，因此他反对过激的诸如用罗马字代替汉字和和文符号的行为，在坚守"和文主义"的同时，通过创作上的实践，他尝试在和文中将汉语和西方语言的长处混合进去，从而产生诸如《舞姬》一类的新的文本。从森鸥外这个日本近代史上具有代表性的作家身上，既可以看到他们和其他人一道，对时代的语言变革作出自己的反应，同时，由于他们是作家，他们的反应没有停留在空洞的议论上面，他们通过小说的创作将新文体的可能性显示出来，其成果很自然就变为政治家、语言学家在进行文体探索时的参照和可以被推广的文体的模板。从语法的特征上看，近代日语最终形成的"普通文"（国语），就是森鸥外式的集和文、汉文和西洋文三方面长处的"和汉洋混合折中体"，因此说他的作用是不可替代的。

这一节分别介绍了"国文"的兴起和对汉文进行改革、对言文一致体的建立上"左、中、右"三派，即赞成、反对和保持中立的三种人的各种言论和他们的作为。"国文运动"让日本的"和文脉"得以被重新重视，让日本的"文"中的民族主义的元素抬头，而对汉文中的"汉文脉"的争论和打压好比是将汉文架在一堆柴火上烧烤，显然，去"汉"的结果就是为别的"文脉"腾地方，就是在空间上让位于别的"文"的元素。

将主张废除汉文、保留汉文和持中间立场的"三种人"的言论归纳后，可以发现这些议论都是围绕着这些核心内容展开的：

（1）美学方面的：汉文是美的，所以不能废除；或者相反。

（2）技术方面的：学习汉字和汉文的难度、和其他文脉的匹配问题等。

（3）汉文的身份（Identity）：汉文是属于中国的还是谁用了就属于谁？

从以上三个问题的纠结发现，无论是上一章讨论过的关于"汉字"的问题，还是在本章讨论的"汉文"问题，基本都离不开由这三个维度构成的问题的核心。但"文"的复杂性要远大于"字"。在"字"的方面呈现的是汉字、假名、罗马字三种符号之间的"对决"和你死我活的为"存在"而进行的战争。虽然"汉文脉""和文脉"和"欧文脉"是汉字、假名、罗马字的自然的延伸和排列组合，但三种"文脉"之间此消彼长的竞争架势和"字"并不完全相同，比如即使是"欧文脉"的，也并不一定非要用罗马字才能寄生，用汉字、假名照样可以将欧文脉融入日本的文章中，使其和其他两种文脉和平共处，换句话说，文脉的存在既可以是硬性的也可能是隐形的，可以"悄悄地"被融入。翻译家——如"翻译王"森田思轩这类人就是欧文脉的助产士。

在三种势力的争执中，最后"获胜"的是"折中主义"的一方，其结果是将汉、和、洋三种"文"的元素融合为一体的"普通文"的形成。这同样也说明汉文是不可废除的，汉文最终仍然"放下身段"地在日本的语文中存在，从"神坛""下凡"到了"民间"，和其他两个文脉平起平坐。有趣的是凡是发表"废除汉文"的人所使用的表达中都含着汉文的元素。其实不仅仅是在日文中，即使全部"韩咕噜"化的现代韩文中也仍然埋藏着大量的汉文的元素。这说明汉文的基因是十分"顽固"的，是不会被轻易清除掉的。

从时代大背景上看，日本关于废除还是保留汉文的长达几十年的大讨论是日本从早先的企图"攘夷"到全面学习西方的思想和全面"入欧"的国家战略的转移中进行的。在接受西方语言文化方面日本从一开始就比中国开放，中国始终抱着"文物制度天下第一"的包袱，直到1900年前后中方翻译还需要外国传教士担任，但日本明治维新前就已经有50人以上的通译人才了。无论是英国派文人夏目漱石、德国派文人森鸥外还是由森田思轩等人从事的"翻译事业"，自然都是日本19世纪末20世纪初接受西方语言文化的大潮流的一部分。他们是这场文体改变运动中的实践者。

第四节 "普通文"的形成过程和 汉文的最终地位

在经历过从明治初期就已经拉开帷幕的文体的探索和追求之后，明治二十年代初期日本的诸文体之间可谓竞争激烈，陷入一种"教主争霸"的局面，最终胜出的是"和汉洋折中文体"，也就是日本近代文体探索的最终成果并被沿用至今的"普通文"。普通文是"和汉洋"三位一体的一种混合体。本部分重点考察其形成的过程以及其中的汉文部分。如前所述，作家森鸥外无疑是"和汉洋三合一文体"的最早的提倡者之一，但是最终提出"和汉洋折中体"的是名为"大坂藤井升"的撰稿人，明治二十一年（1888年）十一月，他在《读卖新闻》上发表《日本将来的文章》（《将来の日本文章》），在该文中他提出日本应该走"和汉洋"三文体"三合一"的道路。大坂藤井升在该文中说，日本文体的最佳"前程"应该是将汉文的"简尽、豪壮"与和文的"雅顺、优美"以及洋文的"致密"三者结合起来形成一种"和汉洋混合体"，这样在写要求有"气力"的文章时就能使用汉文体，在写有"娴雅、情趣"的文章时就能使用和文体，在需要表现"议论、斡旋、周密"的事情的时候就能使用洋文体，总之，就能拥有一种"完全无缺"的文体了。❶

明治二十年代初期，荻野由之（1860～1924 年）和关根正直（1860～1932 年）分别在《东洋学杂志》发表《论和文》❷ 和《国语的本体和其价值》❸，他们的文章启动了日语"和文化"的进程。当时的文体主要由汉字居多的"汉译直译体"构成，这种由汉字构建的"普通文"造成语言的混乱和阅读的困难，如何改革之并寻找一种能够取代的"平易"的适合日本人的新文体？荻野由之和关根正直将他们的目光投向日本传统的文体——"和文体"。当时代表性的"和文体"是"拟古文"，许多作家的作品就是用拟古文撰写的——如女作家樋口一叶。这里所"拟"的"古"，是日本假名文的"古"，是源于日本本土的文的传统。那么，在"豪壮"的汉文体占统治地位的情形下，历史上一直处于"谚文"的、女性专用文的、二流地位的"和文"如何才能克服它的"柔弱性强"的缺点取代汉文呢？荻野和关根认为

---

❶ ［日］大坂藤井升："将来の日本文章"，载《读卖新闻》，明治二十一年（1888 年）十一月二、三日。

❷ "和文ヲ論ズ"，明治二十年（1887 年）十二月二十日。

❸ "国語の本体并ヒニ価値"，明治二十一年（1888 年）一月二十日。

应该先对和文进行文法上的改造，并在其中培养出正统文不可缺少的"文气"，然后再用之代替复杂的汉文直译体（假名混合体），从而将其提高到能够取代汉文直译体的"普通文"的高位。他们认为一旦这项工作成功，将使日本文章的阅读变得容易，因为和文比汉文更加接近口语文且比前者更加易于普及。关根正直在他的文章中批评了由于"汉文直译体"和"欧文直译体"的不规则和复杂给文体造成的混乱，指出为了克服上述问题就一定要将之前的以"漢文崩し体"为主调的不规则混乱的普通文废除掉，然后在当时的普通的"语格文格"的基础上打造出一种"纯粹的国文"，这个"新国文"将是"言文一致的普通文"；和之前的"普通文"不同的是，它将是一种"新和文体"——一种建立在日本本土文的基础上"普通文"。他还说这种新的"和文体"将是日本的"国语"，它的产生和日本国家的独立密切相关。

荻野和关根二人想要达到的目标是通过适当摄取当代通用的汉语、洋文的文法上的优点，树立起一种平易、有用的明治式的"新国文"，并用这种"新国文"将"汉文直译体"从当时的"普通文"的"宝座"上驱逐下去。他们二人的举动是进入明治时期后"新和文体"对"汉文直译体"的首次挑战，也可以看做"新和文体普通文运动"发起的信号。

如果说荻野、关根二人是"和文运动"发起的号召者的话，那么"日本文章会"的成立则象征着"和文运动"实施上的启动。"日本文章会"是明治二十一年（1888年）五月成立的，发起者是高崎正风、西村茂树、西周等三人，三人都是著名的学者和思想家；干事中包括荻野由之和关根正直二人；会员中包括许多"言文一致运动"的知名人物，如小中村清矩、落合直文、大槻文彦、物集高见等，其中的小中村清矩和落合直文是"新国文运动"的核心人物。"日本文章会"成立的目的是"矫正普通文之弊病"并建立"我国的普通文的文体"。在《日本文章会约》的"序言"中，该会明确表明"一国的言语文章代表着该国独立"，显然，从这个"会"成立的那天起它就将探求"新的普通文体"以及追求日本从文字上的"独立"为目标。从该会成立的明治二十一年（1888 年）的时间上我们可以推想出尚距离于日本和清朝的甲午战争还有一段时间，这时的日本还处在儒教文化和中华文化的主宰之下；虽然经历过 20 年维新的日本已经逐步"坐东望西"，在此之前从未做过从中华文化的影响中彻底脱离的念想，但是进入明治二十年后这种情形发生了变化，我们已经从荻野、关根的关于"新和文体"和"日本文章会"的"序言"中看到"语言独立 = 国家独立"的认识的端倪。按说当时的日本从行政上早已完全是一个独立的国家，为什么还要发生通过语言的独立争取"国家的独立"的念想呢？显然这种"独立"所指的并不是被"汉文压迫下"的挣脱，而是从舶来的文化中寻求"自己的东西"的创新的、"脱离汉语文化圈"的冲动，他们已经认识到如果没有一种本民族的语言文体就没有"独自文化"的"自我识别"的依据，已经将"言文一致"从语言层面的"技术问题"上升到民族和国家的意识形态的高度。因此，或许可以将荻野、关根二人的"新和文体论"和"日本文章会"的"独立宣言"看做日本在经历 20 年的维新之后的语言和国家意识的"觉醒"的最初表征，同时这也为中日甲午战争之后日本掀起的"国语运动"上演了"前奏曲"。"新和文运动"的兴起也可以视为是减少汉文在日本"文"中分量的行动，因为要想减少汉文在"文"中的比例的话就要增大"非汉文"——比如和文——的比例。

"言语取调所"也是助推新文体产生的一股力量。与明治三十年代日本"言文一致"进入高潮期之后由日本文部省成立的"语言调查所"不同的是，明治二十年代初成立的"言语取调所"是私立的，创始人是从法国归国的学者黑田太久马。"言语取调所"的成立时间为明治二十一年（1888年），核心成员包括多名我们以前提过的著名"语言改革者"如落合直文、荻野由之、关根正直等人，该会的核心杂志为《言语》。"言语取调所"成立的核心目的就是想改革当时日本"杂乱"的不统一的文体，而在该所的"设立趣旨"中他们将日本文体杂乱的原因率直归咎于"支那语"——中文在日本文中间的存在，说："支那语为舶来的文字，属于外国之物，且支那语之弊端在于书记困难，以致口头的谈话都需用笔记体记录。""随着人智之进步，众多新词语诞生，如果继续存念于支那语，则愈来愈情难于被表达，且该语为笔记体，无法尽情表述吾等之情志。故决不可全盘借用支那语，充其量在文章中将其混存。……吾等必须寻找能是笔记以及谈话极端接近之语言，即'日本的言语'"。❶ 从上述"趣旨"中，我们可以看到该"取调所"的"反汉"倾向——将汉语看做"非日本"的语言，将其称为"千年以来混入国语的外国语"，看做"他者"。"言语取调所"还在诸篇"研究

---

❶ 日本国立国语研究所藏：《言語取調所設立趣旨》。

报告"中细数了当时"汉文直译体"的"罪过",比如小学语言教育的费工费时和由之对体力的减弱等,甚至将"总学习外来文章"的弊病延展到影响到"一国的大经济"的程度。这种将语言的习得和国家宏观经济水平联系起来的说法之前少见。该"所"还将日本尽快结束自古以来的言语混乱局面的必要性和涉外事件联系到一处考虑,指出混乱的无规则的日本文法使外国人对学习日本语望而却步,同时也影响摄取外来文化的养分——因为无法用一种大家都能看懂的标准语言翻译外国的文字,因此,他们的目标是建立一种"言文一致"的、社会实用的、能作为日本文学基础的新语言。该所在这个目标下着手对当时的日本语进行非常学术化的研究,研究的课题和范围非常广泛和专业化。

通过对时下语言的研究,"言语取调所"试图将日本语"和化",因为他们认为未来的"普通语言"应该以日本本土的语言为核心,外来的(尤其指汉语)充其量只能用作补充成分,而日本的标准语应该以"古代的纯粹的大和语言"为蓝本并使用那些"皇国昔日的、在外国的语言尚未传入我国时候国中的人们使用的、言文一致的常用语言"作为主要材料,用之建构出新时代的现代的"高尚文体"。他们以为一旦这种"高尚文体"被找到并确定,外国人习得日本语也会变得"愉快"起来。显然,在他们看来从中国传去的汉文是需要让位于"皇国的昔日语言"的,在汉文的元素被"他者化"之后,本土的"和"的元素就自然而然地会在"和、汉、洋三国鼎立"的格局中取而代之。

"言语取调所"虽然野心勃勃计划宏伟,但由于诸多原因十分短命,只成立一年多就于明治二十三年(1890年)

的十月解散了，然而其存在的意义是不容小觑的：作为一个民间的团体，它的机构设置十分详细，几乎和明治三十三年由日本政府成立的"语言调查委员会"相仿；而且它的创始人黑田太久马由于有过深厚的法国逗留背景，在进行语言变革研究的时候黑田所使用的方法也是非常系统化和西方化的，我们或许能够猜想他是借鉴了诗人马莱伯 17 世纪通过"法国科学院"对法语进行改革时候的经验❶。从"西学东渐"的意义上说，从这个"取调所"的创立看到西方的"言文一致"开始通过人的交流的方式向东方系统性地波及。

明治二十二年（1889 年）日本是文体发展史上"战国时代"的最火热的一年，也是最"无出路"的一年，因为各种文体和流派经过 20 年的孕育和发展之后，到这一年"各路诸侯"都已羽翼丰满，都形成各自的阵容，但是它们群龙无首，没有一种文体能将"文脉"的路径统领。和"言文一致派"对阵的是各路的"文语文"派——如"美妙斋主人（山田美妙）派""二叶亭主人（二叶亭四迷）派""西鹤派""其硕派""香雪三人派""思轩派""四迷派"等等，除了这些主流派别之外，还有许多不入流的"杂派"。

日本的文体的未来何在？是"言文一致"还是"非言文一致"？除了必须做"一致"与"不一致"的选择，文章中的成分如何分配？在和、汉、洋三者之间如何平衡？在明治二十二年，这些都似乎是日本必须选择但又十分不易选择的、将影响后来日本文脉甚至是国家的走向的选项。正如内田鲁庵在《当今小说界文脉》（《今の小説界文脈》）中所忧

---

❶ 见本书第五章第三节"欧洲'打造'通用语的先例"部分。

虑的那样："而今日本的文学界就好比是英国文学史上的乔叟出现之前的那个时刻，是一个战国的时代：虽有千差万别的文体，没有一种文体有望作为'正派'的文体在竞争中胜出。为了未来文体大统局面的出现，呼唤乔叟那样的划时代大文豪的出现。或许未来统一文体天下的不是出自那些眼下耀眼的文体——比如言文一致体、元禄体、合卷体、西洋翻译体之类，而会从那些眼下不起眼的'杂体'中杀出一种，变成一种统领日本未来的新的杂文体。"❶ 明治二十三年（1890 年）十月创刊的《文则》杂志进一步为日本未来的"文脉"制定了"规则"。《文则》的"发行的主旨"是："折中和汉欧三文之美，创定将来之国文。""发现一种汉文中没有、欧文中也没有的完全的新文则，确定一种纯粹的国文，凭之发挥造化之秘密，在造化之文章中赢得竞争。"❷ 显然，《文则》追求的是一种在"和汉洋"三者之间寻找平衡的道路——即使它所追求的目标并不是"言文一致"而是一种"新文语文"，是一种新的以"文"为中心而不是以"言"为中心的"文"，这与"言文一致"的追求尚有距离，但是毕竟日本在经历了 20 年的"文"道路上的横冲直撞之后，终于向"语音中心"的方向靠拢：在"和汉洋"的三种成分之中，只有"汉"是象形的，其他两种"和"和"洋"都是表音的符号文字，增强后二者在"文"中的比例对前者就是弱化。从此日本已经正式在文体上加紧"脱汉"的

---

❶　［日］内田鲁庵："今の小説界文脉"，载《女学杂志》第一九一号，明治二十二年（1889 年）十二月十四日。

❷　《文则》発行の主旨。

行程。

综上所述，日本近代对"国文"的探索是一个漫长而充满变数和挫折的过程，最终的"大结局"是和、汉、洋三种文体的混合体。

"文"是一个不同于西方的包括了文体（style）、文类（genre）等内涵的概念，因为用于表现"文"的字符是表意的汉字，一旦汉字的魂魄被铸造进"文"了，那么，东方的"文"的实质和围绕着这个本质所进行的一切修正——都别有一番滋味。

将"文"中的"滋味"——夏目漱石所说的"余韵"，也就是所有的拼音文字中所不存在的、只有从象形文字中才能品味出的、望"文"就能生义的东西用"汉文脉"这样一种代称表达，因此，在日本的"文"中就能找到"汉文脉""和文脉"和"欧文脉"。从"汉文脉"中人们能够读出文章的"纹路"，在"和文脉"中人们能够读出女性的娇柔——因为和文原本就是一种女性文体，在"欧文脉"里人们能够读到发达的逻辑和"细致"的表现。

汉字的刚强、和文的阴柔、欧文的细致在近代日本的"文"中相互争夺着各自生存的空间，在挤压着其他各方，在"站位"，在相互厮杀，在分争着地盘。

作为中国人，我们着重看这场争斗中汉文的命运。日本的近代"文"的转变过程包囊了若干的维度，其中一个不可忽视的"轴"似的东西就是"汉文"，而假若单纯从汉文的视角对近代日本"文"的变革进行回顾和反思的话，那么它完全可以被视作一个"脱汉文"、朝西洋的以"liter"为词根的一切意义上的"欧文"探索者脱胎的过程，最终的结局是"胎"是脱得差不多了——把以汉文为主导的"文"变成"和汉洋"的杂交体，但"骨"却不能完全脱离，因为日本的主体——无论是当代日语还是明治时期或者之前的文体，贯穿于其中的"主结构"和"主要附件"——包括词汇、语法格式，都不可能和汉文彻彻底底、干干净净地剥离。这或许是日本的"文"的宿命使然？在从明治初期就开始的长达几十年之久的日本的"文"的沿革过程中，看到那么多反反复复和犹疑不决，其中有坚定者——比如落合直文，更有在激进的潮流中质疑和坚守的——比如夏目漱石，唯有一点或许能从那个漫长的"拉锯"中得到过程的一种"必然结局"，就是无论变与不变，改与不改，一旦改过了，就再无可能恢复原状：今天的日本人无论如何，都不可能再用曾经的"汉文体"、"汉文直译体"书写文章，而真正被"脱离"了的，是随之而去的"汉意"以及对汉文体的主体邻国中国的逐渐远去的心理上的距离——日本的"脱亚入欧"不能不说是从"文"中的汉文成分的减少开始的，而且"汉文元素"及日本"文"中汉文的结构系统性减少是和汉字在日本语中比例的下降同步出现的。

汉文是由汉字支持的，因此，"国字"的改革和"国文"的改革互为因果和表里。虽然日本的"国文"改革是在"国字"改革陷入止步不前和一片混乱的情形下开始正式启动的——"国字"的改革在先，"国文"的改革在后，我们无法将这两个领域完全割裂开来，二者都紧紧围绕着"言文一致"的目标进行着，但是我们还是能够从追溯"国字"在先、"国文"在后的过程中，看到"字"和"文"改革孰先孰后和哪个更难哪个更易。

　　如果说汉字是日本通向言文一致道路上的第一个"羁绊"，而汉文是第二个，也是一个更大的"羁绊"的话，那么从结局上说日本最终一个都没能将它们清除，而是采用跳过的方法，最终将本不应是"羁绊"却被一部分人视为障碍的汉文和汉文用"软着陆"的方法处理，将汉文和对待汉字类似的方法保留、融合了，使其与其他两种文体水乳交融、和平共处。

　　当今的日文文体是和、汉、洋的"三合一"，是"普通文"的现代版，是符合"和魂洋才"的近代立国理念的。

　　日本近代从明治初期开始的"言文一致"的追求直到1895年的甲午战争之前还都是语言层面和技术层面的，国家本身并不是引领这个变革的主力，恰恰相反，国家在整个"字"和"文"的变革过程中几乎是一个"被革命"的对象，因为直至那次战争之前儒教仍然是日本国的"国教"，而儒教是不能缺少汉字和汉文作为传承的"质料"的。

　　下一章将"言文一致"导入到下一个阶段，就是以甲午战争日本成为战胜国为契机开始的第二个语言变革的"自觉期"，可以发现日本从"字"到"文"之后对"语"——"国语"的迫切的期望和渴求，于是意识形态意义上和国家战略意义上的需求被猛然引入这场本来是"艺术"领域的"文、字"的变革中了。

第五章

言文一致和日本的"国语"

　　"国语"概念的生成和"国语"的打造是中日两国近现代语言改良道路上一个共同的话题，因此有明显的可比性。

　　第三、第四章分别讨论了日本"言文一致之路"上被视为"羁绊"的汉字和汉文以及近代日本对二者进行清理的企图，结果是汉字、汉文的"羁绊"在日本并未像在越南和朝鲜那样被彻底或比较彻底地扫除，而是对"羁绊"实施了"局部手术"——将汉字的数量限制，将"汉文脉"用"和文脉""欧文脉"稀释，由此，原先在日本语言中高山峻岭般难被翻越的巍峨的汉字、汉文的山峰变成平缓的山丘和坡道，日本可以说比较成功地改造了象形文字的原本异常坚固的障碍，在 20 世纪初继续向言文一致的方面前行。此时，"国语"的打造就变为语言改良的中心课题。

　　"国语"的制作和推广是日本语文变革在经历了"国字""文体"改革之后的第三个阶段。安德森在他的"想象的共同体"的理论中将"国语"视为构成近代民族国家不可缺少的条件之一。林少阳在《"文"与日本学术思想》中指出："事实上在'汉文学'经历近代的学术及文化的民族国家化之前，亦即成为'中国文学'这一制度之前，尤其在一个被称为'国语'的书写体系分别出现在日本、中国等汉字圈国家之前，古典汉语文言文就是整个汉字圈共同的书写体系，这一书写体系同时又与各国自有的白话文书写体系并存。"❶ 上述观点为讨论"文"和"国语"之间的联想和彼此相互的定位提供了参考：其一，"文"——汉语文言文是日、中两国"国语"形成之前亚洲东亚汉字圈的通用"书写

------

　　❶ 林少阳：《"文"与日本学术思想》，中央编译出版社 2012 年版，第148 页。

体系"，其作用和拉丁文在中世纪的欧洲相似；其二，"国语"产生既可以看做"白话文"在日本和中国相继的生命延续，其最终的"登堂入室"和"修成正果"也可以被视为瓦解曾经作为东亚共有书写平台的"古典汉语文言文"的"终结者"。

从国家关系尤其是中日关系的角度来说，日本开始打造国语的时候已经是 20 世纪初。甲午战争之后日本的羽翼已经丰满，近代强盛国家的雏形已经具备，对外扩张和侵略的野心也已经膨胀。假如把"国字""国文"改革阶段的日本总结为文化语言上"脱亚入欧"的日本的话，那么经过减少汉字、经过在"普通文"中将"欧文脉"的嵌入的日本已经大致完成文字上的"脱亚入欧"，而当日本进入"国语"的打造阶段之后，日本的图谋就已经不再是"脱亚"，而是"重返亚洲"——用胜利者、侵略者和"大东亚共荣圈"打造者的身份，于是我们将要看到的是已经被改头换面的"日本语"作为一种刚刚发生了变异的单一民族的、局部地区的语种被以武力推动向邻国强行扩散，"语言的事"已经远超于语言本身，语言摇身变为协助进行新帝国主义殖民统治的、实现"大东亚共荣圈"概念认同的地道的工具，而这时候的语言就已经将其原本暗藏和隐含的硬性的、狰狞的一面暴露无遗了。

第一节 日本的"国语"和 "想象的共同体"

正如上一章先在世界的范围内寻找由汉字构建的"文"

的坐标一样，本节首先试图在世界语言的版图中将日本的
"国语"的概念定位。正如"文"的微妙之处在拼音文字中
并不存在一样，"国语"这一概念也具备中国和日本的特色。
根据刘进才的考证，"国语"最早在中国出现是在 1903 年，
见于京师大学堂学生王用舟、何风华等上书北洋大臣袁世凯
的呈文中，❶ 而"国"字是 1898 年"保国会"成立以后才
渐渐广泛地与其他词连用的，如"国民""国教"等。中国
的国语运动的蓬勃开展是在 20 世纪 20 年代初，围绕着两个
层面展开，其一是追求言文一致，即推广白话文，达到口头
语言和书面语言的一致；其二是统一国语，在全国推广统一
的语音，达到语言和语法的统一，而在第一个目标"追求言
文一致"中也包括汉字改革、用拼音化文字代替汉字等
内容。

再将视线拉回到日本。如果说日本近代语言革新的核
心内容包括和中国类似的同样的两项，那么随着"普通文"
这种和言文一致的目标比任何早先的都更加接近的文体的
模型初具，语文改革使命的第一项就基本完成，剩下的第
二项就是国家语言——"国语"的统一和通用语言的普及
和推广。

一、"国语"概念和当代权威理论的对接

本尼迪克特·安德森的《想象的共同体》是一部当代研
究语言和国家之间关系的名著。另一位当代著名的新文化史
学家、英国学者彼得·伯克（Peter Purke）在他的著作《语

---

❶ 刘进才：《语言运动与中国现代文学》，中华书局 2007 年版，第20 页。

言的文化史——近代早期欧洲的语言和共同体》中也着重探讨了语言与共同体直接的关系。"共同体"（Community）的概念和文化（Culture）类似，是一个既作为已知的、共识的概念被广泛应用，但同时也是一个难以清晰界定的、比较模糊的概念。虽然"共同体"的概念通常比较广泛和模糊，但彼得·伯克认为本尼迪克特·安德森在《想象的共同体》一书中所运用的"共同体"则"有明显的边界"。❶ 他指出安德森在讨论"共同体"时所设的边界"如同想象出来的其他东西一样，有真实效应；而且，通过强制性地实施一种特定的语言或语言的变体来创造共同体的努力会产生重要的后果，即使这些后果并不总是它的计划者想要的。因此，在考察语言的作用时，把它看做不仅表达或反映了共同体凝聚意识，而且建构或重构了共同体的手段。"❷

如果将这段彼得·伯克对安德森的"想象的共同体"的解读中所涉及的几个核心概念用于日本言文一致道路后期"国语"的制作和推广，那么就能在一些基本理论预设的支撑和帮助下汇集、解释"国语"形成时期的一些现象，并借助理论上的框架对那些现象做更加通览式的观照。当然，我们的方法并不是试图将当代西方的语言文化理论强行套用到近代日本语言发展史中，将其作为西方理论的注脚，这种探索的最终意义或许更在于在西方的、先前的普遍性的"预设"中寻求与东方近代之联系甚至是相对历史通识的变异。

---

❶　［英］彼得·伯克：《语言的文化史》，北京大学出版社2004年版，第8页。

❷　同上。

事实上也是如此，比如"共同体"（Community）的概念在西方是指基于"语言共同体"（sprachgemeinschaft）的人们的带有身份（identity）认同感的、相对温和以至有些"温情"的概念，但是，假如将这个概念使用到日本制作"国语"，先将其在日本本土之外的北海道、琉球以及朝鲜、中国台湾地区等"异域"做应用的实验，之后再在日本本土推广，推广成一个以构建"大和民族"那样一个 Community 的——整个过程中的时候，此时的"共同体"和安德森、伯克在著作中言说的"共同体"虽然有极大的相似性和继承性，但已经发生内涵上的重大变异，于是新的问题就会被提出：当"想象的共同体"的"想象对象"从一个族群中超出，以至于带有殖民特征的时候，那么，那时的"共同体"是否已经不是一个"共同体"？

其次，怎样定义和理解"共同体"（Community）和想象（imagine）之间的关系呢？无疑，这里想象的媒介（media）是语言。要想达到"共同"（commune）就要事先拥有一个共同拥有的、在一定意义上必须和别的媒介（语言）有所不同的、最好是完全具备排他性独立性的语言的平台，在那个共同的平台上使用者形成心理上的亲情、亲切和共识乃至关爱。这无疑是近代日本不遗余力地动用国家所有机器上的部件将"日本语"打造成"国语"的动机和"集团心理"，但是同样，当一种语言的使用边界超出本土、当想象力无端地武断地膨胀，那么那种已经远远超出语言本来含义的、实质上对之需求并不真实存在（要通用到海外所有殖民地）的所谓的"需求"，究竟是对原生态语言的"益"还是"损"，是"得"还是"失"？还有，日语在被当做建立"超级共同

体"（本来子虚乌有的"大东亚共荣圈"）的工具而打造和
输出以及最后的彻底失败（殖民地对日语的最终废除）对于
"日本语"作为一种语言来说，又意味着什么呢？

再有就是"想象"（imagine），"共同体"又是由谁来想
象呢？想象的主体是什么？被"想象"的是否会因"想象"
主体的不同而有所不同？日本语是在先有"帝国"的想象之
后才被朝"国语"乃至"大共荣圈"的"通用语"的目标
想象并被加工和打造出来的吗？这里的问题是，究竟是先有
关"国体""国土""疆域"的幻想还是先有民族语言和
"国语"？是"国家"的理念在先还是语言的形态在先？具
体地说，日本的"国语"是应一个"大日本帝国"对语言的
要求被塑形成"国语"，还是只将原生态的日本语使用于本
应该适用的范围？如果是前者的话，那么日本"国语"的产
生过程在人类语言发展史上是独特的还是普遍的？在其他国
家语言"国际化"的过程中有无和日本"国语"相似的先例
呢？显然以上所要回答的是非常复杂的问题。本书一章的篇
幅不可能将其透彻地探讨，所能做的就是：（1）沿着前两章
国字、国文的路径将国语的问题展开，将"国语"成为国
字、国文之集大成者以及成果来研讨；（2）深入"国语"
概念产生时期遗留下来的历史记录，发现和揭示其产生时的
最初动因以及被形塑时的内外作用因素；（3）在处理和解析
"国语"形成的史料时将"想象的共同体""通用语"等学
术界研究世界语言发展史时采用的一些新的理论作为工具借
用过来，以期得出一些有启发性的成果。

二、欧洲的"普通语"和"日本模式"的探讨

以下通过欧洲"普通语"形成过程的介绍来反衬日本的"国语"。

"通用语"用意大利文表述是 koine 或者 lingua commune，❶即一种把来自各自不同方言的元素结合在一起的语言。欧洲最有名的通用语是德语。由于中世纪德国各个地区所讲的方言都不一样，没有一种共同的通用的语言，萨克逊宫廷就以宫廷语言为模板，将其以公文传递的方式向德国各地推行。宗教改革家马丁·路德也将这种萨克逊宫廷的语言作为自己写作的语言，由于他的著作和人格思想的影响力非常大，这种原本的方言逐渐演变为德国的"通用语"。

从欧洲一些国家的先例中可以看到，并非所有的由权威机构指定和学者认定的"通用语"都能最终变成"标准语"而得到普及和应用，意大利的"宫廷式语言"（lingua cortigiana）虽然被各方面推举为"通用语"，但最终没有像托斯卡纳（Tuscany）方言那样流行——后者成为真正的"普通话"。也就是说，"通用语"的选定是在一定的国家和权威机构的主观愿望中产生的一种概念，某种语言能否被选定并最终成为一种全国通用的普通话，其概率并不是百分之百。语言的"标准化"是一个模糊的词语，它可以含有两个层面的含义：第一是指趋向语言统一；第二是指遵守某种语言的规

---

❶　［英］彼得·伯克：《语言的文化史》，北京大学出版社 2004 年版，第 142 页。

则。❶ 由欧洲自文艺复兴时期开始的众多国家的原本的"方言"从拉丁语中独立的过程，可以看到那个时期的语言标准化的目的是双重的：一方面是为了实用，为了让人们交流起来更加方便；另一方面就是让"方言"获得认可和尊重，比如使法语、英语、德语、意大利语等语言从民间的地方语言变为超出狭小地区的整个国家通用的语言，最终上升到和拉丁语平等的地位。正如胡适所言："当四百年前欧洲各国的学者都用拉丁文著书通信，和中国人用古文著书通信一样。那时各国都有许多方言，还没有国语。最初成立的是意大利的国语。意大利的国语起先也只是突斯堪尼（Tuscany）的方言，因为通行最广，又有了但丁（Dante）、鲍卡曲（Boccacio）等人用这种方言做文学，故这种方言由候补的变成正式的国语。英国的国语当初也只是一种'中部方言'，后来渐渐通行，又有了乔叟（Chaucer）与卫克立夫（Wycliff）等人的文学，故也由候补的变成正式的国语。此外法国、德国及其他各国的国语，都是先有这两种资格后才变成国语的。"❷

"标准化"要想达到其第一个目的需要对语言进行统一规范，包括在语法、语音、词汇的拼写等方面进行种种制约、出版发行能起到规范作用的词典等技术性的工作；要达到"标准化"的第二个目的——提升语言的地位，使其通用普及和推广成为一种被绝对多数国民使用的语言，就不是仅

---

❶ ［英］彼得·伯克：《语言的文化史》，北京大学出版社 2004 年版，第125 页。

❷ 胡适：《国语文法概论》，见胡明主编《胡适思想精品集》第二册，光明日报出版社 1988 年版，第 1～2 页。

凭靠学术界、文艺界的力量能做到的，就可能会动用社会组织的力量，而社会组织的最高形式就是政府，即所谓的"国家机器"，一旦国家介入语言地位的确立，就在"文"和"语"的前面增加了一个"国"，变成"国文"和"国语"。

那么，欧洲文艺复兴之后发生的语言"通用化"以及"标准化"和日本明治时期发动的"国语运动"之间有何相似和不同之处呢？语言的"通用化"和"标准化"是否是任何国家都会走的一条必然的语言变革之路？如果答案是肯定的，日本的"国语"之路又有何种突出的特征？将这些欧洲语言有关"通用语""标准化"的概念带到日本20世纪初期虽然急促却最终成就了的"国语"的选择、打造和普及推广的考察和回顾中，目的是将"考察前"的视野放宽、放远，将日本的这种带有强烈的国家冲动和主观意愿的"造语运动"，用略加理性和普遍性的态度回望。

如果将"国语"定义为"国家的语言"和"民族的语言"双重意义的组合的话，那么日本追求语言"民族化"的进程就远早于追求"国家化"的过程，它起始于对"纯粹日语"的制作。日本"国学"的奠基者契冲（1640～1701年）和荷田春满（1669～1736年）以及他们的后继者贺茂真渊（1697～1769年）、本居宣长（1730～1801年）对语言研究颇为重视，他们设想了一种"纯粹日语"并试图从日本古代的语源中寻找，也就是从《古事记》中寻找没有被"汉意"影响之前的日本固有的语言，同时他们也通过将"假名"和"真名"对立混同于"会话语"和"书面语"的对立的方法寻求日本语言的"口语的自我"。魏育邻指出："这从认识论和方法论上看，其实就是所谓'语言中心主义'，它背后隐藏的是日本文化民族主义式的'逻各斯中心主义',即对被'汉意''污染'之前的'古意'的追求和推崇。说白了,所谓'纯粹日语'其实是一种作为'理念'的虚构语言。"❶由于本居宜长等人所设想并"实体化"了的"纯粹日语"从理论和实践上根本不能成立,最终那种所谓的"纯粹日语"便胎死腹中了。

孟庆枢等在《二十世纪日本文学评语》中指出:"'近代国语'已经不单单是文学语言,它已经上升为国民身份象征的国语。即随着这种语言艺术幻象的膨胀,以及国民国家建设的需要,在以大都市为中心的大众媒体上,这种'标准语'已经稳居霸主地位,最终将这种'近代口语'性质的文学语言推向'国语'的宝座。"❷日本近代的"国语"的"国家化"的追求是和"国家"意识的觉醒联系在一起的,是"真正从制度层面全面推行'国语'='国民'='国家'这样一个三位一体的现代民族国家的建构工程"❸。那么在这种情形下,又怎样定义日本的"国语"呢?日本当代著名的语言学家金田一春彦在其著作《日本语》中说:"日本在决定和选择国语时并没有产生任何问题。"❹他之所以说选择国语时没有选择的困惑,是在和别的、有很多候选语种的多语言国家相比,但这并不意味着日本在 20 世纪初将"国语"

---

❶ 魏育邻:"日本语言民族主义剖析——从所谓'纯粹日语'到'言文一致'",载《日本学刊》2008 年第 1 期,第 76 页。

❷ 孟庆枢等:《二十世纪日本文学评语》,吉林人民出版社 2009 年版,第 56 页。

❸ 同上书,第 77 页。

❹ [日]金田一春彦:《日本語》,(东京)岩波书店 1988 年版,第 7 页。

的概念催生并通过国家机器将其稳固下来的时候没有任何困难。"国语"的概念和金田一春彦在《日本语》一书中所述的"公用语"是有区别的，甚至和"官方语言"（Official Language）也有所不同。从各国语言的发展史来看，一般的"官方语言"在被指定为官方的、全国通行的"官方语言"之前都是一种既成的方言，都在某个地区被使用和流行。比较一下例外的以色列现在使用的希伯来语：由于1948年犹太复国时犹太人早先的口语已经消亡，现在的希伯来语是一种为了制作"国语"而纯粹人工合成的语言。日本现在通用的、"国语"的形成时间是在20世纪初期，从某种意义上可以将其归结为一种"半人工合成语言"。首先，从"需求"的方面来看，近代的日本的确需要一种全国通用的言文一致的国语。由于方言混杂，"言"和"文"不通，政令、法令不能在全国范围内贯彻——这是实际上的、形式上的"需求"。其次是心理上的"需求"。无论是福泽谕吉的"脱亚入欧说"（1885年在《时事新报》上抛出）还是中法战争（1884~1885年）、甲午战争（1894~1895年）等，都从心理上增加了日本"急需一种全国通行的语言"的急迫感。也就是说，外在的环境对语言的生成起到一种精神性的推动力。从"制作程序"的方面来看，在20世纪初日本以极快的速度"合成"现在通行的"国语"之前，在舆论和理论方面，一些理论家和热衷者已经做好各方面的铺垫。从语言技术的层面看，在"国语"出炉之前形成"国语"的"坯子"已经存在或取得突破性的进展，比如三游亭圆朝、矢野龙溪等人在叙事模式和"速记法"方面实验的成功——这使"言""文"接近成为超过幻想的可眼见的现实；还有翻译小说、政治小说在形式和体裁方面的新颖的实践以及"普通文"在文章样式上，都从形式上为言文一致的"国语"的出台做好了储备。形成"国语"的另一个重要条件——被指定为"国语"的那种"候选方言"也早就存在了，那就是在东京市中心"山手线"之内流行的东京方言。在"方言"被制定、指定和确定为"国语"之前，任何"方言"都只是在某个地方流行的话，而"国语"是"National"的"国家"的语言，但是"国语"最终确立和存在是少不了一种既成的地方语言的。在心理的需求、形式上的准备、候选方言的存在等几个方面都"万事俱备"之后，日本的"国语"所欠的最后一个条件——"东风"，就是国家机器，而"日清战争"（甲午战争）的"胜利"既是日本推出"国语"的重大心理上的"兴奋剂"，同时，所谓的"战胜国"的心理也是巩固明治皇权政府的一个支撑点，而这个被加固了的国家机器又变成强力推行"国语"，成为把"山手线"内的东京方言在20世纪初迅捷又高效地衍化为日本国语的重要组织和机构。下面，笔者将顺着"理论储备、语言、文学等诸项技术储备，内在、外在心理储备和最终的国家机器在打造、推行国语中的作为"等几个有前后关联和递进关系的方面探讨日本"国语"的形成过程。

从世界其他国家语言发展史来看，在欧洲文艺复兴时期各国的"方言"变为取拉丁文而代之的"官方语言"的过程中，其实现方法可以归结为三种主要模式：第一种是意大利语的"文学模式"。第二种是法语和英语的"政治模式"。意大利的"文学模式"是先由文学家如但丁和薄伽丘写成《神曲》和《十日谈》等创作出被推崇的文学的文本，然后再由宗教权威人士（意大利的红衣主教本博）将其确认为标准的"意大利语"，而英语、法语从拉丁文中"独立"的方法，是"在法国和英格兰、法兰西岛和英国本土各郡，方言的胜利似乎是城市化和政治的中央集权化混合的结果"❶。笔者将之简称为"政治模式"或者"国家模式"。这是一种语言变为"通用语"的第二种模式。❷ 除了"文学模式"和"政治模式"（国家模式）之外，第三种模式是介于以上两种之间的，就是德语的"宗教模式"：德语是宗教改革家马丁·路德通过用新形式的语言（萨克逊通用语）翻译《圣经》（1522～1534 年出版）而使萨克逊语得到普及推广并确立为全德国通用的"德语"。《圣经》的翻译是印刷上推动语言标准化进程的主要手段之一，瑞典语、丹麦语、芬兰语、捷克语、匈牙利语等诸多欧洲语言的确立和普及走的也是和德国相似的"宗教途径"，即先把《圣经》用某种原先的方言翻译出来，然后将之使用和普及，使那种方言变成书面语言和口语的标准。

从以上三种通用语的确立和普及的模式在欧洲所占的"权重比例"上，可以看到"宗教模式"最为重要，涉及的语种也最多，其次为"文学模式"，主要为意大利语；再次为虽然比较牵强但仍可算作一种模式的主要发生在法语、英语上的"政治、国家模式"。必须说明的是，所谓的"三种模式"只是用于总结其特征，三种模式彼此并不孤立，几乎

---

❶ ［英］彼得·伯克：《语言的文化史》，北京大学出版社 2004 年版，第 139 页。

❷ 即使在英语成为"通用语"的过程中《圣经》也起到很大的作用，但我们仍然将之归类在"第二种模式"中。

都在同时发生作用，如英国尽管被归到"政治模式"之中，文学家乔叟和《圣经》在英语确立的过程中所起的作用也是绝对不容忽视的。

假如借用发生在日本"言文一致运动"和"国语确立"之前的世界语言史（主要在欧洲）发生的这些在"脱拉丁、方言变标准语"过程中采用的三种主义"模式"来展开对日本近代"国语"概念的发生到最终完成过程的考察和分析的话——首先假设的是它们在形式上属于同类，而且有着从文字中心主义到语音中心主义的某种递进和变革的必然性——那么，就可能采用如下几种"技巧"从事对史实的梳理和解读：第一，排除法。由于日本并不完全是一个中世纪欧洲式的宗教国家，欧洲语言变革的"宗教模式""《圣经》模式"并不适用于日本。虽然在最早的"言文一致"概念的印象式的、启发式的发生过程中从西方来的传教士和翻译《圣经》对"言文一致"概念的培育起过一定的作用，但总体说来那些都是偶然和零星的，不可能成为"国语"确立和普及的最重要原因。第二，将诱导发生的因素做跨越式和统筹式的处理。具体的做法是在辨析"三大模式"（文学的、国家政治的、宗教的）的同时，在"原因"中找寻互为渗透、穿越和相互作用的关联，比如可以发现"文学"和《圣经》中共同的"文本"（text）的属性，因此可以将文学的文本性和《圣经》的文本性放在同一个"类"中，然后考察 text 这个"元素"对"国语"最终形成所发生的作用。第三，再次还原。在进行了以上两种——"排除"和"联系"——的技术性处理之后，可以发现日本近代"国语"的发生和普及不是纯粹"宗教性的"，它基于一定的"文学因素"（新小说形成的出现）同时也不是纯粹"文本性"的，因此最后只能从第二种"国家模式"中查询因果，于是就会发现：日本近代的"国语"的确立和推广是因袭一部分欧洲语言变革传统（法、英模式，在留学欧洲的日本学者的影响下），却数倍地凸显和放大了欧洲语言变革的"第二种模式"，突出和加强了"国家""机构""组织"等语言范围之外的力量，同时，"文本"的综合作用也不容忽视，它始终尾随着"权力"，一直"前呼后拥"地侍奉和呵护着那场"隆重的语言变革风暴"。

　　究竟存在不存在语言变革的"日本模式"一说当然是值得商榷的，不过从下文即将介绍的日本国家打造日本国语的过程中不难看到，在语言变革史上日本是比较独特的，具有日本的国语这种十分人工性痕迹的还有"二战"之后以色列制作的希伯来语。笔者从本文一开始就力主发现和构建一种笔者称为"中日语言变化模式"的东西，想通过这种"模式"的勾勒将东亚的语言与西方非表意文字的变革模式区分开来，但在"中日模式"中总的语言转型的核心项目，即：（1）言文一致——包括去除汉字、废除汉文企图用拼音文字取而代之，（2）国语的统一和普及这两大内容之中，中日又是很不同的，这里将"日本模式"作为"中日模式"中的一个子目录提出并将之与西方的众多语种的变化模式进行对比，是一种有价值的尝试。

　　对于"国语"这个概念，曾参与过 20 世纪初中国语言变革的瞿秋白持批评的态度，认为"国语"是国家通过权力强加于民众的，是民族压迫和阶级压迫的产物，他说："所谓'国语'，我只承认是'中国的普通话'的意思。这个国语的名称本来是不通的。西欧的所谓 National Language，本来的意思只是全国的或者本民族的言语，这是一方面和'方言'对待着说，别方面和外国言语对待着说明的。至于在许多民族组成的国家里面，往往强迫指定统治民族的语言为'国语'，去同化异类，禁止别种民族使用自己的言语，这种情势之下的所谓'国语'简直是压迫弱小民族的工具，外国文里面的 National Language，古时候也包含着这种意思，正可以译做'国定的语言'，这样，'国语'一个字眼竟包含着三种不同的意义：'全国的普通话'、'本国的（本民族的）言语'和'国定的言语'，所以这名词是不通的。我们此地借用胡适之的旧口号，只认定第一种解释的意思——就是'全国的普通话'的意思。"❶

　　瞿秋白上述关于"国语"概念的阐释虽然是针对中国的"国语"而发表的，但是如果将之用于解析近代日本的"国语"概念的生成和演绎，也是"有的放矢"的，即便还没有考证中国"国语"概念的产生和日本的"国语"之间有无关联。

　　按照瞿秋白的解析，"国语"包括三层意思：

　　（1）相对于方言是全国的普通话；（2）相对于外国是本国的语言；（3）（在多民族国家里）被指定的"国定的言语"。

　　瞿秋白之所以反对在中国使用"国语"的表述方法，是因为在中国这样一个多民族的国家里单一语言的被指定和本

---

　　❶　瞿秋白：《鬼门关以外的战争》，《瞿秋白文集》文学编第三卷，人民文学出版社 1989 年，第 169 页。转引自刘进才：《语言运动与中国现代文学》，中华书局 2007 年版。

来多元化的语言的存在事实是不协调的，其中必有压制的、官方的、不平等的事实。

"国语"概念在中国后来根据瞿秋白的提议被"普通话"所代替了，而日本至今还在使用"国语"这个词，在今天的日本"国语"是和"日本语"相对的一个概念，在这方面有着诸多的研究和阐述。本书关注的是在近代的日本"国语"是怎么产生和推广的，以及在同一"国语"说法之下中日不同之处。那么当时两国的"语言大背景"又有何不同呢？首先，日本是个单一民族的国家，尽管在日本也有诸如阿依努族的少数民族，但日本基本上可以说是个由"单一民族"组建的国家，因此在日本本土，即使有了"国定的语言"，与中国相比并不存在很大的压制取消其他少数民族语言之嫌；但是一旦日本对他国侵略扩张，强行将自行约定的"国定的语言"在周边地区和国家推行，则正如瞿秋白所指责的，是进行民族压迫和阶级压迫，也就是说当中国台湾地区、朝鲜的青少年使用日本国编纂的《国语课本》时，"国语"的强暴性就显露无遗。其次，和19世纪末的中国相似，当时的日本也有许多方言，"国语"概念的产生无疑是对"全国的普通话"的一种诉求，在这一点上中日没有不同，而"全国的普通话"的形成中国和日本一样，基本都是在19世纪末20世纪初这个时段形成的，走的是同一条"整合"的道路，这和欧洲的语言变化模式有所不同。近代欧洲的语言是呈"分离"势头的：欧洲在以拉丁文为书面共通文本和通用的"普通话"（即使拉丁文在口语方面不是一种"上口"的语言）的格局被打破，各国方言纷纷变为"官方语言"之后，自18世纪前后，欧洲大陆基本上出现了"没有普通话"的

局面。假若将欧洲大陆和中国作一个"陆陆对比"的话，那
么，20世纪初中国的"普通话"的形成（以北京方言为主
轴的）其实应该被视为一种语言学上的"积极进取"，这种
"普通话的再生"在欧洲是"冷战"结束之后才由英语的加
速普及而进行的，但在欧洲何时才能彻底地恢复到拉丁文时
代的"语言大一统"的局面呢？

根据上述的语音大背景的分析和梳理，对近代日本通过
"国语"对方言进行整合，再通过统一语言的推行达到国家
的强盛这一路径进行客观上肯定的评价。

第二节　将西方语言"国定"为
"日本语"的图谋

其实，在现代"国语"被打造出来之前，日本就有过多
次用外来语言置换日本语言，将外国的语言"国定"为日本
语言的企图，而这些被有些人推荐为 National Language 的语
言竟然都不是来自东方的。

首先是森有礼用英语代替日语的图谋。

森有礼是明治时期日本著名的文部大臣。森有礼不仅是
日本近代教育制度的创始人，而且担任过外交官，对日本国
力的提升起到了一定的作用，同时他也是一个具有启蒙意识
的思想家。森有礼拥有强烈的改革意识和他的教育背景有关，
1864 年森有礼进入"开成所"学习英文，并从庆应元年

（1865 年）开始赴英国留学，三年后回到日本。明治二年（1869 年），森有礼提出"废刀论"，同年五月他到美国担任外交官。明治六年（1873 年）森有礼从美国回到了日本，在他的倡导下日本成立了著名的以"改革开放"为宗旨的"明六社"。森有礼是言文一致的支持者，这一点从他在英国的留学背景、在美任外交官期间发表的"日本语废止论"，之后的"废刀论"以及倡议成立研究启蒙思想的"明六社"就能推论出来，不仅停留在思想上，他还利用后期担当日本文部相的权力优势大力地推行之。

　　明治十八年（1885 年）日本进行了一次重大的官制改革，伊藤博文内阁上台，伊藤内阁的第一任文部大臣就是森有礼。作为推行"言文一致"的步骤之一，森有礼很早就企图废除日本语，用英语取而代之。根据大塚孝明的考证，森有礼在任日本驻美公使期间就曾经在《华盛顿邮报》上撰文，以外交官的身份公开宣扬"日本语废止论"，建议日本政府将日本人的生活连同语言全盘西化，即全盘美国人化。❶他的极端言论不仅令美国人感觉诧异，同时也招致了日本民粹主义者的抨击。森有礼在 1873 年前后驻美期间曾经向一位耶鲁大学的美国语言学教授致函，就日语彻底英语化的可行性征求过意见，可那位教授在回函中从语言学学者的角度坚决反对将日语的英语化，认为日语西化的极限仅仅停留在将当时的日语用罗马字标记，即罗马字化，而不是用英文彻底取代日语。但森有礼仍然固执己见，他在半年后出版的

---

❶　［日］大塚孝明：《森有礼》，（东京）吉川弘文馆 1986 年版，第147 页。

《日本的教育》(《日本における教育》)一书的序文中大肆
发表攻击日语的"暴论",把日语说得一无是处。森有礼企
图通过对日语的彻底改造,达到从根本上改造日本国民性的
目的,从而最终将日本抬高到和西方列强地位平等的国家。
从历史观上看,森有礼之所以持有强烈的"彻底废除日本
语"的主张,是由于他认为汉字是日本发展的最大障碍。在
《日本的教育》一书的序文中,他阐述了自己的偏颇的"历
史发展四段论",说日本的历史统共分为四种统治形态,即:
(1)神(神灵)时代;(2)王政(天皇)时代;(3)霸政
(将军或世俗统治)时代;(4)王政维新(天皇的回归)时
代。1853年5月,美国海军准将佩里的舰队入侵日本和对日
本的"骚扰"——森有礼认为,无非是对日本民族应付"激
进式革命"的"国民能力"(the national capacity)的一种严
酷的考验,证明外国人在这方面比日本人要优秀得多。为了
提高日本人的"国民能力",森有礼认为必须对日本进行多
种激进的改革,从而提高日本人的"人性",开发日本人的
知性和能力;而为了保持国家的繁荣,日本的贵族阶层要充
当改革的榜样并作出必要的牺牲,参加到"启蒙"的行列之
中。❶ 基于以上的荒谬历史的发展观,森有礼得出要想使日
本步入和列强平等的行列、要想让日本的"王政维新"时代
成功的话就必须学好英语的结论。他指出,要想更多地摄取
西欧的科学技术、宗教方面的成果,就不能依靠当时的日
语,因为当时应用的日语是一种"非常贫弱的、非常不准确

---

❶ 〔日〕大塚孝明:《森有礼》,(东京)吉川弘文馆1986年版,第156~
158页。

的传达手段（ a weak and uncertain medium of communica-tion）"，就必须废除拥有众多汉字的日语，用英文取而代之。

以上就是森有礼"著名"的"日本语废止论"的由来和理论基础。这种非常激进的"日本语废止论"自从被他抛出之后就在日本招致众多的议论和反对，大多数批评者认为这是一种"无谋之议"，是行不通的。在企图用英文取代日本语的同时，立志通过进行教育改革提高日本国民素质的森有礼还十分重视小学教科书方面的改革，认为教科书，尤其是小学教科书是培养国民近代思维和启蒙的重要工具。在森有礼主政文部省期间，在他的倡导下明治二十年（1887 年）前后日本政府对小学课本进行了文体上的修订，开始在小学课本中使用更趋向"言文一致"的"谈话体"，之后日本编纂发行的小学国语课本用的几乎都是"谈话体"即言文一致体。森有礼还主张"男女同文"，即男女在书写文章风格文体上的平等。明治十九年（1886 年），他主政文部省时曾以"文部相"的名义进行过"男女同文大奖赛"并且提出了"男女文体统一方案"（男女文体を一にする方案）。森有礼所提倡的"男女同文"无疑是十分有眼光的。日本的文体分为"汉文源流"和"和文源流"，而和文的继承者通常是女性，即"假名文"的撰写者。由于假名文和汉文相比更加表音化和言文一致，将之作为"言文一致体"的"得来毫不费工夫"的现成模板既十分方便，又自然而然地继承了"和文"的古老传统。

对森有礼在"言文一致"中所起的作用应该辩证地分析，虽然他对"言文一致"持支持的态度并大力推进的小学课本的"言文一致"体的改革，其间既有革新性的一面，也有保守和封建专制的一面。由于在这期间发起了"自由民权运动",运动后来被国家强权所压制,民粹主义、封建儒家主义卷土重来,因此,强调教科书的高度统一也是推行"语言国家主义"、加强国家对国民统治的一个重要步骤。

应该指出的是,在明治前二十年日本围绕着"言文一致"在"开放"和"收紧"之间轮番的"攻守"过程中,"国家"这个职能机构在日本所扮演的角色在各个不同时期是有所不同的:明治初期到明治二十二年"第一自觉期"结束之前,当"言文一致"初露锋芒和方兴未艾的时候,虽然国家也是部分的参与者和旁观者,由于言文一致的追求本身是携带着和国家"作对"的企图与对国家在意识形态和文字上的管束进行突破而进行的——在外来的欧洲文化的启迪下,为其进行理论上的拓展的是"自由民权"思想,这无疑是对当时尚以儒教为核心教育的日本"国家"形成挑战,于是明治二十年的时候日本的国家就用封建的儒教思想、国家主义以及"新国粹保守主义"对和"言文一致"相应和的自由思想进行了"反制",将之打入从明治二十三年到明治二十七年的"停滞期",这说明在"言文一致"的第一阶段,"国家"是个"被革命"的对象,"国家"在语言变革中象征着"反革命"和"保守势力"。但是在甲午战争之后,当日本进入所谓的"国家跃进期"之后,日本"国家"在语言变革中所起的作用彻底扭转,国家本身变成推动"言文一致"的"正能量"以及核心力量,国家意识到语言变革对国家的益处并将其认作是巩固国家地位的重要手段之一,于是国家从反语言革命的角色和语言革命的恐惧者和抵抗者一跃站到前台,变成以其机构的能量的大力的推行者。这种变革的缘由——从甲午战争（"日清战争"）这个历史转折的基点中就可以分析出来：其一，"去中国化"和"去儒教化"，从中国继承到的儒教已经不再是日本国家的核心治国思想体系，由西方现代的国家概念取而代之；其二，以森有礼为代表的深受西方思想影响的、支持"言文一致"的政府要员❶对日本国家政权的掌控以及他们在"新思维"的指导下的有计划、有步骤地在国家机器上面的使用和运作，这些人和以上田万年为代表的持"国家主义"思想的语言学者在政坛和学术界相互呼应，共同推动由新的、近代国家主导的语言变革，将"言文一致"引导入第二个高潮，即"第二自觉期"。

在森有礼用英语作为日本的 National Language 的意图失败之后，还有主张用法语代替日本语的。作家志贺直哉被认为是明治、大正时期日本文学的"小说之神"（神樣），令人不可思议的是志贺直哉竟然也在日本战败后的 1946 年提出和森有礼相似的"日本语废止议论"。他在"国语问题"杂志《改造》1946 年的 3 月号刊上发表题为"国语问题"的文章，主张"废除日本语，用法语取而代之"，并在多种不同的场合发表过类似的言论。尽管志贺直哉大谈特谈"用法语代替日本语"，但是他从未提出过具体的用法语代替日语的方法。对于那些反对他提议的、质疑用外语取代日语后如何保持日本文化传统的人，志贺直哉说："关于国语的替换，我不懂得如何在技术上操作。但我不认为会非常困难。如果有教员的话，从小学一年级就可以替换。这就如同当初

---

❶　文部省除他之外，还有伊泽编辑局长。

我们用日本语替换朝鲜语。"❶志贺直哉在"国语问题"的开头还说，假如日本能像森有礼在明治时期主张的那样用英语代替日语的话，日本的文化将取得非常大的进步。志贺直哉的"用法语代替日语说"是对森有礼的"用英文代替日语"的一种隔了若干年的应和，显然，他所提议的用法语而不是用英语代替日语是一种"不可能实现"的幻想，而且他所说的采用"用日语代替朝鲜语"相似的方法的"实施方案"也显然带有殖民者的狂妄。但是从志贺直哉的作为日本"小说之神"的身份提出废除母语的这件事上，我们能看出日本由于战败所产生的深刻的"文化焦虑"——企图通过语言上的脱胎换骨而获得国家挫折感的补偿和救赎，但无疑这是"病急乱投医"，是不可操作的，同时，这也能使人联想到"五四"时期鲁迅、瞿秋白等国语巨匠们与之相似的关于"废除汉字"的声嘶力竭的呐喊。

从明治维新开始，日本曾经有过几次"日本语废止论"的提议和讨论，除了森有礼、志贺直哉用英语、法语取代日本语的提议之外，还有北一辉在大政时期提出的用"世界语"取代日本语的提议。尾沼忠良在他的文章中指出这几次提议都不是偶然的：森有礼是在日本明治时期受外来文化洪水猛兽似的冲击下、志贺直哉是在 1945 年日本战败后百无聊赖下提出用外国语给日本的语言换血的，而北一辉甚至提出用与之相比日本语显得十分"恶劣"的"世界语"作为"第二国语"，认为不那样做就会根据"自然淘汰"的法则，

---

❶ 北大日语系：《日本语言文化研究》第七辑，学苑出版社 2007 年版，第 441 页。

五十年的时间过后世界语一定会将落后的日语淘汰。❶ 尾沼忠良批评以上的几种淘汰日本的提议都是出自十分功利的目的，都是从"日本语＝日本"的思维模式考虑问题，都将"日本语"视为"日本国"的同义语，都没有对作为一种语言本身的"日本语"从语言学的角度谈论其优劣和生存的问题，结果就会将"日本语"挂上好战的"日本国"的战车：当"日本战车"打了胜仗的时候，"日本语"的地位就会被抬高；当"日本战车"陷进泥坑的时候，"日本语"就被像战袍似的抛弃。

　　这种功利主义何尝未被运用到作为"中国"的"符号"的汉字汉文上呢？从明治之后日本的废除汉字的企图和在"普通文"中使汉文的比重下降以及森有礼、志贺直哉等人用英、法、世界语等西方语种代替日本，将其发展成为日本的National Language 的种种"行径"中，都能解读出一种超乎寻常的语言功利主义，而这又偏偏和"五四"之后的中国的语言变革的热议和作为屡屡重叠，或许强烈的"语言功利主义"就是"中日语言变革模式"的重要特征之一。单从想要用之置换本国文字的"候选语种"来看，如果说北一辉所提出的"世界语"和中国"五四"前期的"新世纪派"所提出的用"径用万国新语"代替汉语的建议相似，还能体现当时的世界大同的理念的话，那么森有礼作为日本主管文化的最高官僚提出的用英语代替日语的倡议用今天的眼光来看是无比荒谬和荒诞的：第一，日本人压根就不擅长外国语发音，尤其是不擅长

---

❶　北大日语系：《日本语言文化研究》第七辑，学苑出版社 2007 年版，第 445 页。

发英语的音；第二，森有礼作为日本的最高文化长官竟然想用全拼音的、从来与日本毫无关联的一种纯西方的语言顶替使用千年以上的本国语言，这不能不说是一种"狂想"，而他偏偏没有对自己的"狂人之念"有所察觉而一意孤行之，同时由于他的身份特殊，他的这种想法在某种意义上说是日本的"国家意志"的表现，这就更能证明近代日本在急进道路上是如何的"饥不择食"和"不择手段"了。假如森有礼的这种狂想在日本像英、法两种语言在欧洲置换当地土著语言以及法语的字母在越南"最终落户"那样获得成功的话，那么，东亚地区的语音版图就不是今天这个样子。语言的激进是文化的功利主义的表现，"脱亚入欧"的理想在福泽谕吉那里形成，在森有礼的权力下被推进，而英语置换日语就是实施的步骤之一。

第三节　打造"国语"的代表人物和他们的主张

原理的形成先于实践上的存在。日本的"国语"概念是如何产生的？

从欧洲的经验上看，一种原本是方言的地方语言要想在更加广大的地区通用，不能不先使其规范化，使其从无序到有序有规则，使其从变化多端到稳定，在欧洲语言史上，语言学家在语言标注化的过程中起到了不容忽视的作用。正如彼得·伯克所言："如果一种语言要获得拉丁语那样高贵的地位，它必须是稳定的。""这一趋势有时被称为'语法化'（grammatization），这种趋势看上去似乎可以证明知识分子手中握有权力，至少看起来是这样的⋯⋯"❶伯克所说的能使方言通过"语法化"达到规范化和易于普及推广和交流的"学者"，无疑是在这方面专注的语言学者。

语言学者上田万年是奠定日本"国语"基础的最为关键的人物之一。上田万年曾经留学德国，十分羡慕德国18世纪70年代以"狂飙突进"为特征的浪漫主义运动以及该运动对德国"国家"概念所产生的巨大影响。回到日本之后，他立志学习德国的成功先例在日本也借助打造一种类似的"国语"而实现造就强大国家的愿望。他认为"国语"和"忠君爱国"密不可分，是两股强大的力量，而"国体"体现在"国语"之中。为此，他为日本设计出一条先制定"一流的、出色的文法"，之后，在该种"文法"的"支配"下创作出"日本帝国之国语""明治大盛世之普通文""一流新文学"，然后再将这种"普通文"以及文学推行为"全体东洋之普通话"的貌似严丝合缝的路径。❷上田万年还明确提出，为了进行殖民统治，必须将语言问题当做首要问题处理。"日清战争"得胜之后，上田万年就在明治二十八年（1896年）在《言语学杂志》上撰文《为了国语》（《国語のため》），号召打造出一种全国统一的"国语"，在文章的

---

❶　［英］彼得·伯克：《语言的文化史》，北京大学出版社2004年版，第126～128页。

❷　孟庆枢等：《二十世纪日本文学评语》，吉林人民出版社2009年版，第51页。

开题他写道："国语是帝国之藩屏，国语是国民之慈母"。❶

那么，怎样确立"国语"呢？上田万年建议将"受过教育的东京人所讲的语言"作为"标准语"，而且，他强调必须先使其变为"文章用语"，然后，再使其成为口语与书面语一体化的"标准语"。上田万年将"标准语源头"的汲取对象界定在"教学、议院、法庭、剧场、曲艺场等场所的文学"范围之内，而且只有上述场所才能成为"标准语"进行实践性训练的地方。也就是说，即使"标准语"的"基础"被指定为"东京话"，也不是指那种街头巷尾的老百姓所讲的"东京话"。为什么使用东京话作为"国语"的基础呢？将一种原本地区性的方言，尤其是重要政治都市的方言甚至是某一个极小范围内使用的语言指定、选定甚至强行裁定为一种全国推广的"标准化的语言"在近代日本之前并非没有先例，比如法语和英语：法语在被"打造"成"标准语言"之前是17世纪法国的"宫廷法语"和"都市法语"，当时采集"纯粹法语"样本的范围甚至狭小到法国宫廷周边和巴黎贵妇人们的沙龙，而王室官员的"口语文本"是人们效仿的文本。当17～18世纪英语"定型"时期，"标准英语"的"发源地"是在首都伦敦，而且被局限在"宫廷常用的说话方式"和"伦敦以及伦敦周边60英里范围内各个郡的说话方式"❷。同样，其他许多国家的标准语言——如波兰语、丹麦语、俄罗斯语，也都以宫廷的语言或首都的语言为基础。

---

❶ ［日］山本正秀：《言文一致の歴史論考》，（东京）樱枫社昭和四十六年（1971年）版，第418页。

❷ ［英］彼得·伯克：《语言的文化史》，北京大学出版社2004年版，第141页。

"です"原本是明治二三十年代江户一带下层民众中流行的结尾语（文末辞法），明治三十年代中期当东京话被选择为"国语"的基调之后，"です"随着"国语"的身份才开始逐步向日本其他区域传播。明治三十年代中期由日本文部省成立的"国语调查委员会"对东京话作为日本"口语体"的基础起到了十分重要的作用。他们将"东京地区中流社会男子用语"指定为"国语"的基础语言。为什么能将一种方言强行地"造"成一个国家的"国语"呢？一些学者引用西洋的例证，指出四百年前德国人就在推行宗教改革的时候把《圣经》用一种言文一致的德语翻译出来，然后使之逐渐变成正式的德语，使德国人民能够用口语体书写文章。之后，德国的文豪莱辛、歌德、席勒等人又用言文一致体写成大作，为德国的文化带来了繁荣。在"东京话"作为"国语"的"候选语"的时候曾经发生过一些争论，在明治三十五年（1902 年）刊发的《言语学杂志》上就有人指出东京话缺乏"修炼和雕琢"，需要在修辞上下大功夫。1882 年矢田部良吉也提出按东京口语写作，1885 年岛野静一郎也提出采用东京话作为言文一致的基础。在他们的呼吁下，日本全国兴起以东京方言为共通语的"普通文运动"。

上田万年在论述"标准语"的时候首先列举了欧洲诸国在选择和最终制定"标准语"的经验以及但丁、乔叟、莎士比亚的贡献，然后指出："标准语相对于方言来说，应该处于'绝超'（绝对高超）的地位，其形成过程是先将方言中的各种实在的'心髓'汇集到一处，然后对其进行筛选和研究，并在这个基础之上制作出'标准语'。标准语必须是活的语言，是在现实生活中实际使用的口头语言，而不是现在日本书面文字这样的'死语'。……在'标准语'被专家制定出来之后，有影响力的'爱国者'和文豪们一定要使用之进行写作和创作，使'标准语'承载上时代的'文运'而得以推广。"❶ 把"国语"打造成型之后，在将其推广方面上田万年也煞费苦心。1900 年，上田万年就任文部省学务局长，派遣夏目金之助、芳贺矢一和后来成为作家的高山犀牛等第一批公费留学生出国研修，就是为了将他们作为日后在殖民地推广"国语"进行日语教育的"人才储备"。无疑，上田万年是抱着"言文一致"的理想从事他的"国语事业"的。明治三十九年（1906 年），他撰文《言文一致真的冗长吗?》（《言文一致は果して冗長か》），用以回复那些对"言文一致"的质疑。他说虽然"言文一致体"尚存粗俗和显得幼稚等缺陷，但由于它是一种新式的文体，这是在所难免的，即便如此，日本"言文一致"的目标是注定要实现的。他还对未来的"言文一致"进行展望：在实用方面，将来的言文一致体是一种专门为"中流以下"的民众设计但最终将被全体国民使用的大众文体。他批评当时的"和汉文体"只是被"中流以上"的人专用的文体，是一种提供精神上享乐的、只有文字专家才能驾驭的工具，从而使当下的年轻人的心思大都用在遣词造句上面，忽视了思想上的修炼。因此这种学习文章的出发点就是完全错误的。他批评那些所谓"文章家"们做的是盗取古人词句和在美文美辞的极端狭小的范文的空间内把玩的勾当，因此他们的文章支离破碎、不堪入

---

❶ ［日］上田万年：《关于标准语》（《標準語に就いて》），载《帝国文学》第一卷。明治二十八年（1895 年）一月。明治文库藏。

目。上田万年认为文章的"骨髓"在于"以辞达意之后就为止"（辞達してやむ），认为思考、思想是第一位的，而文辞的修饰是第二位的。❶ 明治四十一年（1908 年），上田万年在另一篇文章中断然指出（断言）"言文一致"适用于所有文类，说："没必要学习言文一致之外的文章。"当时除了"言文一致"之外，其他各种文体也并行存在，如诏书、法律文件、吊唁文等是文言的。上田万年指出那只是过渡阶段的现象，从长远来看，简易的文体取代所有文言文是大势所趋，是不可逆转的。他说："在表现一个时代情感的时候，一定要使用那个时代代表性的语言，而那些过时的、不能表现新时代事物的语言迟早会被埋葬。"他预测 50 年、100 年后所有的文章都会变为"言文一致"，那些非言文一致的文章终将变为古董，变为极少数从事历史研究的专业人士的语言工具。❷

从以上上田万年关于"言文一致"显得比较激烈的言辞中，我们可以解读出这个日本近代最著名的语言学者和"国语"的主要打造者之一的甚为"毅然"的"言文一致"思想，可以说，他是在实行"言文一致"的非常强烈的理想主义的推动下致力于"国语"的建设的。比上田万年明治四十一年的预测要早，日本"言文一致"在所有文类上的彻底实施是他发表预言的 30 多年之后，日本 1945 年战败是其契机，在占领军的督促下所有的皇家诏书和法律文件等都最终

---

❶ ［日］上田万年："言文一致は果して冗長か"，载《文章世界》第一卷第三号《论说》，明治三十九年（1906 年）五月十五日。明治新闻杂志文库藏。

❷ ［日］上田万年："必要が無いと断言する"，载《文章世界》第三卷第十五号。明治四十一年（1908 年）十一月十五日。明治新闻杂志文库藏。

彻底地"言文一致"化。

小森阳一在《日本近代国语批判》中对上田万年的"功绩"是这样评价的："被构建出的'日语''日本语言'从某种意义上说，上田万年及其周围的人是排斥充满'汉意'的'支那'文学的，他们试图在事后想象并设定：这种'文字'进入日本之前，作为纯粹'声音'的'大和语言'已经存在了，这就同本居长宜以来的'国学'所提倡的'声音中心主义'的谱系发生了关联。"❶小森阳一无疑点破了"日本语言"是被"构建"出来的，这种语言并不是天然形成的，其中有很多人工雕琢的痕迹。同时，小森阳一也指出了这种作为一种"被构建"的语言，"国语"在实行军国主义和殖民化过程中所起的作用："不曾存在的'国语'的'日语'，最需要它的地方是进行殖民统治的前沿。"❷

在上田万年之后，另一个参与构建"国语"概念的是中井锦城❸。他的"阵地"是《读卖新闻》。上田万年算是语言学者，中井锦城算是媒体人，而且是个"帝国主义者"。

本来，作为日本明治时期最重要的报刊之一，从明治七年（1874 年）创刊开始，《读卖新闻》一直就是"言文一致"活动的一个主要的文字载体，很多著名的"言文一致体"小说就首发于该刊。从明治三十三年、三十四年（1900～1901 年）开

---

❶ ［日］小森阳一著，陈多友译：《日本近代国语批判》，吉林人民出版社 2003 年版，第 172～173 页。

❷ 同上书，第 175 页。

❸ 中井锦城（1864～1924）原名中井喜太郎。明治二十二年（1889 年）开始就职于《读卖新闻》，总共供职 14 年，历任该社编辑长和主笔。

始，在"帝国主义者"中井锦城作为主笔主持《读卖新闻》之后，该报进一步成为推动日本"言文一致运动"的原发地。同时也是"言文一致会"会员的中井锦城是个秉持"专制君主观"的人，是个典型的"国粹肌"（国粹主要者）、对露（俄国）主战论者，他曾经直接间接地参与过"对俄开展促进"活动，是个典型的"日本帝国主义者"。因此，他担任《读卖新闻》主笔之后，《读卖新闻》便成为和由另一个"国粹主义者"林甕臣主持的《言文一致会》一样的、将"言文一致运动"朝着推动"国语运动"和"国家统一"方向发展的一个主要媒体平台。日本的"国语"概念也就是在这个时期逐渐强化并和"国家""国家统一"的概念发生直接关联的。"国语"概念的形成可以说是"言文一致"的一个重要"成果"，是"言文一致"的重要组成部分。"国语"概念和西方语言学概念中的"官方语言"不尽相同，其核心更在于"国"字上面。"日清战争胜利"也是激励中井锦城以《读卖新闻》为阵地，像林甕臣一样为"国语"的概念而疾呼的主要诱因。他坚信国语的统一是日本文明富强的必要条件，而为了拥有"国语"，就有必要进行"国字"和"国文"的改良，同时，作为"国字、国文"改良的必要条件，尽早地实施"言文一致"就变成"急务"。

其实，"国语""国字""国文"和"言文一致"几个概念之间的关系是互为因果的，是循环性的、层次不同和属性不同的几个概念。"国语"是一种语言的"国家主义化"；"国字""国文"是语言的构成部件，而"言文一致"则是指口语和书面语言之间的关系。中井锦城所说的先"言文一致后进行国字、国文改革，然后再产生国语"的路径或许是一种逆向，因为当时的日本之所以不能"言文一致"恰恰是因为以"和文"为主的"言"和以汉字为主的"文"不能协调地存在，因此，要想拥有一种"言文一致""言文通顺"的"新语言"并再将其作为一种全国通用的、有利于国家形成一种语言认同感的"国语"，首先要做的是语言的简化和口语化，使语言简便易学易推广，而要进行"国字"的改良，就先要减少汉字的数量。

显然，中井锦城后来也认识到"言文一致"和"国字、国文改良"以及"国语形成"三者之间的互为因果关系。在明治三十四年（1901 年）以"言文一致的必要"（"言文一致の必要"）为主题的演讲中，他从国家概念出发，提出当时日本有必要进行"言文一致"的两大理由：其一是"国家的统一和扩张"，其二是"教育的进步发达"。关于第一点，他指出由于国语、国文在日本国内的不统一，致使国民之间的"抱和力"薄弱，而使得国力无法振兴。他还从世界各国，包括俄罗斯、奥地利、加拿大、日本、朝鲜等国家的实例出发，论证了通过言文一致而形成国语、国文的一致，对内有助于国家的统一，对外有助于国家的扩张。关于第二个有必要实行"言文一致"的理由，中井锦城指出，教育的进步和"言文一致"的关系是十分密切的，他提出有必要对汉字进行"千字节减"，有必要对以往的诸种"非言文一致"的文体，包括候文体、和文体、汉文体、和汉文体等进行改良或者废除，因为日本儿童为了学习这些东西不仅在身心上消耗巨大，而且浪费了很多时间，经济上也是巨大的损失，而如果能够"言文一致"的话，这些浪费就会在很大程度上被制止，有利于增加真正的学养。

在明治三十四年（1901 年）五月的另一篇文章《关于

言文一致》（《言文一致に就いて》），中井锦城的"民族忧患意识"就更为强烈了，他说："本来国家和国语之间就存在着紧密和微妙的关联，要想加强国家的统一，要想有助于国运的进步，就有必要先让国语独立，然后图谋国语的普及和发达。欧洲诸国之所以变得像今天这般文明富强，都是基于国语的独立。作为谋求日本国语独立和普及发达以及推动言文改良的方法，首先要采用的是言文一致的方针，这和国家的命运有很大的关系。"接下来，中井锦城就具体的实施步骤进行了阐述，他认为首先要制定日本是否走"言文一致"道路的决策，然后围绕这个方针决定在"国语""国字"和"国文"三者之间先"改良"哪一个。如果不想"言文一致"的话，那么日本的国语就不能独立，更不能普及，也无法发达，文化的兴隆和国运的彰显就更无法取得成效。中井锦城确认国语和"言文一致"是国家的重大问题，虽然无法在一朝一夕得到解决，但一定要在全体国民中形成这是一个紧急要务的共识。

如果说明治初年直到明治三十三年之前的日本的"言文一致运动"核心内容主要是围绕着文字、文学体裁、教育等议题进行的话，那么从中井锦城的上述言论中，可以发现从明治初年开始的"言文一致运动"已经随着中日甲午战争和日俄战争日本在战争中的表现，随着其国力增强和国家地位的变化，向着语言之外的意识形态的高级阶段"升格"，语言的问题已经变成"国体""国语"的问题，"语言形式"变成"国家形式"寄存的"工具性"的先决条件。

明治三十四年（1901 年）在中井锦城担任主笔期间，

《读卖新闻》又在"社说"栏目里连续发表他的其他有关"国语"的、以"民族主义"为基调的鼓动性十分强的文章，比如他说："国语、国字、国文的独立对任何一个国家来说都是国力旺盛的缘由。日本的假名之所以能脱颖而出，就是因为现在唐乱新罗衰，而这正是日本的国力张扬和充实之时。"中井锦城这里所说的"唐乱新罗衰"之中的"唐"正是指当时的中国，"新罗"则是指朝鲜。明治三十四年（1901 年）正是中国的大清王朝摇摇欲坠和朝鲜的王朝被日本"合并"的时候，中井锦城这种将"假名"——语言的兴衰和国际政治、国家境遇相互联系做因果对比的方法，意识形态和民族主义观念无疑是极其强烈的。在此之后，就"言文一致"的急迫性，中井锦城还在另一篇"社说"中给出日本应该尽快实施"言文一致"的几个理由：第一个理由是凡使用外国的文的国家都会陷入衰运衰败甚至亡国，现在欧洲诸国文明富强的基础就是他们凭借实施改良之后形成的国语增加了国民的"抱和力"，从而加强了国家的统一力量。第二个理由是在言文不一致的时候，无论如何都无法将精致的意志思想言说清楚。第三个理由是由于当时日本的言文不一致，语言的使用杂乱无章，连一部可作为统一标准的文典和语典都做不出来，因此学习起来十分困难，这是日本国民之极大的不幸。❶ 基于以上几点，中井锦城催促教育部门和日本的文部省尽快联手，在中小学等教育部门推进"言文一致"的实施。需要注意的是，中井锦城说"凡使用外国的文

---

❶ ［日］山本正秀：《言文一致の歴史論考》，（东京）樱枫社昭和四十六年（1971 年）版，第 423 页。

的国家都会陷入衰运衰败甚至亡国",其中的"外国的文"当然还是指中国的"汉文",由此可见,在中井锦城的心目中"排除汉语、汉文"已经成为将日本挽救出"衰落和亡国"命运的一大要务。在此,汉语已经被彻底地"异化"了,成了不得不尽快去除之"他者"。除了在理论上论证"言文一致"和"国语统一"的重要性之外,中井锦城还在《读卖新闻》的"社说""杂报"等栏目中率先刊登"言文一致体"的文章。

总之,正是由于中井锦城以《读卖新闻》主笔的身份和影响力积极参与 20 世纪初期日本的"国语、国字、国文"改良,日本的"言文一致"进程才获得突破性的进展,同时,也正是由于他秉承了极端的"帝国主义者"的思维模式,这个时期的语言变革也被打上了极强的意识形态烙印,语言的变革已经远远超出"技术性"的领域,变成地地道道的国家机器的附属品。"国"已经和"语"牢牢地捆绑到一起。

从上田万年到中井锦城这两个代表性的日本"国语之父"的观念和言论中,可以看到日本"国语"这个概念是如何从一个语言学的概念被"开发"出来,又是如何被媒体人作为一个"国家工具"向更高的层面上扩展的。马列主义学者一贯认为语言是有阶级性的。虽然我们不愿意将"阶级性"的标签贴到一种交流工具上面,但仅以日本近代在"国语"概念上一步步的意识形态化,我们就很容易将两者进行合盘的考虑。于是,我们又想重复瞿秋白在对"国语"一词进行批评时所指出的:"国语"是"国定的言语",是国家意志的体现。当一个国家的"意志"不纯粹不健康和富于对外进攻性的时候，"国语"就会更加肆无忌惮和猖獗了。

第四节　日本"国语"的制作 过程以及普及推行

正如本尼迪克特·安德森在《想象的共同体》中探讨的那样，"想象"是国家借助语言的工具进行组合时不可缺少的因素，那么，日本在20世纪初期，在"国语"被"国家"制作的过程中都产生过哪些"想象"？这些前所未有的"想象"又是怎样对"国语"的产生发生作用的呢？我们可以将那个时期日本"思想者"和学者们对日本的"想象"分成以下几种类型。

1. 关于日本"帝国"和"亚洲"的想象

日本"国语"的形成是在明治和大正的交替时期，这个时期接连中日甲午战争（"日清战争"，1895～1896年）、"北清事变"（1900年）、日英同盟（1902年）、日俄战争（1905～1906年）几个重大历史事件，而日本在几次事件中均以强势或者以"战胜国"的角色得手，这就大大激发了日本的国家主义的情绪，并产生了以大隈重信（1838～1922年）、内村鑑一（1861～1930年）、北一辉（1883～1937年）等人为代表的激进的具有强烈国家主义和帝国主义特征的关于日本"国家"定位的"幻想者"。

　　一方面，因为在几次战争中的获胜，他们已经将日本想象为东亚在学习西方文明方面的"冠军"，将日本视为东方文明的代表者，还将日本幻想为东方国家的"解放者"，将所谓的"解放东方"视为"日本国的天职""新日本的使命"。"东西文明融合论"的提出者大隈重信坚信，"日本早非日本之日本，实已是世界之日本"，"对东方，我们乃西方文明之说明者；对西方，我们乃东方文明之代表"，"成功地调和东西文明，使世界文明更加醇化，迎来人类之和平，谋求人类之完美，此乃我国国民之理想，日本帝国之天职也"。❶

　　内村鑑一除了和大隈重信一样是所谓的"日本之天职"和"日本之使命"的坚信者之外，还把日本想象为"西方对东方之先驱者"和"东方对西方之辩护者""东西两方之仲裁人"，同时内村还把战争当做向其他国家推广"文明"的手段，他将甲午战争美化为"义战"，说需要用"义战来向世界表明日、支两国之关系乃代表新文明之小国与代表旧文明之大国之关系"❷。

　　另一位"思想家"北一辉和前两者一样也秉承"适者生存""弱肉强食"的西方逻辑观念，但与前两者不同的是他是个"西方对东方侵略"的"抵抗主义者"，把日本想象为对抗西方的"亚洲盟主"，主张日本应该"保全中国"。但怎样"保全"中国呢？他提出的有效方法是对中国进行包括"经济侵略"的种种侵略，即所谓的"以正义为根本之日本

---

　　❶　[日] 野村浩一著，张学锋译：《近代日本的中国认识》，中央编译出版社1999年版，第7～8页。

　　❷　[日] 野村浩一著，张学锋译：《近代日本的中国认识》，中央编译出版社1999年版，第17页。

支那保全主义"❶。关于"国家"，北一辉将"国家"的发展
想象和理解成一种从君主制国家经过贵族制国家向民主制国
家（公民国家）演变的进化过程。他还梦想将这种进化理念
向其他国家推广，使之适用于处理国际关系。他将当时的国
际关系想象和比喻成日本战国时代封建诸侯的兼并统一战
争，幻想在世界性的战国时代之后，随之而来的只能是在世
界最强国家领导下的封建性和平，他说："全世界所面临之
问题，乃世界诸国、诸民族中何者为德川将军，何者为神圣
皇帝一事而已。"❷

以上从大隈重信到内村鑑一再到北一辉的关于"日本
国"自身以及日本在世界中位置的主张，虽然不能说不完全
具有时代的特征和痕迹，但不能不排除其中掺杂着诸多臆想
的成分，是野心的膨胀和幻觉的无节制的发挥。

2. 关于中国和中国人（"支那人"）的想象

如果说关于"日本国"的空想涉及的只是本国的事情，
那么与其相对应的就是对邻国中国的设想，也就是明治末年
和大正初年的"支那观"。这方面的代表人物是内田良平
（1874～1937年）和内藤湖南（1866～1934年），二人的代
表作是《支那观》和《支那论》。

在内田良平的《支那观》一书中，他不仅将中国社会分
为"政治社会""普通社会"和"游牧社会"，"认定中国社
会的特殊性就在于'政治社会'与'普通社会'的分离这一

---

❶　[日] 野村浩一著，张学锋译：《近代日本的中国认识》，中央编译出
版社1999年版，第35页。

❷　出自《国家改造案原理大纲》，参见 [日] 野村浩一著，张学锋译：
《近代日本的中国认识》，中央编译出版社1999年版，第39～40页。

点上"❶，这一点是否正确姑且不论，最荒唐的是他关于中国人人性的判断，云："世界之国民中，其性情之恶劣，如支那之国民者稀也。"❷基于这种臆想的对中国人的侮蔑观以及对中国的种种诸如"畸形国支那"的臆断，内田良平对为政者提出的针对中国的国策无疑是野蛮的、侵略性的，他不仅提出日本要参与欧美诸国对中国的"瓜分"，同时他还提出"大亚洲建设"的最终演变为"大东亚共荣圈"的荒谬的主张，如野村浩一所评析："内田是最具战斗力的国粹主义者，亦曾是国家主义者。这个内田，由于没有正视中国这个实体，却敢于将它作为对象来进行考察"❸，"在某种意义上，内田是将自己置身于近代西欧对亚洲的侵略这个一般的形势潮流中，并将这一潮流作为自己的视点，通过这一视点，再将不断被蚕食的中国放在特殊的形象中加以分析的"❹。

内藤湖南是一位不从政治而是从文化特别是从中国文化中来认识中国的价值和意义的汉学家，尽管内藤湖南比内田良平对中国的了解要深刻，但其著作《支那论》中论点和前者有很大的相似性，也是"支那之亡国"论者，正如野村浩一评述的那样他"也逐渐高唱起日本的使命并寄身于这昂扬的斗志之中"，"他的《支那论》是在日本帝国主义大陆这

----

❶　［日］野村浩一著，张学锋译：《近代日本的中国认识》，中央编译出版社1999年版，第55页。

❷　［日］内田良平：《支那观·国难来》，黑龙会1937年版。

❸　这无疑是臆想！——笔者。

❹　［日］野村浩一著，张学锋译：《近代日本的中国认识》，中央编译出版社1999年版，第56~57页。

一平面上展开的这一事实，是不言自明的"❶。

以上几个"思想界"、学术界的 20 世纪初关于日本作为一个"国家定位"的"理论建设"以及关于亚洲和中国形象的"幻想"，是"国语"作为一种语言的"使命"的内在的约定，这些"胡思乱想"将原本只是一种交流工具的语言"使命化"了，变成证实、传播、确定这些"胡思乱想"的手段。无疑，日本当时的"思想者"已经不是明治初期的西周那样的"思想者"，那时候的"思想者"——甚至也包括日本军国主义的始作俑者福泽谕吉，还是有着独立的个人思想的，还是独立于为国家服务的目的的，但是上述几个 20 世纪初的为日本的"国家"铺垫概念的人几乎都沦落为了国家的工具，他们不仅没有了明治早期人士的人文自由精神，反而都变为国家权力的吹鼓手，变成"御用"的工具；正是他们的禁不起推敲的胡编乱造和疯狂想象将日本国家的地位抬高得脱离本来的位置，正是他们的似乎有着"理论依据"的论证，将日本民族抬高得不可一世，而这些后来都变成了日本发动"二战"的前期的舆论上的铺垫。

以上关于日本、亚洲、中国的"想象"，从理论的角度还可以看到日本在"脱亚入欧"之后又想"重返亚洲"的企图。当初福泽谕吉之所以想引导日本"脱亚入欧"目的是想学习西方，想"全盘西化"，想让国力增强，而经历了包括甲午海战、日俄战争的日本似乎已经感觉自己"入欧成功"，已经羽翼丰满，在亚洲已经目中无人，于是他们又转过身来

---

❶ ［日］野村浩一著，张学锋译：《近代日本的中国认识》，中央编译出版社 1999 年版，第 63 页。

企图"返回亚洲",返回他们实质上从来就没有脱离过的亚洲,因而这次"重返"就是通过侵略战争进入包括中国在内的邻国。于是,"国语"作为语言就被用来充当这次"重返"的"先头部队"。

在此之前,日本的"言文一致"之路随着"普通文"的产生已经基本被铺平,日本已经完成近代语言变革两大使命中的第一项,而第二项使命——这和中国的语言变革一样,就是语言的统一和普及推广。和中国不一样的是,日本的统一语言"国语"比中国的更具备对外扩张性。

当"想象"完成之后,就进入"国语"的制作阶段。首先不能少的是文学的辅助。用"国语"书写的文学被称为"国文学"。"国文学"之所以是"国语"形成的一种辅助,是因为"文学"前面的那个"国"字。正如一切语言都和文学是孪生的一样,"国语"的最终成型是离不开"国文学"的产生的。

日本的"国文学"概念的创始人是芳贺矢一和志贺直哉。和高山犀牛一样,芳贺矢一也深受德国文学的影响。在德国留学期间,他们都深切感受到德国文学作品在国民国家建设过程中所起的巨大作用,归国后便投身于"国民文学"的发展。"在国家与语言、国语与文学合为一体的风潮中,文学上升为'国文学',其文艺和社会地位被提倡到前所未有的地步。"❶

日本近代文学家中能写出"样板一样的小说"的、被誉

---

❶　孟庆枢等:《二十世纪日本文学评语》,吉林人民出版社2009年版,第53页。

为"小说之神"的作家志贺直哉是"国文学"文本的重要创作者。在接受了新的"国语"的训练之后，志贺直哉就开始利用这种新的、人工合成出来的语言进行创作。在他不负众望地写出新文体的"国文学"的作品之后，他的作品就成为同时代小说创作者的模仿对象并渐渐被社会所接受，随后这种用新语言、新文体书写的"言文一致"的文章被制度化、习惯化地普及和推广到日本全境，志贺直哉由此也被公认为近代日本散文的确立者。

从志贺直哉的创作和"国文学"形成并推广的关联上，可以看到当一种新的语言被从语法和词汇的层面上"制作"出来之后，用其创作的文学作品是将之推广和普及的必不可少的条件，这时候作家的角色就变得极为重要了。志贺直哉在"国文学"和近代散文文体的形成以及"国语"的普及上所起的作用，是和意大利语从拉丁文中"脱胎"出来时但丁所起的作用具备同等价值的。

然后是"国语候选语言"确定。正如中国的"国语"（普通话）是将以北京方言为基础的北方方言作为"模板"一样，日本的"国语"打造也不是从零做起的，是通过指定东京的方言为"国语"的模板而实现的。

主张用东京方言作为"标准语"的冈野久胤在《关于标准语》（《標準語に就いて》）中，说因为东京是"帝都"，是文化、开明、工商的中心，而且东京话比起其他地方的方言更加直白易懂，所以更加易于在异地传播。他认为"言文一致文"应该以东京中流社会的男子的语言为标准语并在其基础上进行修饰。作为西洋的成功例证，冈野久胤指出四百年前德国的宗教改革家路德就在推行宗教改革的时候把《圣经》用一种言文一致的德语翻译出来，然后使之逐渐变成正式的德语，使德国人民能够用口语书写文章，而"言文一致为国民提供了巨大的便利，在国民教化的过程中发挥了极大的效果"；之后，德国的文豪莱辛、歌德、席勒等人又用言文一致体写成伟大的文学作品，从而为德国文学奠定基础。冈野久胤接着说，日本也应该先用东京话作为"标准语"写出"言文一致的文"，然后再由学者和文字工作者将其在全国的范围内逐步推行，同时随着"言文一致文"的普及，标准语也会在全国风靡起来，二者相辅相成。对于有人担心的"标准语"的普及是否会让地方的方言全部消失的"方言扑灭论"，冈野久胤说那种担心大可不必，并预言即使"标准语"在全国普及，日本也仍然会存在代表关东地区的"东京话"和代表关西地区的"大阪话"两大口语体系❶。

从日本近代语言发展的实际情况来看，冈野久胤当时的预言是正确的，现在日本依然存在以"东京话"和"大阪话"为代表的"关东""关西"两大方言体系。

在"东京话"作为"国语"的"候选语"的时候曾经发生过一些争论，许多人提出反对的意见，比如在明治三十五年（1900年）刊发的《言语学杂志》上就有人指出东京话缺乏"修炼和雕琢"，需要在修辞上下大功夫，作为日本近代语法体系奠基人的大槻文彦❷也对直接将东京方言视为"标准语"的呼声发表自己的保留意见。明治三十五年大槻

---

❶ ［日］冈野久胤："標準語に就いて"，载《言语学杂志》第三卷第二号《论说》，明治三十五年（1902年）八月十日。日本国会图书馆藏。
❷ 他是著名的"大槻文法"的创立者。

文彦在《话说国语改良》（《国語改良の話》）中指出那些认为可以原封不动地将现有的东京的"上流人物"的语言采用为"标准语"的说法是有待商榷的。因为当下的东京话并不是一种"标准的语言"，毋宁说它是一种十分混乱的方言。东京话的不规范首先表现在动词活用形和"文末辞法"的不规则；其次是"关东人"的语势过于强硬，还有就是由于明治维新之后社会各个阶层的变动非常之大，许多原本是下层阶级的人骤然变为上流阶级，由此导致语言的"鱼龙混杂"，使得即便是"上流社会"的语言也毫无约束性；最后就是那些"滥用汉语"的和使用所谓的"学者语言"的人的介入，将原本就混乱无序的"东京话"弄得更加头绪繁杂。因此，大槻文彦建议由于"国语改良"是千秋大业，操作起来一定要万分的慎重，一定要从语言的调查做起，在"文字改良"和"文法"的制定之间优先后者，只有先把"标准语"的文法的规范制定出来并用之将"东京话"规范，然后才能考虑是否将"东京话"作为"标准语"来普及推广。[1] 作为明治时代权威语言学者的大槻文彦的上述论述无疑是正确的，有助于克制当时将无序的"东京话"在毫无规范的情况下直接推广成"国语"的冲动。之后，正是大槻文彦亲自制定的"大槻文法"，在之后的国语确立中起到不可或缺的作用。

　　"一圆书"的发行对"国语"的推广也起到意想不到的作用。1923 年日本发生东京大地震，由于震后人们精神上急需精神食粮，1926 年"改造社"以"一圆书"的方式大批

---

　　[1] ［日］大槻文彦："国語改良の話"，载《教育时论》第六一七号《学说政务》，明治三十五年（1900 年）六月五日。明治新闻杂志文库藏。

量印制《现代日本文学全集》，春阳堂和新潮社也分别随之推出了《明治大正文学全集》《世界文学全集》等。由于这些廉价的"经典"都是经过仔细甄选而且是用"标准语"——国语书写或翻译而成的，不仅给读者一个日本的言文一致的国语已经进入世界强国之林并已经和世界文学并驾齐驱的感觉，而且读者以为日本文学也已经进入世界文学的行列。无疑，"一圆书"的大量销售是出版业对推广新产生的"国语"的一次"意料之外"的全方位的赞助，更因为"一圆书"的读者是广大的经济地位低下的民众，覆盖范围极其广大，它恰好将襁褓中的国语用"通俗课本"推广到了民间。

"一圆书"作为一种特殊情形下诞生的国语传播媒介是能和明治时期诞生的新闻报刊对"言文一致"推进所起到的帮助作用相提并论的，公共媒介在中国近代的语言变革中所起到的所用也和日本相似。从这两种新兴的近代传播媒介和语言变革的关联中可以找到二者之间互为表里的因果关系。

再看国家机器的直接参与。日本并不是第一个通过国家机器打造和推广"国语"的国家。将托斯卡纳方言选定为"标准语"的贵族、人文主义者和红衣主教本博（Pietro Bembo），本博就曾借助秕糠学院（Accademia della Crusca）的力量将托斯卡纳方言制度化和标准化，以便于来进行推广。在法语标准化的过程中，起到和本博同样不可缺少的作用的人物是法国的人文主义者贝内托·瓦尔基（Benedetto Varchi），他是16世纪的语言学权威。另一位是17世纪的诗人马莱伯。他把将法语制度化视为理想。马莱伯凭借法兰西科学院进行他的工作，而这所学院是参照本博的秕糠学院的模

式成立的。该学院的一些早期成员是马莱伯的追随者，而这
个机构的主要任务之一是改革语言，推行法语的文雅语法，
不仅要消除法语中的方言因素，还要消除外来语词汇和工匠
使用的语言❶。英国最早号召"让英语变得更加高雅和完美"
是丹尼尔·笛福（Daniel Defoe）等人。但英格兰没有出现过
本博那样的先行者，也没有创立秕糠学院、法兰西学院那样
的机构。17 世纪末，英国皇家学会创立了一个"改善英语"
的委员会，该学会的第一位历史学家斯普拉特主张仿照法兰
西学院的模式建立英语科学院。18 世纪，约翰逊博士编纂的
《英语词典》不仅是一本工具书，也是为了将英语打造得更
加完美而做的一次努力。❷ 对德国"通用语"的出现和普及
推广贡献最大的无疑是马丁·路德。但路德对萨克逊宫廷语
最终成为德国的"通用语"的贡献方式更加是个体的、语言
和宗教合一的，❸ 是在他独有的人格的感召力作用下实现的。
从"机构介入"的角度反观德国的"通用语"成型过程，唯
一可圈可点的是 1691 年，德国上劳济茨的议会也出于使用
的原因成立了一个委员会，以保证用索布语编写的新教科书
中使用标准语。

　　日本的国家又是怎么参与国语的确定的呢？

　　当作为"国语"的标准语在方言的选定（东京方言）、
文体的样板（普通文）和字符的选择（被限制数量的汉字和
假名）等方面逐一落实之后，下一步就是如何利用国家机器

---

❶　［英］彼得·伯克：《语言的文化史》，北京大学出版社 2004 年版，第
139 页。

❷　同上书，第 141 页。

❸　通过书写新教的《圣经》。

的力量将其普及和推广了。上田万年等"国语"的先驱非常重视教育在普及"国语"中的作用，他指出："国语至关重要，一国之教育完全建筑于国语的基础之上。期望一国教育兴旺者必然重视之，为国语兴旺发达而图谋。"❶首先是教育领域的推广：1886年文部大臣森有礼发布《学校令》，建立由小学、中学直至帝国大学的教育制度，为了推广"国语"，将原本的"和汉文科"改为"国语及汉文科"。同时，在师范中学中开设"国语科"。1889年，帝国大学的"和文学科"也被更名为"国文学科"。1900年，日本文部省颁布《小学校令实施规则》，其中第三条提出注重普通话的问题。在语言机构的设置方面，文部省成立以研究普通文体为主要目的的"语言调查所"，启动国家级的"日本语"研究项目。1901年文部省颁布《高等师范学校寻常小学国语科实施纲要》，正式提出需用以东京中产阶级以上通行的正确发音和语法教授国语。在语言语法工具书方面，大槻文彦接受明治政府的任命，1888～1891年陆续编纂出版了《言海》和《广和本文典》，在这些文典中，编者参照西方的语言学学问体系对日语的语音、词汇和语法进行初步规范。1916～1917年国语调查委员会接续出版《口语法》和《口语法别记》，在这两部书的作用下，"标准语"的标准和基础得以确立。

从以上这些由国家牵头和启动的"软硬兼具"的国家机

---

❶ ［日］上田万年："被国语学者抛弃的教育之一大要点"（"教育上国語学者の抛棄して居る一大要点"），载《大日本教育会杂志》一六三号，明治二十八年（1895年）三月。明治文库藏。

器的调动中我们可以看到一种"准国语"到真正"国语"的打造过程中，国家的介入是何等的重要。这可以说是一项十分庞大和全方位的系统构建工程，而国家机构和学术界、教育界在这个过程中是相互配合和相互依赖甚至在某种程度上说是"共谋"的。十分有趣的是，在"打造国语"的时候，文学界反而已经起不到多么大的作用。他们在观望自己曾经处心积虑地提倡并为之磨砺了多年的文字、文章和文言结合体（言文一致）的果实是如何大规模、大范围地被一种外在于文学的组织性的存在——国家所掌握和利用，又怎样为服务于那个机构而变成由"机构"将其大力鼓动、推行、推销的一种几乎是纯粹工具性的东西。这时候的语言和文字的理想——言文一致已经远超文学和艺术的范畴，变成纯粹政治性、手段性和工具性的"器物"，变成国家作为一种存在的必不可少的"器物"，而文学的艺术上的对文字、文章和文体的"得与失"——包括"雅"与"俗"，包括"汉"与"和"，包括"文"的美与不美，均已不再是将语言作为工具的那个国家机器所在乎和考虑的，它所要求的就是简化和易于普及，易于提高作为一个帝国国民的、作为天皇臣民的交际和说话识字的能力，那样就有利于为"帝国"作战，有利于战场上军令的上行下效，甚至有利于在域外的日本——在殖民地中将之快速地推广和普及，以使更多域外的被征服的臣民尽快通过识字、通过可以不太费力就能掌握的"日本语"，在最短的时间里变成帝国的臣民。于是，当一个以侵略为主旨的国家机器把语言用以上这些考虑纳入到它推行目标的时候，"国语"就远超明治初年的普通语言的思考范围了，在某种意义上说，就被"异化"为一种语言之外的国家的"软武器"。

除了政府之外，日本各界在舆论上也为"国语"进行不懈的"造势"，用"国语"为国家创制重要的"新文学"的呼吁成为当时的强烈呼声。1895年井上哲次郎为了和上田万年的《关于标准语》形成呼应，发表《日本文学的过去和将来》，主张"大兴国民文学"，高山犀牛也发表了《国民文学》。此后高山犀牛进一步提倡必须创作与"大东帝国"相匹配的"国民文学"。

"国语"在本土大行其道的同时，也随着军国主义的大炮和刺刀在日本周边的国家和地区大肆扩散。为了经营北海道、冲绳和殖民地台湾乃至将整个东南亚殖民地化，日本政府将语言政策上升为国家的政治课题，这极大地推动了"国语"的确立。1898年日本在中国台湾地区设立将读书、作文和习字相结合、系统地进行日语教育的专业——"国语"科，从时间上看这竟然比在日本国内设立和实行同样教育的"国语"科目早了两年，也就是说，从来不曾以实体形式存在的"国语"教育首先在冲绳以及实施殖民统治的最前沿台湾地区、朝鲜等地被实验性地实行。从20世纪初日本占领朝鲜半岛并开始实行殖民统治开始，日本就在朝鲜半岛强行推行"日本语"并取得了"成功"，这个过程延续30多年之久。值得一提的是当日本在进行自身语言的"脱胎换骨"——试图用英语（森有礼的提议）、法语（志贺直哉的幻想）和"世界语"（北一辉的主张）取代日本语失败之后，日本语在殖民地长达30年的"成功"竟然为使用外国语言置换本地语言提供了实施的可能性的"证明"：当森有礼在明治时期、北一辉在大政时期提出用英语和"世界语"

彻底取代他们认为是日本落后的原因的"日本语"的时候，由于没有成功实施的先例作为参照，他们的想法都被视为一种理念和幻想，但当日本战败之后志贺直哉提出用法语代替日本语的时候，日本在台湾地区、朝鲜以及所谓的"满洲国"进行的语言殖民化的"成功"，则变成志贺直哉提议的可行性的"佐证"。当然，由于日语和朝鲜语都以"汉文脉"为基础，用拉丁文代替日本语的难度要远大于用日本语置换朝鲜语的难度。

"国语"在海外殖民地的大肆猖獗证明在外来殖民者的淫威之下语言的强行置换并非没有可能。但和日本在朝鲜半岛、台湾地区、"满洲"地区进行日本国语的殖民化推广不同的是，日本早期的用英语、世界语置换日本语的图谋不是在外族政权胁迫下进行的，是想"自废武功"，是语言上的"自行断臂"。

无论和西方各国语言在"标准语言"的制作过程中，还是在亚洲的"标准语言"的形成过程中进行对比和分析，日本的"国语"的产生都有着独特之处。它的"独特性"在于其"虚构性"：它既是日本从明治维新开始的"言文一致"的探索的"虚弱的结果"的一种传承，同时也是日本政府通过种种强硬的手段——包括对外战争、国家机构的强行打造等等——的结果。从时间上说，日本的"国语"的形成又极为仓促和富有极大的冒险性：因为"言文一致"本身就是在不确定其方向和结果的匆忙中进行的，同时从属性来看，"国语"的打造、普及又是一种极为畸形的国家利益的扩张，有着极其残忍的一面，那就是对被日本殖民的其他周边国家自身民族语言的非人道的废止和置换。

我们也可以将日本的"国语"同中国的"国语"进行比较，进而加深对其了解。同样被命名为"国语"，中国的国语统一运动的正式发端可以追溯到 1903 年，当时清政府的《学堂章程》开始规定"各国语言，全国皆一致……中国民间各操土音，致一省之内彼此不能通语，办事多扦格。兹以官音统一天下之语言，故自师范以及高等小学堂，均于国文一科内，附入官话一门"。1911 年清朝的最高教育机构——学部召开中央教育会议，通过"统一办国语案"，并建议成立"国语调查总会"，审音标准以京音为主。从此，"国语"这一名词开始取代"官话"这一名称。❶1912 年中华民国成立以后教育部成立"读音统一会"和"国语统一思想筹备会"，使"国语"基本有了确定的内涵，按照黎锦熙在《基本教育中国语教育的范畴和特质》中的解释，"国语"所包括的内容为：（1）本国领土全境各种语文为范围，凡在境内的居民属于本国之籍的，与本国人侨居国外的，所操语言都算是国语，这是最广义的国语。（2）于本国各种语言中，以最通行、占人口最多为主要语言，称之为国语。我国的汉语汉文，当然能取得这个资格。（3）将本国主要语言划清时代，现代普用的语文为国语，这就是汉语的普通语以及利用汉语写出来的白话文。（4）于本国现代普用的主要语言中，选择一种势力最大、流行最广的方言为标准国语，其文字的读音须标准化。在我国就是北平语及其"音系"，这是狭义的国语。（5）在非拼音文字并无字母的语族，须创造或采用

---

❶ 刘东方：《"五四"时期胡适的文体理论》，齐鲁书社 2007 年版，第 103 页。

一种通用的符号或字母，以定固有的文字之标准音读或经用标准国语之发音工具。这是指当时拟定的国音字母第一式"注音符号"及右注国音的"注音国字"。在具备这种工具的条件下，就是国语的狭义或最狭义。❶刘东方在评价中国的"国语"概念的形成和确立时指出："我们可以看出，从传统的官话到民国的国语，绝不仅仅意味着语言的名称的简单置换，'国语'概念的提出、定型，包含着政治、经济、文化诸方面的深广背景，'国语'作为一个现代语言概念，其内涵核心便是现代民族国家的共同语，是一个现代民族国家形成的必备条件之一，它本身便具备极强的现代性色彩，从世界范围来看，无论是英、法、德还是美、日，它们'民族国家'这一现代国家体制形式的形成，都与其各自的'国语'出现有着密切的因果关系。"❷

中日两国在"国语"这一个概念上有何相似及相异之处呢？第一，从使用的时间上看，日本的"国语"说法要早于中国，但中国的"官话"的说法要早于日本。但是，正如刘东方所述："官话"并不等同于"国语"。用英文的说法表述，前者为"Official Language"，后者为"National Language"，显然，后者包含并大于前者，着重点更在于Nation、State——"国家"的上面。第二，从民国时期制定"国语"的方式方法上，在组织机构和形式上我们能找到中日之间的共同之处，即都是由政府牵头，都先成立"国语

---

❶ 刘东方：《"五四"时期胡适的文体理论》，齐鲁书社2007年版，第104页。

❷ 同上。

调查总会""读音统一会"和"国语统一思想筹备会"一类的半官方半学术性的组织，在这方面，中国是否借鉴了日本的经验？第三，从"国语"概念的内涵中我们也能找到中日之间的相似性，中国的"国语"定义是从宽广到狭小逐级精致、精准化下来的，即从（1）全域的使用范围（全世界；空间限制），（2）使用最多的人口（汉族的；群体限制），（3）最当下使用的（白话文而不是文言文；时间限制），（4）小区域方言规定（北平的；目标设置），（5）方言用拼音确定（被注音规范后的北平话；标准化控制）等五个方面层层制约，最终使其到达精致，使"被标准化的国都方言"被最终指定为"国语"。这些方法和过程无疑和日本将"东京方言"指定为"国语"做法相似，最大的区别恐怕是在第（3）点：中国的"国语"是取当下之白话文而舍弃上古传统的文言文，是在两种文体中选择现代通用的文体，是二者取一、选一而无须完全重新制作；日本则比中国要困难得多，他们不是在自己原创的文体中二者选一，而是在放弃从异国（中国）借用来的汉文体和尚未最后被"完工"的正在试验、制作中的"半成品"的日本现代文体（普通文）中进行选择、寻找"标准国语"的"标准型"，因此，在"文"的技术层面的要求上日本显得比中国难度更高，时间也更紧迫，尽管日本的"言文一致""国语"运动比中国萌发得要早得多。

　　那么，为什么至今日本还在使用"国语"的概念，而在中国内地"国语"早已被"普通话"代替呢？恐怕我们要回到当初瞿秋白对"国语"概念的批判上面，瞿秋白在他认为"国语"包含的三个含义中只认可"全国的普通话"这一种，而反对其中的"国定的言语"。恐怕在民族种类众多的中国内地使用"普通话"的说法是最恰当的，这或许是历史的自然选择，而在今日的单一民族的日本即便仍通行"国语"的说法，也不会有望文生义而联想一民族独大之虞。

随着"国语"这一章的结束，从第三章到第五章"国字""国文""国语"的三个模块的建立和考察也就完成了，可以发现，在日本近代语言运动的两大使命——言文一致、国语统一，是在这"三个模块"的互动中最终完成的，第一、第二个模块的形成和互动完成了从言文不一致到言文一致的过渡，为言文一致分别排解了汉字、汉文两个"羁绊"，使日本语言中的"硬物"被软化，使文体从混乱到有秩序，使"汉文脉"的比例下降并和"和文脉""欧文脉"相融合相包含，总之使日本完成语言的"现代转型"，也使历史上第一次出现言文相对一致的局面；在前两个模块的成果和第三个模块"国语"的联系和互动中，我们鉴证了日本的"语"的形成，"语"是"字""文"之集大成者，"语"是前两个模块的最终"着陆点"。

从日本明治初年前岛密废除汉字的"建白"到明治初期日本文体上的异常"纷乱"以及在文字、文体改革上的众声喧哗和众说纷纭以及在解决方案方面的"八仙过海，各显其能"，我们仿佛见识了一个明治早期的日本文化上的"春秋战国时代"，不同观念的大碰撞、大辩论、大分解融合。无疑，明治前期的日本在思想方面是"百花齐放"的，是自由的，是如"五四"时期那样众星云集和百家争鸣的，在追求奋发图强和新思想、新潮流时的心态上也是健康的。反映在文体文字上是绚烂的、多元多维的，这个时期的语言运动也是民间的、自发的、心甘情愿的、有趣味的、有看头的。但是，随着语言运动进入"语"的阶段，随着"国"的真正的参与，随着军国主义在日本的恶魔似的出现，语言运动就进入了明治后期和大正年代的"大一统"的时代，在这个时代中语言上的争论被打上了清晰的国家意志的印记，语言已经不能自保，语言的色彩斑斓的百花争艳已经不是国家感兴趣的事情，取而代之的是格式化和形式上的统一，语言在此时已经彻底演变为工具性的东西，已经黯然无色，参与语言论争的人从思想者、好奇者和文人变为了政客和野心家，这时候的日本已经进入了万马齐喑的军国主义帝国主义的时代，这时候的日本文字文化上的多元已经被功利主义的国家集权所把握，这时候出炉出台的"语"，就是无生命无味道无趣味的所谓的"国语"。

从中国人秉持"五四"对比意识的视角我们对日本三大语言模块的运作进行考察，能从它们的运作过程中解读到各个模块前进的艰难，同时由于日本的"近代"程序比中国启动得早，和我国的语言运动相比，可以看到日本语言运动相对的从容性和按部就班——中国的字、文、语的现代运作几乎是在"五四"后一触而发的，是三者同时启动的，而日本的字的改革在先，文的改革随后，二者有多年之隔。"语"的模块的启动是在"普通文"基本形成的 20 世纪初才开始运行的，"语"的模块的启动基本上和中国的"语"的改革不分前后。因此，从参与日本语言变革的人的言论中很少发现中国语言变革参与者所发出的那般的"呐喊"声和背水一战破釜沉舟之情怀。换一种角度说，正是日本先前启动的言文一致程序将其更早地送入了近代国家之序列，因而使日本能够在 19～20 世纪交替的时候对外穷兵黩武、对内实行法西斯统治，而日本之"灾"殃及中国，中国才在"一战"后反对"二十一条"，被迫启动了现代国家的图强的进程，而"五四"之语言革命，不也是日本言文一致的"负能量"的结果之一吗？

第六章

日本近代文学与言文一致

　　第四章曾经介绍了近代著名文学家夏目漱石对汉文中的"余韵"的留恋以及森鸥外在打造"和汉洋三合一文体"时所作的贡献，到目前为止介绍的为近代日本的语言变革、为"言文一致之路"铺砖架桥的主要是思想者、语言学者以及政治家，本章则着重介绍文学家和文学在日本近代的语言变革中发挥的作用。

　　语言是一种传播的工具，参与打造语言这种工具的不仅是学者、政治家、媒体人，更重要的还是文学家，后者和语言之关系往往是最密切的。最好的文学家都是在语言上的"有作为者"，都是语言形式变革方面的"急先锋"。政治家除了言论的工具之外还有行动，学者在思想上的美丽往往要高于他们对文字的揣摩，但对于以"文"为生的文学家来说，恐怕与他们相依为命的，就只有"文"和"字"，因此，文字是文学人的生命。在研究日本近代语言革命问题的时候，文学和文学家所起的作用是不可不察的。

　　关于文学家对语言变革的贡献，近代日本之前的欧洲也为此提供了众多的先例。在意大利语从一种相对于拉丁语的"口语"转变为被意大利统一应用的"意大利语"的过程中，在候选的地区方言中除了最终被选用的托斯卡纳方言之外，佛罗伦萨等其他许多方言也曾是"竞争的对手"，而托斯卡纳方言之所以最终变成"意大利语"，写《神曲》的但丁和写《十日谈》的薄伽丘等文学家起到决定的作用，正如彼得·伯克所言："最后，托斯卡纳规范取得了胜利。这显然要归功于但丁、彼特拉克和薄伽丘等人在文学上取得的成就，因为意大利的其他地区无法与之比肩，因而在这座天平上加上了一块重重的砝码。""但丁、彼特拉克和薄伽丘的文

学成就可能出于政治原因而被利用，……但是，托斯卡纳语之所以有吸引力，从其根本上讲是文化而不是政治或宗教的原因。"❶

日本近代文学和语言革命是一种什么样的关系？在近代语言的变革中文学起到了什么样的作用？语言发生了变革之后又反过来对文学产生了什么样的影响？这些都是被反复提出又被反复回答过的问题。本章写作的目的并非给出这些问题新的答案，而是试图通过对言文一致运动中的文学所扮演的角色的考察和反思，将语言和文学之间的关系作出一种较新的诠释和展示。我们将从著名文论中的言文一致观念、从坪内逍遥的《小说神髓》说起。在一定理论性的探讨之后，再将焦点转向语言和文学互动实践的案例分析，将试图分析在语言变革期间起到过分水岭作用的作家和他们的作品——比如分析山田美妙的语言观和二叶亭四迷的作品《浮云》和言文一致的关系，通过对这些具备划时代意义的文本产生过程的研究，就能将对语言的考察和对文学的考察放置于历史的时间的"轴"上交织地进行，并由之，形成一种与单独考察语言和文学截然不同的视点，即"文学的语言"和"语言的文学"。

鉴于本书第三、第四、第五章中已经建成近代日本语言变革的从"字"到"文"再到"语"的逐级递进变化的"三大模块"，关于日本文学和语言关系的考察——在尽量做到不牵强对号入座的前提下，本书也试着将发现的文学现象

---

❶　［英］彼得·伯克：《语言的文化史》，北京大学出版社2004年版，第137～138页。

纳入到"三大模块"之中。这无疑是一种尝试性的工作，有一定的风险性，但是，研究新形式上的探索或许会带来意外的"惊喜"和收获。

第一节　近代文学家对言文一致的推动

近代日本语言的变革必然会和文学发生关系吗？本节的讨论将从一些当时著名学者的论证开始。

一、关于文学改良和言文一致的必然联系的讨论

樱痴福地源一郎（1841～1906年）在日本文章史上是仅次于福泽谕吉的、开拓"平俗新文体"的文体家，他坚信"文章者辞达而已"的信条且向往言文一致，他在其担任社长的《东京日日新闻》上发表了大量的关于文体平易化的意见。在明治七年（1874年）十二月二日的《文论》一文中，樱痴福地源一郎提出了具有划时代意义的文学改革论，指出日本的言文一致和文章的真正出路在于文学的进步，说日本之所以尚无法与欧美人和"支那人"在"文之业"上平起平坐，并非是由于日本人的文章手法拙劣，而是由于日本的"文学"水平的低下。

樱痴福地源一郎在《文论》中关于文学改良和言文一致的论点的提出证明日本的言文一致的追求和文学整体水平的发达与否从事文学事业的作家们的所作所为从一开始就有

着必然的联系，而实际上，从小说到诗歌、从民间杂谈剧到现代话剧直到文章中的"文末辞尾"在各个时期的变化，日本的"言文一致"运动从始至终就和文学是一对同体双生儿。

"自由人权"运动中的自由经济学家田口卯吉是日本近代史上著名的自由经济学家。同时，他也是使用罗马字的倡议者和最早的新文学改良主义者。田口卯吉在明治十八年至十九年（1885～1886年）的《东京经济杂志》上继《日本开化的性质》之后又连载相当于前者的续篇的《艺匠论》。就像在提出使用罗马字时那样，他同样主张在艺术方面放弃"贵族式的"传统，用自由平等的理念和与新时代相适应的新的艺术观念改良包括戏剧、音乐、工艺美术、风俗等所有艺术。在该书的"文学之部"一章中，田口卯吉先对日本近代纷繁的文体乱象进行了点评，认为文体的纷乱是导致日本人文学想象力不发达的主要原因之一，为了能发挥文学的想象力，就要采用能够为思维的自由发挥提供最大便利的、具有充分表达功能的"言文一致"的文体。而文学的语言要想充分具备艺术的"味道"就必须能够将普通语言最忠实、最自由地记录下来，就必须和世俗的普通的语言保持一致，就必须口语化，只有那样，才能推动日本近代"新文学"的改良和发展。上述论点表明田口卯吉不仅认识到语言的"言文一致"化的变革不可避免，而且还将语言的变革和新文学的产生联系到一起考虑，认为语言的变革是文学变革的出发点。

田口卯吉是日本近代最早将语言的改良和文学的改良二者联系在一道并作出随着语言的变革，文学也将随之变革的预言的思想家。他的文学观也是最早的"写实主义"的文学观。出于自由民权主义者的立场，他强烈地呼吁从封建式的诸多旧文体中尽快解放出来，尽早地创新出能促使近代文学革命的言文一致的新文体。

关于文学界和"言文一致"，明治二十八年（1895年）大西祝在《太阳》杂志上发表题为"文学上的新事业"（"文学上の新事業"），在这篇文章中他呼吁日本文学界投入到文字的改革之中并为其作出贡献。明治二十八年是中日甲午战争发生之年，也是日本语言改革因日本的战胜而从式微中起死回生之年。这反映在语言学者身上是上田万年借助这个时机发表《标准语论》以及大西祝用这篇文章和他的应和，他不仅双手赞成上田万年的语言改革倡议，还号召以"日清战争"为契机，使日本的"国语改良"和"文章革新"获得新发展的"机运"。大西祝认为明治二十八年应该是日本文学史上重大的事业开创之年。他指出日本之所以在文学上还没有诞生出"雄篇大作"，之所以在世界文坛上处于劣势，是因为日本的文章语言和文章的形式不完备，因此必须进行大力的改良。虽然"言文一致体"和"罗马字杂志"都因为招致不满以失败告终，但呼唤改良的原因却不可漠视。大西祝指出日本之所以出现文章上的混乱，是因为有人企图用"中古文"作为基础的语法来规定现代文章的书写，这样做的结果虽然能短时解决混乱的燃眉之急，但作为长久之计一定要如上田万年所说，要制作出"标准语"并使用确立后的"标准语"的文体进行文学创作，这才是日本文学获得"永久发达"的必由之路。他希望在这条路上能诞生出大诗人、大散文家和"大文章家"。大西祝还呼吁对文学语言中的言辞进行革新，用"实际生活中的活用语言"代替那些中古文字的格律和陈词滥调，指出"言文一致"并非毫无根据的幻想，使"活语言"和文章语言更加接近是新文学最可取的方针；尽管"言文一致"在动词词尾的确定上出现了一些难题，但只要文学家们认定了创作出"标准语"的必要性并齐心合力地为之奋斗，就一定会得到预期的成果。还有，文章改革需要的是两三个有影响力的文学家的发动，只要他们刻苦努力地为之，就一定会使文学界的"气运"大转，因此应该一扫对"美文"和文章的迷信；只要将"活生生的语言"使用在文学创作中，那么日本文学发展的"大基础"就能被奠定❶。

大西祝的这篇文章仿佛是一篇号召文学工作者投入到语言变革中的檄文，从文章的语气中我们至今都能感受到甲午战胜之后日本从上到下的"振奋"和跃跃欲试；从这篇文章中我们同样能解读出直到19世纪最后几年，在日本尚无文学"大作"出现，也还没有被公众认可的"大诗人和大散文家"，而没有大文豪、大作品作为见证物和传播工具的任何一种新的文体都有着很大的不稳定性，由此可见，日本虽然在甲午之后对文体的探索已经进行了近30年之久，在名著出炉之前还是站在文体的十字路口上犹疑地观望着。由此，我们也能联想到但丁的《神曲》、路德的《圣经》和鲁迅的《狂人日记》、胡适的《两只蝴蝶》作为新文体的"范本"的重要意义。

---

❶　大西祝："文学上の新事业"，载《太阳》第一卷第三号，明治二十八年（1895年）三月五日。明治文库藏。

其实，除了大西祝所渴望看到的"大作"还没有着落之外，进入明治时期之后，日本的文学界在言文一致上并不是完全无所作为的，也陆续产生了很多用新的言文一致文体写作的作品。

前期的"言文一致"的实现是在语法上，也就是在"文末辞法"上的。这方面日本小说从"旧词尾"发展到言文一致的"新词尾"的路径总体如下：明治十九年（1886年）二叶亭四迷和山田美妙开始了言文一致小说的创作，受他们二位的影响，明治二十一年、二十二年进入第一个高潮，涌现出包括嵯峨の屋、森鸥外、岩谷小波、广津流浪、石桥思案等30多位用言文一致体进行创作的作家，他们的"言文一致体"的作品被大量发表于《我乐多文库》《文库》《小文学》《以良都女》《国民之友》《新小说》《女学杂志》《文明之母》《小说萃锦》等刊物上面，但是进入明治二十三年（1890年）以后，由于雅俗折中、和汉洋三体调和、欧文直译、新国文运动等"非言文一致体"的势头凶猛，"言文一致体"被压制后陷入低潮。明治二十五年（1892年），"砚友社"的旗手作家尾崎红叶在小说《二人女房》中尝试着使用了代表言文一致的结尾词"である"并在明治二十九年（1896年）的小说《多情多恨》中将其完善，在他的影响下"言文一致热"再次兴起，许多新老作家纷纷效仿，明治二十九年"言文一致体"已占到24%，明治三十四年言文一致体占到60%❶。明治四十年（1907年），文学

---

❶　［日］山本正秀：《言文一致の歴史論考》，（东京）樱枫社昭和四十六年（1971年）版，第256页。

杂志《文艺俱乐部》《新小说》上"言文一致体"小说已占98%，"言文一致"不仅在总体上占据绝大多数，而且"言文一致体"本身也具有各种独特风格的发展。这时候"自然主义文学"的"气运"大涨，新的文学潮流和新的语言表现形式形成互动，将"言文一致"的地位牢固地确立起来。

需要注意的是，以上所说的"言文一致体"大多是指象征"言文一致"的系动词的"文末辞法"，这是一种日本语特有的语法现象，而不见得就是言文一致的口语体的文章。这就充分反映了日本言文一致过程的复杂性和对其进行研究时候的"分离性"。笔者所谓的"分离性"是指在进行日本言文一致研究时，需要将"文末辞法"这类象征性的、局部的"言文一致"和整体性的"言文一致"区别对待。许多日本学者由于本身是日本人，"身在此山之中"，他们在探讨言文一致问题的时候往往谈论的是局部语法的言文一致，而不是整体的文体上的"言文一致"，要时时注意二者的差别。虽然"文末辞法"是言文一致的标志性的语法现象，但仅仅是词尾变了还远远不是真正的通篇文章的言文一致。

那么，文体上又是怎样探索言文一致的呢？由于明治初期的日本是文体上的"春秋战国时期"，文体的复杂性导致言文一致之路上的荆棘密布。关于言文一致文体和文学的关联，明治四十年（1907 年）六月一位署名"XYZ"的人也在《文章世界》上发表了一篇题为"过去二十年间文章的变迁"（"過去廿年間の文章の変遷"），对明治二十年之后日本文章如何从混沌的状态经历过种种的跌宕起伏直到明治四十年"言文一致"终于占据不可动摇的地位的过程进行了一番梳理。XYZ说日本近代文章的主要流派最初起始于明治二十年，"开局"的象征是在这一年文章界混沌地继承了江户戏作文学的"戏作者一派"的文章，随之而来的是《佳人之奇遇》式的"汉文直译体"、《经国美谈》式的记事文体、英国政治小说的翻译直译体、《当代书生气质》的"直写风"的文章，然后是山田美妙的"です调"和二叶亭四迷的"だ调"等两种"言文一致体"的出现，稍后是嵯峨の屋的"ありません调"的出现。接下来的就是坪内逍遥在《国民之友》上发表的《细君》，那是一种"滑脱自在的雅俗折中体"。同时森田思轩翻译的侦探小说在当时的一部分年轻人中风靡，随后是受"西鹤调"影响的尾崎红叶和幸田露伴等人的"雅俗折中体"的兴盛，其代表作就是尾崎红叶的《二人女房》中使用的"である"。"XYZ"说明治二十九年（1896 年）之所以是"言文一致"的"自觉期"与"日清战争"的胜利有关，是出于对"国运讴歌"的需要，文学希望打开"新面目"的欲望当时"来势凶猛"，由此"言文一致"凭借一股"独往的义气对文章界发动了侵略，由此到达今日的地步"。其原因是文学从以前的为文学而文学、为文章而文章的"无意义"的艺术，变为了尊重事实和文章之间的密切关联的具有实用性的手段❶。此处，可以看到决定日本近代文体转型的"三大因素"中的"战争因素"的影子。

从"XYZ"对言文一致与文学的关系的梳理和点评中，可以看到二者十分清晰的因果关系下的互动，这主要是在文体上朝言文一致方向的变革方面的，同时还能发现日本的言

❶ ［日］XYZ："過去廿年間の文章の変遷"，载《文章世界》第二卷第七号《月旦》。明治四十年（1970 年）六月十五日。

文一致是一个超出一般"文体"意义上的综合性的概念，这与西方和中国"五四"时期的"文体"的概念是不尽相同的，其中既包含着"文类""风格"等普遍语言学文学上的内容，又包括词尾（文末辞法：です、だ、である）这样的"日式"黏着语特有的语法现象，这在欧美、中国的语言文学互动变迁中是没有过的。但是，从后文对山田美妙、二叶亭四迷、尾崎红叶等对"文末辞法"的变革起到很大作用的作家们在实现言文一致过程中的参与所做的描述中会发现，"文末辞法"的取舍和革新对日本的文体变革和言文一致的实现确实起到了不可或缺的作用。

由此日本的"文末辞法"这种超出以前所说的"字—文—语"的"三大模块"的、对言文一致的进程关系重大的语法现象的存在，使"中日语言转型模式"出现一个新的"变数"，不妨将之归纳到"日本模式"之中，于是，在中日共同的"字—文—语"之外，"日本模式"又增加了"文末辞法"这样一个新的考察维度，换句话说，我们能够将那些参与过近代日本语文转型的作家以及他们的作品分别按照"字、文、语、文末辞法"几种项目进行归类并评估之。

二、明治时期著名文人对言文一致的贡献

从某种意义上说，作家是一种新形式语言的助产士。如果说樱痴福地源一郎、田口卯吉、大西祝、"XYZ"等"思想者"们将文学和语言变革的关系联系到一起考虑，所做的工作是将文学的种子埋进语言的大地的话，那么这颗种子要想生根发芽，还有赖于文学工作者——也就是作家们的辛勤劳作。

以下将逐一介绍坪内逍遥、山田美妙、尾崎红叶、岛村抱月、二叶亭四迷等明治时期日本最重要的作家在"言文一致"问题上的态度并说明他们是如何通过创作实践推动言文一致的进程的。

1. 坪内逍遥

坪内逍遥是日本近代文学界著名的文论家。坪内逍遥在明治十九年（1886年）出版的《小说神髓》中表现了他对"言文一致"的旁观主义的态度。在《小说神髓》中他认为言是灵魂，文是形式，俗语是七情六欲化妆后的表现。和俗语相比，他对谈话体的兴趣更大一些。他说俗语是好的，但可惜世人没有把俗语的不便之处去除出去的方法，因此他翘首期待"本党"的才子中有人能尽快发明"新俗文"。在《小说神髓》里讨论"俗文体"时坪内逍遥对通俗的文体采取了折中的态度，一方面他指出了俗语的好处，另一方面他又对直接采用俗语持保留态度，指出："俗文体是用通俗的语言直接写成的作品。所以文字的意思平易，不仅有易懂的好处，而且具有活泼生动的力量。至于说到修辞中所必不可少的简易明快的风格，则更是它的一大长处。既有峻拔雄健的气势，又有足以唤起追怀爱慕之思的风格。不仅如此，有时它会与音调、气韵结合在一起，与情趣相适应，曲尽表现内心深处感情之妙。正因为如此，不仅泰西各国，就连中国，在小说中，除了叙述部分的文字外，尽量使用通俗的语言，来刻画事物。虽然俗文体好处是如此明显，但无奈我国还未走上言文一致之途，结果造成文章中使用的语言与日常的日常生活中使用的语言，宛如冰炭之两不相容。因而，如果照搬生活口语来写文章，则或失之音调的乖离，或失之气韵的野鄙，使得极为风雅的着想，变得十分粗野，大多被人讥为俚鄙猥亵，而且我国与西方国家不同，语言变化十分激烈，即使在几百里以内，方言的异同简直就和英语与法语的差别一样。因此在写历史故事时使用这种俗文体，可以说是非常不方便的，甚至是不适当的。不过，如用这种文体写当代故事（世态物语），则似乎可以取得情文并茂的很好效果。即使这样，如果不使用某种折中办法加以仔细斟酌，也是很难达到所期目的的。"❶

　　坪内逍遥在《小说神髓》中的这段关于"俗文体"的论述表露了他本人以及他所处时代对"俗文体"以及对"言文一致"的非常具有代表性的观点和态度。首先，坪内逍遥是深谙"俗文体"的好处的，不仅如此，他还注意到"泰西各国"以及中国都全部或局部地将通俗的口语引入文章的事实，同时，有心将俗语应用到日本文章中的坪内逍遥也感到了"尚未言文一致"的日本的"无奈"。此处的"尚未"，向我们表露了坪内逍遥对日本未来也应该仿照泰西和中国走上"言文一致"的某种预期，但同时他又对立刻照搬泰西和中国的榜样将日本的文章通俗化、"言文一致"化表现了戒备和焦虑，因为他知道日本是个"多方言"的、尚未有统一的语言的国家，一旦未经整合的方言都泥沙俱下地进入到日本的文章里，那么"俚鄙猥亵"的命运是不可避免的。

　　值得留意的是，坪内逍遥这种对方言和没有统一语言的提醒正是日本多年后打造统一的"国语"的动机的缘由。那

---

❶　［日］坪内逍遥著，刘振瀛译：《小说神髓》，上海译文出版社2010年版，第107～108页。

么坪内逍遥思量再三后所采用的"折中的方法"又是什么呢？他接下来说："使用俗语来描写作品中的人物对话是可以的，至于叙述部分（在我国俗语进行一次大改良之前），是不可以用俗语来写的。因为我担心这样会有碍于我国物语的进步。"❶显然，坪内逍遥所提出的"折中方法"借鉴了中国传统小说所采用的只在对话中使用俗语和对话体的方法。同时，"在我国俗语进行一次大改良之前"这句话中所隐含的是他对日本即将进行的、已经初露端倪的文体改良——"言文一致"运动的热忱的期待。

　　坪内逍遥对"言文一致"作为日本未来的文体的期待还表现于他对当时一些作家在新文体方面进行探索的密切关注，在他精心整理出来的"明治二十二年文学大事记月表"（明治廿二年文学上の出来事月表）中，他用"鸟瞰"的方法对当时小说界的革新进行了梳理，他在开头写道："今日之小说已变为新文学之骨髓，且与从前的'和汉文'迥异，其中包含着吾等未来文学之端倪。"❷紧接着，坪内逍遥还在《读卖新闻》上发表文章"明治二十二年文学界（主要是小说界）的风潮"❸，在该文中他细致地将山田美妙、思案外史、柳浪子、二叶亭四迷、森鸥外等尝试用"言文一致体"写小说的作家按照他们的师门和风格梳理成若干派别并对他们所作出的努力和探索进行了积极的评价。但是坪内逍遥对

❶　［日］坪内逍遥著，刘振瀛译：《小说神髓》，上海译文出版社2010年版，第111页。

❷　《读卖新闻》（丛译），明治二十三年（1890年）一月十三日。明治文库藏。

❸　同上。

完全用"言文一致"代替"雅文"也怀有忧虑，在坪内逍遥的另一篇和文体有关的文章《文章新论》中，他对当时正在开展中的"言文一致运动"也采取了回避的和止步不前的保留态度。

明治三十九年（1904年）"文学博士"坪内逍遥又发表了一篇《言文一致论》（《言文一致について》），在这篇文章中坪内逍遥将当时通行的"言文一致体"分成A、B、C、D四大类并一一进行点评：A类是指演说速记体的"言文一致"，其缺点是琐碎冗长；B类是将文的上半部从文章中截取，只是在结尾处用上日常口语的"语尾"，整体上难说是真的"言文一致"；C类是那些把日常对话原封不动地写成文章的"言文一致"，其缺点是平淡无味，只能用于少儿读物；D类是经小说家在小说中打磨出来后再使用的"言文一致"，是四种类型中最为成熟的。在以上四种"言文一致"中最被坪内逍遥看好的、他认为能作为今后"言文一致"的"基石"的是C类，他将之称为"俗文体"或者"口语体"。因为这种"俗文体"不仅语法是一定的，而且避开了那些难于听懂的常被混用的汉语、雅语和鄙语的词汇，只要耳闻就能达意，其长处是直率、不加修饰和没有工匠气，因此对于坪内逍遥来说是最不令他厌烦的那种"言文一致"，在修辞上也是最为"纯正"的一种。对于从作家笔下产生的"言文一致"也就是D类，坪内逍遥将之视为"美文"，指出其语法上太个性鲜明和有些杂乱的缺点，但只要能将其"统一调和"，坪内逍遥对之也基本认可并认为十分"有趣"。同时他指出小说家笔下的"言文一致"的问题在于它（小说）难于作为"世间一般的文章的模范"。明治三十九年（1904年）

之时"言文一致"已经得到很大的推进，大有向一切领域进军的态势，坪内逍遥对全面实施"言文一致"仍持保留态度，说除非在"非言文一致"最后几块阵地——新闻的"社说"、诏书、法令等所有方面"言文一致"都能用其能够自由表达思想、深刻、细腻等优点彻底取代汉文和雅俗折中文的典雅、庄重、跌宕、雄浑等"本领"，就还未到说"言文一致全天下万岁！"的时候。但是此时的坪内逍遥也并未把话说死，他还替"言文一致"出谋划策，说要想全方位"言文一致"，"第一着"（第一招儿）不妨从用口语文翻译《古事记》《论语》《佛典》《圣经》、诏书、宪法等入手。坪内逍遥指出"言文一致"的最大不成熟的地方是敬语的词尾，无论是"だ"还是"である"都非常不自然，"です"虽然是非常口语的，但听起来有女里女气的感觉，极为轻佻。针对那些把"汉语"和"言文一致"绝对对立起来的人，坪内逍遥说即使是追求"言文一致"也并不是仅仅局限于"俗谈平语"，那些大家已经非常熟知的汉语完全可以作为"优秀的日本语"来使用，因为如果把那些汉语全都排除的话是难于表现复杂、精致和新思想新感情的。他还建议在创作"新熟语"的时候也把汉语作为基础。除此之外，坪内逍遥还对"言文一致"下一步如何展开提出了许多具体的建议，比如起草"标准语"的方案、编纂俗语辞典，作家应该在现有的"美文"的基础上更上一层楼等❶。

　　作为从明治初期就在文坛上执牛耳的坪内逍遥在明治三

---

❶　［日］坪内逍遥："言文一致について"，载《文章世界》第一卷第四号《论说》，明治三十九年（1906年）六月十五日。明治新闻杂志文库藏。

十九年发表的这篇"言文一致论"是非常耐人回味的，可以说是高屋建瓴，既保守又不守旧，既保留又创新。我们能从坪内逍遥的文辞中读出他顺通文体自然发展的姿态，对"言文一致"他既不全盘接收也不顽固拒绝，在一定程度上还对之抱着期望，同时坪内逍遥也为"言文一致"的实施提出了老一代文人的可行的建议。尤其是对待"汉语"，坪内逍遥是为数不多的提出汉语和新思维、新感情并非"水火不相容"的人，恰恰相反，他说以汉语构建"熟语"恰好是"求新"的良好手段。而日本现行的普通文的"文脉"基本和这篇坪内逍遥写于明治三十九年的文章的构思一样。这恰是名家在历史上的风范和作用。从写作实践上看，在坪内逍遥创作的小说《此处やかしこ》里虽然他也使用了大量的具有口语文脉的描写方法，但结尾词还仍然使用传统的"戏文调"的文语文的结尾词"なり、けり"，所以说应该被视为一种具有"言文一致"的成分但依然守旧的过渡性的文体。究竟《此处やかしこ》能否被视为"言文一致"小说呢？即便含有大量的"文语文"的残余，由于《此处やかしこ》作者在前半部分中的思维方法和表现手法是口语化的，山本正秀认为该小说也可将其视作一篇"言文一致"的小说。❶

从以上对坪内逍遥在言文一致问题的态度的点评中，或许能够发现在建立"字—文—语"的三个模块（中日通用的）以及日本独特的"文末辞法"的模块之后，就可以用这几个模块将日本作家和言文一致的关系以及对语言革新的态

---

❶　[日] 山本正秀：《言文一致の歴史論考》，（东京）樱枫社昭和四十六年（1971年）版，第131页。

度"对号入座"。比如可以把从坪内逍遥认为"汉文"和"和文"能够和平共处的说法看做他在"汉文"的存留问题上持中立的立场，之后，从坪内逍遥对"多方言"发表的意见可以推断他对未来"国语"模式的焦虑，以及从他对"だ""である""です"等"新潮"的"文末辞法"的抵制、坚持使用旧式的"文末辞法"这一点，可以解读出他在形式上所持的保守态度。总之，"模块"为我们提供了一种比较便捷和抽象的思考途径。

笔者发现坪内逍遥在"文""语""文末辞法"等几个方面全是持中立立场的，他的保守主义立场和我们前文讨论过的夏目漱石比较相似，一般来说这是一个规律，即持中立态度的人在语言变革的各个层面上都始终如一，但当我们观察尾崎红叶的案例的时候就会发现也是会出现特例的。

2. 山田美妙

山田美妙是砚友社中最具有影响力的人物之一。他的文学业绩主要表现在两个方面，一是力主提高日本的小说和小说家的地位。在对西欧小说和日本小说的社会地位进行比较之后，他认为日本的小说在社会上的地位极低，充其量只是茶余饭后的材料，而西欧的小说中则蕴含着深奥的哲理。因此他认为有必要对小说进行改良，提高小说的地位，使其为改造社会服务。山田美妙的第二个文学业绩就是大力倡导言文一致。他反对当时翻译文中使用的生硬文体，主张言文一致是文明的标志，他提倡使用俗语写文章，但同时认为使用俗语也应有一定的规则，如果能够巧用俗语，其效果也不亚于雅语，因此他认为应该同时使用雅语和俗语，以适应新时代文学的要求。因此，山田美妙是一位公认的日本"言文一致运动"中的代表性文学家。山田美妙的代表性作品有《武藏野》和《夏木立》。在小说《夏木立》中，山田美妙开始进行"欧文模仿"，也就是采用欧式的"言文一致"的文体进行创作。山田美妙之所以被认为是日本近代文学上的第一位用"言文一致"的方法从事小说创作的作家、是"言文一致"小说的创始人，是由于他在小说《风琴调一节》中使用了"だ、がそれだ"的手法，而《风琴调一节》也被普遍认为是日本"言文一致"小说的"处女作"。但根据山本正秀的考证，《风琴调一节》的实际发表时间是明治二十年（1887年）七月，而不是山田美妙自己所说的明治十九年（1886年），也就是说，《风琴调一节》的发表时间要比二叶亭四迷的《浮云》的发表时间晚一个月，后者的发表时间是明治二十年的六月。除了小说创作之外，山田美妙还写了《言文一致论概略》，从理论上加以论述。"他与二叶亭四迷在理解西欧近代文学及其文体的基础上，打破旧文学雅语、俗语的严格区分，为首创言文一致体，推动文学近代化的进程而作出重要的贡献。"❶

什么是山田美妙力主"言文一致"和文学变革的原因呢？第二章论述的"言文一致三大起因"中的"世界潮流、西方影响"在山田美妙身上发生了很大的作用。作为最早进行言文一致小说和诗歌创作的"大文豪"之一的山田美妙承认自己受到英国乔叟的影响。山田美妙在明治三十九年（1906年）撰写的《明治文学的摇篮时代》（《明治文学の

---

❶ 叶渭渠、唐月梅：《日本文学史·近代卷》，经济日报出版社1999年版，第149页。

摇籃時代》）中写道："说到文字改革的动机，其中之一是我最初在西洋的文章中发现了言文一致体。之后，在阅读英国文学史的时候，我发现诗人乔叟的肖像是那么的伟岸。乔叟才是改变英国文体的鼻祖，正是此人积极主张文章的通俗化。他是创造今日英文的大功臣！英国几百年前就出了乔叟那样了不起的人物。我痛感日本至今还没产生一个乔叟式的进行俗语改革的人物。这是非常令人遗憾的。"❶

对山田美妙产生过影响的另一个英国作家是《失乐园》的作者弥尔顿。在《言文一致的牺牲》（《言文一致の犠牲》）一文中，山田美妙写道："在阅读弥尔顿的《失乐园》的时候，我先阅读评论家们的解说文，然后，再阅读巴库鲁（バクル）撰写的《文明史》和马克莱（マコーレー）撰写的和《失乐园》相关的历史论文，琢磨他们写文章技巧的巧拙，并从中发现笔力的强弱等各个方面的细节。"❷在同一篇文章中，山田美妙再次介绍了他积极推动言文一致的动机："说到推动言文一致的动机是什么，首先是因为我注意到西洋人写的文章都是言文一致的。"他再次述说了乔叟对他的影响："另一个，就是在浏览英国文学史的时候，眼前浮出的诗人乔叟的肖像。乔叟主张撰写俗语文章，他是英国文坛上为今天英语奠基的大功臣，在阅读他传记的时候，我是受了多大的刺激呀！我当时就下定决心，一定要像他那样，在

---

❶　［日］山田美妙："明治文学の摇籃時代"，载《中学世界》第九卷第十五号《作文丛话》，明治三十九年（1906年）十一月二十日。昭和女子大学近代文库藏。

❷　［日］山田美妙："《言文一致》の犠牲"，载《文章世界》第二卷第十一号。《文话诗话》，明治四十年（1907年）十月一日。

文章界用通俗文（日语：俗文）立足！"接着，山田美妙还说到英国人张伯伦（Champlain）对他的影响："这时候，身为大学教授的 Champlain 在《罗马字杂志》上发表了以'文明和言文一致是不可分割的'为主旨的论文，他接二连三地发出了言文一致的呐喊。"❶

　　可以说正是在这些西方文豪的"榜样力量"的感召下，山田美妙才走上了言文一致的道路。

　　那么，在山田美妙和二叶亭四迷两位大家推崇的"言文一致"小说的"创始者"之间，究竟谁应该作为"言文一致"小说的首创者而被载入史册呢？山本正秀认为日本近代史上的第一篇"言文一致"小说既不是《风琴调一节》也不是《浮云》，而应该是山田美妙的另一篇小说《嘲戒小说天狗》。《嘲戒小说天狗》的发表时间比前两篇都早，从明治十九年十一月到明治二十年七月被连载于当时著名的《我乐多文库》（《我楽多文庫》）上面。从时间上看它比《风琴小说一节》和《浮云》更早。那么，为什么说《嘲戒小说天狗》是一篇"言文一致"性质的作品呢？虽然《嘲戒小说天狗》中没有象征"言文一致"的诸如"だ、がそれだ"一类的词尾，但从句式上看非常的口语化的"口语文脉"，句子极其长，"语尾"十分少，断句也十分少，也就是说每一个句子都被写得超长而迟迟不作终结，由此可以看出，山田美妙在写作《嘲戒小说天狗》的时候正处于从古典的"马琴调"向着"言文一致体"、口语化文体的方向转型的重要时期。和

　　❶　［日］山田美妙："《言文一致》の犠牲"，载《文章世界》第二卷第十一号。《文话诗话》，明治四十年（1907 年）十月一日。

在《夏木立》中进行欧式笔法的模仿不同的是，在写作《嘲戒小说天狗》时山田美妙还没有十分明确的进行"言文一致"的欧化文体创作的意识，他只是在进行着口语化的实验和摆脱古典文体束缚的尝试，因此在小说结尾的地方就表现得十分迟疑，致使大段大段的句子之间没有句点。这反映出作家在如何进行结句时候的苦闷心态和犹疑不定。令现代人诧异的是，作家有时候在"だ、です、ます"里面的究竟使用哪一种结尾词都表现得犹豫不定。❶ 基于这些，山本正秀认为虽然《嘲戒小说天狗》不能完全算是"言文一致"的小说，小说写得也比较幼稚，但山本正秀认为这篇小说中留下的种种超长的、口语化的句子却恰恰反映出日本近代文学最早的从文语文向口语文转型的迹象，是破坏旧文体建立新文体和"言文一致"的胎动，这篇小说不愧是"言文一致"草创期最有价值的作品。由于《嘲戒小说天狗》的发表时间要早于坪内逍遥的《此处やかしこ》，山本正秀认为日本近代的第一篇"言文一致"小说的诞生时间是在明治十九年（1886年）年底，是由山田美妙创作《嘲戒小说天狗》的时间起算的❷。

从山本正秀对"言文一致先驱"判定的标准来看，我们发现日本学者在进行言文一致的论证时是从两个方面考虑的，第一是"文"本身是否是口语化的，第二是"文末辞法"的选择。虽然山田美妙在"文末辞法"方面不符合"言文一致"的

---

❶　以上三种都是现代日语中最常用的系动词的形态。

❷　［日］山本正秀：《言文一致の歴史論考》，（东京）樱枫社昭和四十六年（1971年）版，第138页。

尺度，但是在"文"的口语化的追求上他是先于二叶亭四迷的。

山田美妙的文学创作是和他在"言文一致"理论上的认知并行的。在持保守主义立场的辰巳小次郎发表《驳言文一致论》之后，山田美妙于明治二十一年（1888年）在《学海之指针》发表《言文一致论概略》，对辰巳小次郎的"反动"言论进行直接的反驳。由于当时争论的焦点是究竟是走保持住"文语文"的构架，只是在其中增加平易度的"普通文"的"改良"的道路，还是走彻底摆脱传统的"文"的结构，完成在"俗语"的基础上再行建构起一种新的文体，也就是"言文一致"的"改革"的道路，山田美妙对那些对"俗语"怀着质疑心态的人的论点逐一进行驳斥，并用非常令人信服的例证证明在东京话的基础上对文章进行改良是完全可行的，同时他还对俗语的文法进行了潜心的研究，并用其研究成果对那些认为"俗语无论如何都是丑陋的，雅语怎么说都是优美的"的人的顽固意识进行了有理有据的反驳。

以上是山田美妙在"语"这个问题上的作为。他所提出的采用东京方言作为通用语的说法在时间上是比较早的。

除了在"概略"上力主"言文一致"之外，山田美妙还是一个文法学家，他发表的《日本俗语文法论》，以十分严谨的态度和十分专业的水准探讨俗语中形容词和副词三段变化的规则问题，比如在从中国传到日本的词汇前加"ご"的前缀用以表示敬体，在日本的固有词汇前加"お"的前缀表示敬体，以及如何使用"だ"和"です"一类的"文末辞法"等。由于语言发生巨大变革时旧的文法体系和新的文法体系之间有一个如何衔接的问题，因此山田美妙在"俗语文法"上的这些建树在当时是十分必要和急需的，他在论文中讨论和制定的一些规则至今还在应用。

明治二十三年（1890 年），山田美妙还在《文》杂志上和反对"言文一致"的代表人物儿岛献吉用多篇文章进行论战，后者对山田美妙大肆攻击，其主要论点是：

（1）攻击"言语"，将"鄙俗、微弱、冗长迂远、复杂支离"等"言语"的毛病看做"文章"中本应该有的"雄健、简洁、繁切、庄重、变化、高明、精微"等优点的对立面，认为前者不适用于"百世流传"。

（2）攻击山田美妙的西方"理学隆盛"得益于乔叟、莎士比亚等文学家的贡献的说法，说真正的功臣应该是培根、洛克等哲学家。

（3）儿岛献吉用中国的文章史应对山田美妙对"言文一致"文章史的看法，说中国在西周之前的确有过"言文一致"的历史，但西周之后文章和"言"分离并得到独立的发展，这是文明进步、"文运进步"的象征，因此要继续实行"言文分离"。

（4）儿岛献吉认为"文为言之花"，文章是语言升华的成果，他还主张"文章即美术"。所谓"文章即美术"是说文章和"言"之间的关系就如同景物和绘画一样：绘画不同于如实摄取图像的写生和白描，好的绘画作品一定要在景物的基础上加上画家的奇思妙想和艺术加工，因此他坚决反对山田美妙所说的"言文一致即语言，语言就是文章"的看法。❶

笔者认为从某种意义上说虽然儿岛献吉上述关于"文

---

❶　［日］儿岛献吉：《文章論》，载《文》第二卷第六号，明治二十二年（1889 年）三月。

章"的态度比较守旧，但其中也有某些可圈可点之处，比如他从根本上说"文"是不同于"言"的，"文"是"言"发展到一定程度后的产物，是高于"言"的，倘若是这样，那么再让"文"回到"言"的地步，不就是倒退了吗？儿岛献吉用中国古典的例子证明自己的观点，说明当时中国文章在日本的"经典性"，其实，在明治时期有关的言文一致可否的大辩论中也有通过论证西方的"言""文"从来就不一致而反对言文一致的，他们认为虽然是拼音文字，西方的"言"和"文"充其量只是比东方的要更为接近而已，但绝不是一致的。这种刨根问底的态度笔者认为应该肯定，而且这种追问应该进行下去。

山田美妙认为儿岛献吉的以上论点都是基于封建等级观念上提出的，其核心是否认普通人拥有读文章和写文章的资格并顽固地以为只有少数贵族才能把文章当艺术品玩味，山田美妙在《文》杂志上连篇发表文章对儿岛献吉的上述保守主义的观点进行一一驳斥，他从时世的变迁和语言的变迁的关系证明口语文要比古语基础上形成的文语文优越得多，而实施"言文一致"是大势所趋。

无论是在欧洲还是在东方，当语言体系发生重大变革的时候，文人所起的作用是不可缺少的，但并不是所有文人都能从文学创作和理论的建构两方面自觉地置身其中，山田美妙无疑是少有的一个案例。他的语法文章有着语言学者的严肃和缜密，这就更是难能可贵了，因为毕竟能集作家和语言学家文采与一身的人不多。

3. 尾崎红叶

说到明治时代的文学，对"砚友社"的了解是必需的。一般从事文学都是个体性的，文学创作也应该是作家鲜明个性的体现，但明治初期的文学团体、以尾崎红叶为"导师"的"砚友社"的作家群体则恰恰相反，许多作家都投到尾崎红叶的"门下"，跟着他学习文学创作。因此，要想知道"砚友社"作家在言文一致问题上的态度，我们就要先知道尾崎红叶的态度。

　　"砚友社"的领军人物尾崎红叶在"言文一致运动"中所起的作用是十分矛盾的，他既是保守派的领袖，坚守"雅俗折中"的保守主义的原则，从态度上始终是"言文一致"的反对者，同时他又是最先将代表"言文一致"的词尾"である"在小说中使用并通过其影响力最终让である体在日本文学中确立下来的功臣。明治二十五年（1892 年）对于尾崎红叶来说是一个"言文一致"和"非言文一致"的分水岭，在此之前虽然他进行过新文体方面的尝试，但结果还是皈依于雅俗折中的"元禄体"，变成了一个追随"西鹤热"的"元禄狂"。尾崎红叶在书斋中高悬"雅俗折中"❶，四个字的条幅作为他的保守主义的"誓言"。由于他是"砚友社"的灵魂人物，在他的影响下"砚友社"麾下的其他作家如柳浪、乙羽、眉山诸人均从对"言文一致"怀有兴趣到跟随他走上复古的路途。尾崎红叶的转折点的起始点是明治二十五年（1892 年），这一年他在《都市之花》（《都の花》）

---

　　❶ "雅俗折中"有若干种形式，明治二十三年（1890 年）"言文一致运动"坠入低潮期后取而代之的"雅俗折中"体指的是以"西鹤调"为中心的"元禄风雅俗折中体"。关于尾崎红叶的"雅俗折中体"，日本学者有不同的观点，其中一种认为他使用的不是真正的"西鹤调"，他的"雅俗折中"和以前文化文政时期的"元禄风雅俗折中"不同，是一种独特的、包含了"俳文和中世的和汉混交文"两种元素的文体。这种文体被他第一次使用是在小说《两个比丘尼的色情忏悔》之中。

杂志上发表小说《二人女房》并在小说中使用口语性质的结尾词"である"。这标志着尾崎红叶从保守主义者向"言文一致"作家的转折，也正是因为这一点，尾崎红叶在近代文学史上被公认为"言文一致"的一大功臣并被百般推崇。❶

其实尾崎红叶并不是第一个在小说中用である进行结尾的作家，《二人女房》也不是第一部出现である的作品，另一位名叫"嵯峨の舍"的作家就早他三年在小说中使用过"である"这个词尾，而且"である"最早大量出现于明治初年的翻译文里，形式为用片假名而不是平假名书写的"デアル"❷，后人之所以说尾崎红叶是である的创始者主要是因为他在明治二十年前后的文坛上的巨大的影响力。

最初尾崎红叶在《二人女房》中使用"である"也是试探性的，而并非源自他企图在"言文一致"的事业中大显身手的自觉的行为。虽然尾崎红叶在小说里使用"である"并客观地成为"である"文体得以在日本文学中最终稳固确立的影响者和推动者，他对"言文一致"自始至终持怀疑和抵触的态度，比如尾崎红叶曾经用撰写小说《读者评判记》的方式虚构出一个"言文一致家"和另一个"雅俗折中家"，让这两个属于不同派别的人物在剧中对话、争论，并通过他

---

❶ 尾崎红叶的文体在明治二十四、二十五年出现转折是有其缘由的，在这两年里他为了突破古典"元禄风"能够表现的界限曾经大量阅读英文小说的译本，从英文小说中他不仅习得了细腻的描写手法，也为他寻找替代旧式"元禄雅俗折中"的自己独自风格的"雅俗折中体"提供了新式的思路。其结果是他缓步地、客观地步入"言文一致"之路。

❷ 日本国语史上最早的デアル出现于室町时期。进入明治时期以后，由于它的平假名形式である被大量用于翻译的文章之中，である又被俗称为"浜言葉"，有些汉语的"洋泾浜"的味道。

们的话语评判孰是孰非。通过剧中人物的对白，尾崎红叶间接地将那个"言文一致家""骂倒"，将其说成是个粗俗的、难登大雅之堂的人，并通过这种方法表达了他自己对口语文的态度。尾崎红叶始终将"言文一致体"视为"素人"、即文学"门外汉"使用的表现手法，始终坚持以"雅"作为文学作品品质的评估尺度，认为文学上的"玄人"（高人）笔下的文章应该是具有"韵致"和"余情"的"雅俗折中体"。在实践方面，尾崎红叶也始终徘徊于从提倡古典到进行"言文一致"的少量尝试到再复古、再尝试一下"文言一致"的前后游移不定的、在保守和适度创新中自相矛盾的怪圈之中，而他的代表作《金色夜叉》就是这种出于矛盾态度最终又回归古典主义的标志性作品。在《金色夜叉》中尾崎红叶将各种具有"雅文"成分的文学元素：《源氏物语》中的、汉文中的、和文中的全部混杂于其中，最终体现出一种以"古雅"而不是现代的整体的文章风格，使之成为一部典型的"非言文一致"作品。在创作《金色夜叉》之后，尾崎红叶又在后期的小说创作中不断将"である"这种"言文一致"的成分混合到自己的作品中去。

显然，如果用"文体"以及"文末辞法"两个不同的准则衡量尾崎红叶对"言文一致"的态度的话，那么，会得到两种相反的结果，尾崎红叶在"文体"上是保守的，但在独具日本特色的、衡量"言文一致"的尺度"文末辞法"上却是进步的，是富于创新精神的。

那么"砚友社"其他作家的态度又是怎样的呢？由于受到尾崎红叶的影响，同时期的"砚友社"作家也都陆续地开始使用"である体"。由于尾崎红叶是当时的文坛领袖，除了"砚友社"的作家之外，其他作家在他的影响下于明治二十九至三十年间逐渐地将"である"应用到了自己的小说中，比如田山花袋，由于他和"砚友社"的作家水荫接近并受之影响，田山花袋在明治二十九年（1896 年）发表的小说《无名草》中也使用了"である体"。就连首先使用另外一个"言文一致"结尾词"だ"的二叶亭四迷也在明治二十九年发表的小说《片恋》里使用起了"である调"，这表明二叶亭四迷开始和使用"である"的尾崎红叶产生了共鸣；同年"言文一致"另外一个首倡者山田美妙也在《负伤兵》里使用了"である体"。明治三十年（1897 年），许多知名的作家如泉镜花在《化鸟》中、乙羽在《夏之虫》中、风叶在《中年增》中也都一个接着一个地使用起了"である体"，也就是说二叶亭四迷、山田美妙、嵯峨の舍等三位曾经的"だ、です、ます"的"言文一致"结尾词的创始者在明治二十九至三十年间都与"である调"的使用者尾崎红叶发生了共鸣，纷纷向"である调"的方向转向和复归（指嵯峨の舍）。在这两年期间日本出现大量的"言文一致体"小说，其中九成的小说都运用"である体"。那么为什么那么守旧的尾崎红叶会不甘心情愿地变成"である体"的使用者和间接的推广者呢？原因是在几种不同的结尾词中，"だ"给人的感觉比较卑微，而"です"和"ます"又略显冗长，"である"的片假名体"デアル"毕竟在明治初期大量出现在翻译文章之中而被人们熟知，因此被尾崎红叶所选用。

从尾崎红叶这位明治二十至三十年代日本最红作家、"砚友社"的"总帅"对"言文一致运动"的态度和作为作家的实践，可以比较清晰地看到虽然日本的"言文一致运动"从明治二十三年（1890 年）被二叶亭四迷、山田美妙推到一个小高潮后进入之后的低潮期，其最大的"反动力"不是来自别人，就是来自以复古和"元禄狂""雅俗折中"的旗手尾崎红叶，但恰恰是尾崎红叶在明治二十五年（1892年）不自觉的"である体"的使用，又在明治二十九年至三十年把"言文一致"引入一个崭新的阶段，为之后自然主义文学高潮到来时期"言文一致"最终获得主流和正统地位打下一个坚实的基础。但是，虽然从"文末辞法"方面来看尾崎红叶以及他"门下"的作家们是言文一致的推动力量，在文体上他们仍然坚持保守主义的立场，仍然坚持"雅俗折中"，而只是将系动词的词尾改成和口语一致的词尾是远远达不到"文"和"言"一致的目的的，因此"砚友社"之后的日本的言文一致之路还十分漫长，"文末辞法"对言文一致的贡献只是表层的，只有改革触及文体、触及"文脉"本身，言文一致才能看到希望。

由于明治二十五年的"文学主帅"尾崎红叶"无心插柳"地在《二人女房》中使用"である"做词尾的榜样，❶明治二十五年后的日本文坛变成"言文一致"从低谷到回潮再到"である体"大幅度普及的时代，泉镜花、小衫天外、田山花袋、岛崎藤村等无论是"砚友社"之内还是之外的著名作家都纷纷效仿尾崎红叶使用起"である体"，因之以"なり""けり"为词尾标志的"雅俗折中体"在明治三十年代初已经明显示弱，尽管如此，"雅俗折中"的保守势力并未放弃对新一轮"言文一致"高潮和普及的抵抗，他们通

---

❶ 明治二十九年（1896年）尾崎红叶在另一部小说《多情多恨》也使用了である体。

过各种方式进行着和"言文一致体"几乎是"你死我活"式的争执。一般来说对两种文体的支持方和反对方，大都围绕着"余情余味"的有无、是否"典雅优丽、风雅、清奇、劲健、洗练、温蕴简洁"、是否是"美文"、能否用于抒情、是否适用于小说创作以及文法（主要是结尾词）的功能等议题进行争辩。在明治三十年代初新的这一轮"言文一致"和"雅俗折中"之间的争论中比较激进的是小衫天外，他把"雅俗折中"体说成像是总在描写谎言的极其腐朽的、索然无味的过时的文体，认为"雅俗折中体"是表达思想的障碍，而且从重视思想表达的角度他坚决支持"言文一致体"。作家泉镜花则站在中立的立场上指出"雅俗折中"和"言文一致"两种文体各有所长，表示要在创作时将二者并用。另外一位作家后藤宙外则指出由于"雅俗折中"是"老铺"所以颇有味道，而"言文一致"作为"新店"虽然还不能满足表达的需求却拥有能够自由表达新思想的优势，因此最好的方法是能够把二者的优点结合起来。

4. 岛村抱月

著名作家岛村抱月也参与了明治三十年代初期的文体"大辩论"，他在《关于小说的文体》（《小説の文体に就いて》）一文中发表了自己对其他作家有关"言文一致"和"雅俗折中"优劣之争的看法，认为只是指出"言文一致"在思想性方面表达的便利和"雅俗折中"在美学方面、抒情方面的优势是没有什么深层次的意义的，一定要在结构上对二者进行分析，找出争论双方究竟"纠结"于何处。岛村抱月指出，日本固有的文语文之所以和口语文不一致，日本之所以"言""文"无法统一，是由于在日本原先的"雅俗折中体”以及其他类型的传统文体中有许多诸如“なり、ける”的动词和“されど、つれど”的接续词，这些词汇都是文章中专用、口语里没有的，只要这些专门存在于文章中的词汇不被消除，那么“文”和“言”就永远不能统一。这是语言的“型”的问题而不是内容的问题，也就是说，那些不喜欢“雅俗折中体”和其他种类“文语文”的人讨厌的是语言的形态，他们将旧文体的“型”的呆板看做阻碍思想表达的原因，因此为了让“文”和“言”达到最终的统一，就必须将那些只是存在于“文”之中的、“型”方面的东西清除出去，只要它们消失了，“言文一致”就指日可待。岛村抱月还从“修辞”的角度分析了“雅”“俗”两派争论的原因，他指出那些不喜欢“言文一致体”的人都认为“言文一致体”没有修辞的功能，而“修辞”是小说必不可少的，因此他们认为“言文一致”和文学无缘，只能用于实用文的写作。岛村抱月承认“修辞”的确是“言文一致体”的弱项，但对此持乐观的态度。他认为，由于“言文一致”是一种新近诞生的文体，虽然和“雅俗折中”相比它在“修辞”方面不占优势，但随着使用“言文一致”的人数的增多和作家们创作的进展，新文体在修辞方面的缺陷是可以逐渐被弥补上的❶。

　　明治三十三年（1900年）三月在“帝国教育会”的主导下日本成立了“言文一致会”，在15名核心会员中除了在教育界和语言学界的知名人士之外，岛村抱月也以文学家的

---

　　❶　［日］岛村抱月：“小説の文体に就いて”，载《读卖新闻》，明治三十一年（1898年）五月九日、十日。日本国会图书馆藏。

身份名列其中。这标志着作家在"言文一致"活动中的身份转移，在此之前他们是通过小说的创作参与言文一致的，直接参加"言文一致会"之后，他们也变成了"规则制定者"。

作为"言文一致会"的成员，岛村抱月接受了《新文》杂志创刊号的采访，采访的题目是"言文一致的现在、未来"（"言文一致の现在、未来"）。岛村抱月认为当时"言文一致"出现的问题是"文"并有得到足够的重视，而只是将"言"前行地嵌入到"文"之中，结果是本来应是"文雅"的、有品位的"文"中充斥着大量粗俗不堪的"言"的成分。他指出"言"和"文"本是不同的，遵循着各自的发展的规律，比如自然语言❶里有时有巨大的声响（当人们彼此呼喊或者吵架的时候），而"文"却是无声的；"文"的精华在于表达内心深处情感和情操的"修辞"，而修辞的功能的发达取决于作家是否具有独立人格和个性以及他们是否能够用有个性的文体将之表达出来，因此生硬地将市井中的未曾加工过的言语堆砌或"灌制"到"文"的里面，无论做怎样的努力日本语的"言文一致"也难以获得成功。

由于"文"和"言"本来有别，遵循了不同的发展路线，岛村抱月认为要想到达"言文一致"，正确的道路应该是一条"言文折中"的道路。这方面他和尾崎红叶相似。

岛村抱月还发表了关于汉字改革的意见。他认为虽然从未来长远的角度来看汉文终究彻底地被假名所取代，但从现

---

❶ 这能使人联想到索绪尔的"语言"和"言语"的区别。

状出发最适当的是"汉字限制的言文一致"。❶ 岛村抱月的上述观点表明在制定语言规则的时候作家的表现和观点是有所不同的：和教育家、政治家和语言学者们相比他们更具备对"文"的敏感，更能体会"文""言"相互结合时候的精神困惑和实践过程中的技术难度，由此他们提出的建议也更有可行性。

明治三十五年（1902年），岛村抱月又在《新文》刊物发表题为《言文一致的三难》（《言文一致の三難》）的文章。明治三十年代虽然"言文一致运动"已经有了很大的进展，但还是遇到了很大的困难，困难可以归结为"三难"："第一难"是"言文一致"被批评成"野卑"的语言；"第二难"是"言文一致"被指责为没有约束；"第三难"是"言文一致"中缺乏"含蓄"。解决以上的"三难"问题最根本的办法就是增强"言文一致"体的修辞的功能，但短期内做到这一点也不十分容易，因此岛村抱月从"三难"的具体问题出发提出自己的解决办法。

如何克服"第一难"，即"言文一致"的"野卑"呢？岛村抱月认为由于明治三十年代中期之后"言文一致体"刚刚作为"标准语"登场，还没有经过文坛上的历练，因此给人的感觉是欠缺"威严"，这是很自然的，但随着今后"言文一致"小说的兴旺发达，修辞上面的"功夫"被逐步加深，这个问题也会自然解决。

岛村抱月通过分析"言文一致体"的变革过程指出，

---

❶ ［日］岛村抱月："言文一致の现在、未来"，载《新文》第一卷第六号《新文》，明治三十四年（1901年）十月一日。东京大学图书馆藏。

"高雅、高深"和"野卑、通俗","文语文"和"言文一致"的"口语文"之间并不是绝对不能相融合的,"雅"中包含着"俗",很多现在的"文语文"就曾经是"口语文",就是从以前的"口语文"里被提炼出来并吸纳到"文语文"之中的,所以绝不能对"口语文"轻视和横加指责,而真正的"言文一致"之路毋宁说是一个"文语文"和"口语文"分别克服自身的"短处"而向对方靠拢,将对方的"长处"吸纳、"温存"到自身之中,最后二者合而为一的过程,经历了这个过程之后最终达到将"文语文"的"简洁"和"口语文"的大众化、民主化的特征融为一体的目的。

关于"言文一致"的"第二难"——冗长拖沓、漫无边际的问题,岛村抱月认为问题还是出在"修辞"上面,"无修辞"致使文章显得杂乱无章,只有将口语想表达的、"俗谈平话"的东西嵌入到文章的句法之中,才能成为真正的"文",因此有必要作出修辞上的努力。

"第三难"是指"言文一致"缺乏"含蓄"的成分。这是由于缺乏修辞上的"语趣"——语言背景下的情趣和兴致。"语趣"又可分为文学、社会、滑稽三个方面的。缺乏"文学"方面的"语趣"的主要原因是使用"言文一致"创作的文学作品尚少,因此这种新的语言形态还显得没有文坛和文学上的"光泽",这项工作只有通过作家们今后的创作实现才能够完成,但这需要假以时日、需要耐心等待而不能急于求成。好的"言文一致"作品的出现要依靠"大文豪"的出现,只有"大文豪"们写出"言文一致"的巨著了,

"言文一致"体才能将"含蓄"的成分补充进去。●

综上所述，从明治三十一年（1898 年）发表的《关于小说的文体》（《小説の文体に就いて》）到明治三十四年（1901 年）发表的《言文一致的现在、未来》（《言文一致の現在、未来》）再到明治三十五年（1902 年）发表的《言文一致的三难》（《言文一致の三難》），作家岛村抱月始终强调"修辞"在"言文一致"这种新文体中所具有的重要作用，尤其是在最后一篇文章中，他对"言文一致"的"三难"进行了综合分析，将"修辞"方面突破的希望寄托于"大文豪"的出现。

正如岛村抱月所预言和希望看到的，从明治三十年代中期到大正初期，日本几个新的文学流派——"白桦派""新思潮"以及两大"运动"——写生文、"自然主义"陆续登场，在新思潮和新主义的引领下的作家纷纷采用"言文一致体"进行创作，从而将岛村抱月所期望的"含蓄"等修辞方面的"未竟事业"最终实现。

作为作家的岛村抱月本人也不单单是一个旁观者，除了在"美辞学"方面从事教学工作和著书立说之外，他在明治三十一年发表的小说《月晕日晕》和明治三十三年发表的论文《文坛杂俎》里都使用了"言文一致体"的"だ"。因此可以说岛村抱月既是一个"言文一致"的提倡者也是一个实践者。

从岛村抱月在"言文一致运动"中所扮演的角色，既可

● ［日］岛村抱月："言文一致の三難"，载《新文》第二卷第一号《主义》，明治三十五年（1902 年）二月一日。昭和女子大学近代文库藏。

以看到作家在语言变革过程中能起到的与众不同的作用，也能够将明治初年从坪内逍遥到二叶亭四迷、山田美妙、尾崎红叶直到岛村抱月这些文艺学家和作家按照他们和"言文一致运动"的关系勾勒出一条十分清晰的线条，那就是文学家和语言变革之间的长达几十年的互动和互相作用、影响，他们或者拥护，或者反对，或者保持中立，在参与"言文一致"时或是主动的或是被动的（比如尾崎红叶），但无论立场如何，他们都与"言文一致运动"有着不可脱离的关系，所以可以说，文学家是"言文一致"这种新文体的助产士和接生婆。

在比较中日两国实现言文一致过程的时候，对诸如岛村抱月这类作家所提出的言文一致的具体问题的"解决方案"的再探讨也是十分有意义的，因为日本言文一致道路上所遇到的"三难"和中国实现言文一致所碰到的难点几乎是一模一样的，比如新的口语文体如何解决缺乏"含蓄""修辞"上的问题，如何克服口语的"野卑"的缺点等。这些都是以汉字为基础的"文脉"中原本包含的，当我们使用口语代替文言的时候，"含蓄""修辞"方面的不足就会马上显露出来。

5. 二叶亭四迷

二叶亭四迷（原名长谷川辰之助）的小说《浮云》历来被认为是日本近代文学中的首部"言文一致"长篇小说，在日本近代文体的变革中《浮云》是一部里程碑式的作品。《浮云》中不仅第一次使用"だ"这个象征"言文一致"的、在语言发展史上具有革命性的结尾词，而且受到俄罗斯作家的影响，在《浮云》中二叶亭四迷采用了十分细致的描写方法，因此《浮云》和稍后问世的山田美妙的《武藏野》一同被视为"言文一致"从理论的探讨到创作实践上成功的划时代的作品。

如果将非原创作品也包括在内的话，二叶亭四迷的"言文一致"创作不是始于长篇小说《浮云》，而是从之前他翻译屠格涅夫的作品《父与子》的时候开始的。二叶亭四迷将《父与子》翻译成了一本和原文名称不同的、完全口语体的小说《通俗虚无党形气》。二叶亭四迷把《通俗虚无党形气》的译稿于明治十九年（1886 年）的三月交给坪内逍遥——另一位近代文学史上的重镇，该书于明治十九年五月出版，成为日本近代文学史上第一部口语体的西方文学译著。

二叶亭四迷之所以创作出"言文一致"代表作《浮云》和第一部译文小说《通俗虚无党形气》是出自于他通过文学创作推动文体变革的志向。他曾在和坪内逍遥的对谈中阐述过近似于明治后期"自然主义"文学思想的彻底的写实主义的理念，并立志要尽量在翻译外国作品的时候采用外国小说中的口语式文体，因此，可以说译著《通俗虚无党形气》就是他在文体上进行革新意念的最终成果。《通俗虚无党形气》中有大量口语体的文字，比如屠格涅夫在小说的夫妻中假如丈夫用粗俗的方式称呼妻子的话，二叶亭四迷在《通俗虚无党形气》中就将之翻译为日语口语中的俗称："お前"❶，这在之前的小说作品中是不曾有的。

从创作时间上看，二叶亭四迷的《通俗虚无党形气》比

---

❶ "你"的口语俗称。

坪内逍遥的《此处やかしこ》和山田美妙的《嘲戒小说天狗》都要早，但出版时间却比前二者要晚，仅从创作的尝试时间上看，尽管是译作而不是原创，二叶亭四迷应该算是用"言文一致体"进行小说写作的真正的先驱者了。其实在用口语体翻译屠格涅夫的《父与子》并以《通俗虚无党形气》为书名发表之前，二叶亭四迷就用口语体进行过果戈理小说的翻译。他并没有翻译果戈理某一部作品的全部，而是尝试着翻译了其中的 30 多页的片段，遗憾的是这些片段并没有最终出版。由于这 30 页翻译片段中有使用口语体的一对中产者夫妇之间的激烈言辞，因此他最早的"言文一致"的尝试应该说是从果戈理小说的翻译开始的。根据山本正秀的考证，二叶亭四迷大概是在明治十九年（1886 年）一月到三月之间用口语体进行果戈理小说翻译实践的，这期间他也开始和坪内逍遥的交往，并在明治十九年三月之后正式开始屠格涅夫小说《父与子》的翻译。

二叶亭四迷"言文一致"的志向在《浮云》的"序言"（浮雲はしがき）中十分明确地表现出来。在"序言"中他用日本近世戏作文学的华丽文笔表达了对"文明开化"和改良的热忱以及用"言文一途"风格写作的毅然决心。同时，也记述了坪内逍遥对他的支持。❶ 同时期另外一位翻译陀思妥耶夫斯基《罪与罚》的笔名为"不知庵主人"（内田鲁庵）的译文也受到坪内逍遥的好评，他认为正是由于"不知庵主人"能将二叶亭四迷"言文一致"的翻译风格良好地学

---

❶ ［日］二叶亭四迷："浮雲はしがき"，载《浮云》第一篇，明治二十年（1887 年）六月金港堂刊。

习运用，因此《罪与罚》的翻译堪称杰作。从这一点可以间接看出坪内逍遥对二叶亭四迷的赞赏。❶

在明治三十一年（1898 年）"言文一致体"还未完全成熟的时候，日本文坛发生了代表保守文体的"雅俗折中体"和新兴的"言文一致体"孰优孰劣的论战，《早稻田文学》等刊物的记者就此对"言文一致的开山祖"二叶亭四迷做了采访。在采访中，二叶亭四迷立场鲜明地站在"言文一致"一边为之辩护，他呼吁大家用发展的眼光进行思考，并说判断两种文体究竟哪种能最后胜出还为时过早。二叶亭指出，"言文一致"作为新生文体虽然有诸多不成熟的地方，但是和"为文章而做文章"的"雅俗折中体"比较它更加实用，而且代表着一种方兴未艾的大趋势；"言文一致"虽然尚处在试验阶段，但是它却和世界其他国家的文体趋同，因此绝对不能因为它有不足之处就轻易贬低之。❷

最能如实反映二叶亭四迷在进行"言文一致"摸索时的过程和心态的是他于明治三十九年（1906 年）五月发表的《我的言文一致由来》（《余が言文一致の由来》）。这是一篇对他的访谈。二叶亭四迷从几个方面详细地记述了他在明治二十年前后从事"言文一致"创作的诱因，说自己本来就不是文章高手，诱导他和鼓励他进行创作的是坪内逍遥。起初他打算用"です"作为结尾词（文末辞法），但坪内逍遥说"です"有敬语的成分，劝他改用非敬语的"だ"，因此他

---

❶　［日］坪内逍遥："不知庵《罪与罚》批评"（卷之一），载《早稻田文学》第二十九号，明治二十五年（1892 年）十二月发行。明治文库藏。

❷　二叶亭四迷："小说文体意见"，载《文艺俱乐部》第四卷第三编"时报"，明治三十一年（1898 年）三月。明治文库藏。

就变成了"だ"的最初使用者，同时他也自然地就站到了"です调主义"者山田美妙的对立面上了。

二叶亭四迷说在他从事创作的时候，受到了主张"再让文章高雅些"的坪内逍遥和主张"最好在文章中使用更多的口语"的德富苏峰的"文""言"两位"先辈"的耳提面命，但二叶亭四迷对两位的意见均不完全信服，决意走出一条有自己主见的道路。比如在如何使用"汉语"词汇上，他就是个坚决的民族主义者，只使用那些已经被"日本化"的、取得了"日本国民语资格"的汉语词汇，比如"行儀作法"之类的，而绝不采用那些还没有经过日本语的"洗练"的，比如"举止娴雅"之类的汉语词汇，并将之作为自己的原则和方针，为此写作中他"吃了不少苦头"。他坚信"俗语精神"，虽然常受到坪内逍遥等"美文主义者"的忠告也不为所动。在该文中，二叶亭四迷还说到果戈理、屠格涅夫等俄罗斯彻底的写实主义文学对自己的深刻影响，并具体说明了《父与子》等俄罗斯作品对自己作品的影响。❶

在"言文一致"的理论建设方面二叶亭四迷也是一个积极的参与者，这突出地体现在他和著名翻译家森田思轩关于日本是否应该彻底地实行言文一致的争论上。如前所述，森田思轩虽然也致力于在翻译的文体上进行"周密化"的改革，但在日本是否应该彻底地实施"言文一致"的问题上持保守态度，在明治二十一年（1898年）发表的《日本文章

---

❶ ［日］二叶亭四迷："余が言文一致の由来"，载《文章世界》第一卷第三号《论说》，明治三十九年（1906年）五月十五日。明治新闻杂志社文库藏。

的将来》中，他反对将日本语罗马字化和假名化，主张保留汉字并通过汉字和西文文体相互结合创造出一种"普通"的文体。森田思轩还论证说，即使是在西洋也从未实行过彻底的"言文一致"。对此，二叶亭四迷发表了《关于日本文章将来的我的私见》（《日本文章の将来に関する私见》），对森田思轩的观点进行逐一反驳。他说日本应该彻底地实施言文一致，因为那将是必然的趋势。❶ 他说即使未来的日本语变成一种森田思轩所说的简易的"普通言语"，使用罗马字或假名书写也远比用有许多"同音异义字"的汉字容易得多，而且还能解决书写麻烦和耗时费力的问题，因此他反对森田思轩的"汉字存续论"。二叶亭四迷从人类的意思、言语以及文章三者的关系入手分析，指出最好的文章应该是最能直接、直白地反映"人类的意思"的文章，所以只有"言文一致"的文章才是最上乘的。针对森田思轩的"欧美诸国也不完全言文一致"的论点，对俄罗斯等国语言文学十分熟悉的二叶亭四迷反驳说，虽然在西方的"谈话语"和"文章语"之间存在一点"小小的差别"（"小差"），但是他们的口语文法和文章语法是统一的，因此欧美语言基本上是言文一致的。

二叶亭在反驳森田思轩时用了很多诸如"顽固的老汉学者""老耋学者"等不甚理智的词语。他们一个是明治时期著名的翻译家，一个是明治时期著名的小说家以及翻译家，二人在言文一致是否"必至"以及汉字是否"续存""欧美诸国是否言文一致"等问题上的争锋相对、旗鼓相当的争论

---

❶　这就是"言文一致必至论"。

对于我们今天反思那段历史是十分有研究价值的。由于二叶亭四迷和森田思轩发生上述争论的时间是在明治时代的中期，当时的日本尚处在是否应该沿着言文一致道路继续前行的犹豫不定的交汇点上，而且二人都是创作、学问和翻译方面的翘楚，因此他们的"大辩论"是全方位的和富于代表性的，争论的问题涵盖"字—文—语—文末辞法"四大模块的大部分内容，利用之，可以将二叶亭四迷和森田思轩的语文改革思想做模块性处理：

（1）"字"——二叶亭四迷：不保守，可以使用罗马字和假名，虽然主张保留汉字但拒绝使用"非日文汉字"；森田思轩：反对去除汉字，不认可罗马字和假名。

（2）"文"——二叶亭四迷：看好言文一致体，采用口语文翻译和写作；森田思轩：虽然用"周密文体"写作但反对言文一致，同时期待"普通文"的出现。

（3）"文末辞法"——二叶亭四迷：使用了言文一致的"だ"。

由于明治中期"国语"的问题尚未出炉，所以二人在"国语"问题上没有什么论述。

当用这样的方法对两位作家、翻译家在语言变革中所持的立场进行条块化处理之后，就一目了然了。

二叶亭四迷的《浮云》被当代文学批评界视为日本近代小说中和言文一致发生最密切关联的作品，在当今的学术界它几乎已经成为"言文一致"的同义语。但是从《浮云》的创作和它被认定成"言文一致代表性文本"的过程中，我们可以看到一部作品"被经典"、被和一种语言运动强行地挂靠到一处的明显痕迹。岂止是"痕迹"？应该说是一种学术上的"别有用心"，它是一个"强扭的瓜"！有趣的是从一部作品的"被经典"的过程和众多有心无心人的长期以来的作为，可以看到在"打造"一种新的语言表现形式的过程中人们对经典是怎样的"用心良苦"，而这恰好为我们研究和发现近代日本在文学语言的发展进程中是如何的"焦虑"提供了一个平台。

含有译作文体特征的二叶亭四迷的《浮云》在1887年发表时并未被批评界赋予很大的意义，也没在社会上引起很大的反响。但是在日本甲午战争获胜之后，《浮云》被重新"发现"并被视为"言文一致"的代表作和开山作而受到极力推崇。

日本学者小森阳一认识到《浮云》的接受过程和甲午战争以及"打造国语"之间的关联，认为有些日本人推崇《浮云》这部作品的真正意图是想通过西欧翻译文体解体汉文翻译文体，从而达到日本由于甲午战争获胜顺势"脱亚入欧"的图谋。中国学者也注意到《浮云》被奉为言文一致的经典和日本致力打造"国语"以及和甲午战争之间的关联。孟庆枢指出："《浮云》发表之时，由于政治上对崭新文学语言和文体的要求尚未上升到建设'国语'需求的层面，所以才反响不大；但甲午战争之后，适应于创建完全与'汉文'和'汉文体'绝缘的'国语'和新文体的需要，这种'独创'的近代标准语＝言文一致体作为'国民'的语言被重新定位，这才是二叶亭四迷的翻译文体作为'言文一致'体的标准被'发现'和'经典化'的根本原因。"同时他指出"二叶亭四迷的《浮云》（1887年）之所以被视为日本'言文一致'体的起点，实际上是各种复杂的政治、历史等因素合力作用的结果。'言文一致'只不过是日本近代文学的形式起源。"❶ 由此看来，《浮云》从沉寂到浮出水面，是日本文体转型——从汉文直译体到欧文直译体、从以汉文为基础到以欧文为基础的一个枢纽。同时由于战争的"胜利"，日本企图从精神上到文字上实现对中国和汉字圈的双重脱离，《浮云》在文体上的脱胎换骨为这种"双重脱离"提供了文本上的可行性的希望，而且原本低调和民间层面的"言文一致"的探索被正式纳入国家机器的视野，国家机器的"开关"被启动，"国语"的打造工程——在"言文一致"目标下的——开始实施了。在这层意义上，究竟二叶亭四迷是否真的是"言文一致体"的首倡者已经不十分重要，重要的是他的《浮云》从时间上是应时代的需求的、及时的文本，是满足当时"国语胚胎"和"言文一致"甚至是举国"脱亚入欧"的"恰好之作"。因此，《浮云》的地位得以"奠定"。

笔者之所以在上文的"奠定"一词上加一个引号，是因为笔者认为其实《浮云》并没有真正地"奠定"过什么，《浮云》只是明治时期诸多作家对言文一致所作贡献中的"一片浮云"而已——在将坪内逍遥、山田美妙、尾崎红叶、岛村抱月、二叶亭四迷等明治时期日本最重要的作家在"言文一致"进程中所做的一切进行了以上的集约式的介绍之后。

如果采用"字—文—语—文末辞法"的模式对二叶亭四迷于明治二十年（1887年）发表的《浮云》进行价值评估

---

❶ 孟庆枢等：《二十世纪日本文学评语》，吉林人民出版社2009年版，第54～57页。

的话，那么我们发现这部公元 1887 年发表的小说之所以被现代学术界认定为"言文一致"和近代文学的代表作，原因是它是在日本的"字""文"改革之后第一部和语文改革的"语"——也就是"国语"的阶段发生了"最初关系"的作品，它是衔接"字""文"和"语"的纽带，是"国语"发生的胚胎，是国语之"魂"附体的骨头架子，而国语的"魂"之所以兴起，是由于日本国家通过赢得甲午战争"胜利"的崛起，而作者二叶亭四迷本人在创作这部小说的时候根本就不可能想到自己的作品十年之后会被视作一种国家语言的胚胎，会被后人赋予它本身并非刻意存在的那么多的"意义"。

从对二叶亭四迷前期或者同时期的几位著名作家坪内逍遥、山田美妙、尾崎红叶、岛村抱月等人对言文一致的贡献的梳理中，我们也能发现其实二叶亭四迷绝对算不得明治对言文一致做了最突出贡献的"那一位"，这是一个作家群，是一个时代的所有从事语言艺术的人的集合，他们或保守或激进，或被动或主动，但几乎每一位作家都曾经参与过言文一致的形成过程，都未能独善其身，因为文字、文体是写作的最基本的技术工具和手段，同时代的任何人都不可能脱离别人的风格单独进行创作，当时代的风向变了，你或者追随之，或者反对之，但你很难不跟着时代的变化而身处世外。当19世纪西洋的风刮得比东亚本来的"汉文风"迅猛的时候，谁都会作出自己本能的抉择。

那么，明治时期的这几位著名文人究竟谁是日本近代言文一致小说的创始人？弄清这个问题无疑对研究言文一致问题和日本近代文体从文言文到白话文的转型是十分重要的。

首先，这个问题关系到言文一致文体的发现时间；其次，这个问题关系到明治文学的出发点。关于明治文学，山本正秀认为可以将其纳入两条平行发展的道路：一条是内容方面的，一条是形式方面的。从内容方面看，它是一条从资产阶级文学到现实主义文学（即自然主义文学）的文学之路；从表现形式也就是从文章、文体史的角度来看，它又是一条"言文一致"之路。山本正秀之所以将明治文学总结为这样两条道路或许是由于他专注于"言文一致运动"研究的缘故。笔者也比较认可他得出的这种结论。从某种意义上说内容和形式之间是相互作用和不可分离的。"表现"是形式上的，表现的手段无疑为表现的内容增色，而"文体"上的表现绝非微观意义上的"表现"，那是结构性和功能性的，它的任何重大变化都必然为所表现的内容带来革命性的改变。

日本的学术界一般都或者把二叶亭四迷或者将山田美妙视为"言文一致"小说的创始人。推举二叶亭四迷的将他的代表作《浮云》当做用白话体进行小说创作的第一个成果，选择山田美妙的将他的《风琴调一节》作为第一部口语体小说。山本正秀在经过考察和论证之后得出了不同的结论。值得注意的是，他是从作品创作的具体时间而不是出版时间得出这样的结论的。由于写作和出版通常难于保持同步，笔者认为山本正秀的这种研究方法更接近于文学发生史的原貌。山本正秀在经过严谨的考察之后认为言文一致小说真正的创始人应该是二叶亭四迷，而不是许多人认为的山田美妙❶。

----

❶ ［日］山本正秀：《言文一致の歴史論考》，（东京）樱枫社昭和四十六年（1971年）版，第145页。

如前所述，二叶亭四迷在山田美妙之前已经进行过两次"言文一致体"小说的写作尝试了。第一次是在明治十九年（1886年）一月至三月期间用口语体进行的果戈理小说的片段翻译，第二次是后来用口语体进行的屠格涅夫小说《父与子》的翻译并将之命名为《通俗虚无党形气》，这本书于明治十九年三月底脱稿，但由于出版社的原因没能够及时出版。因此，可以说二叶亭四迷从事"言文一致"写作的时间比其他人都要早。其次是山田美妙。山田美妙第一部"言文一致"作品是明治十九年十一月发表在《我乐多文库》上面的《嘲戒小说天狗》，因此说山田美妙是"言文一致"小说的第二位创始人。第三位创始人是坪内逍遥，他于明治二十年（1887年）五月在《绘入朝野新闻》上发表小说《此处やかしこ》。倘若根据作品创作的时间进行"言文一致"小说的排序的话，顺序应该如下：第一，二叶亭四迷翻译的果戈理小说片段（明治十九年一至三月）；第二，二叶亭四迷的翻译小说《通俗虚无党形气》（明治十九年三至四月）；第三，山田美妙的原创小说《嘲戒小说天狗》（明治十九年十一月），第四，坪内逍遥的小说《此处やかしこ》；第五，二叶亭四迷的小说《浮云》第一篇（明治二十年六月出版）；第六，山田美妙的小说《风琴调一节》（明治二十年七月）；第七，山田美妙的《武藏野》（明治二十年十一月）。

无疑，分析这些文学史发生时间的细节对考证究竟日本近代口语化小说的历史起始于何时是十分重要的。

三、词尾"だ、です、であります、である"的确立

在世界各国的语音发展史上，恐怕没有其他任何一种语言像日本的"文末辞法"这样独特。"文末辞法"的变化始终是明治时期语言革命一条不可忽视的主线，它和"字—文—语"一同组成日本语言革命的四个"轴"，沿着这些"轴"，语言革命时而平缓时而激越。

由于日语的动词的位置是在句子的最后，因此系动词的变化被称为"文末辞法"。本来，仅仅是系动词、相当于英语中的"be"的"文末辞法"对于整个句子应该是最小不过的枝节，充其量只是一个小小的语法点。笔者认为"文末辞法"的选择之所以被视为衡量一个作家是否赞同言文一致的标志，是因为日本语中系动词的位置最容易被识别，最一目了然，因此使用什么样的"文末辞法"就显得异常的醒目，倘若日语的动词像汉语那样被放置在句子的中间的话，就不是那么"惹眼"了。研究者之所以将近代日本作家按照"文末辞法"分类，让他们在"运动"中"站队"，是因为对待"文末辞法"的态度象征着对语言改革的态度，"态度决定一切"，在一种新生语言现象面前是积极迎合还是故步自封，从写作时是否愿意使用新的表现方式上看就可以了。这和"五四"时期中国的作家是否愿意用白话文写文章是一样的。

再有，作为"黏着语"的日本语的动词形式变化比汉语要复杂和丰富得多，因此考察日语的变化不得不将"文末辞法"作为一个单独的模块考察。

在此再次强调，在"中日语言变革模式"中"字—文—语"前三个模块是两种语言都有的，而作为这种模式的变异

的"日本子模式"中，"文末辞法"是日本独有的，体现了"日本特色"。

到目前为止，无论是在中国还是在日本，一般对日本的"言文一致运动"感兴趣的人对日本言文一致的理解都停留或局限、止步于"である、だ、です"等结束句子的词尾（文末辞法）。佐藤武义在《概说日本语历史》中也介绍了"言文一致"和系动词的词尾的关系，他说："在此之后，小说家们在文章上下功夫，特别是在文末的表现上面，山田美妙从'だ调'到'です调'转向，尾崎红叶开始使用'である调'……'である调'后来被其他作家继承，成为今日的标准口语文体。"❶吉田一精也指出，由于山田美妙在《武藏野》中通过许多语尾"た、だ、る"的使用，使他成为"言文一致"的创始人之一。❷

根据山本正秀的考证❸，日本几个代表性的言文一致"文末语"的"首创者"分别是：

（1）デゴザル：最早的"执先鞭者"是加藤弘之，时间是明治二年（1869年）四月；在《交易问答》和《真政大意》二书中。坪内逍遥曾根据具有西洋新思维的西周在《百一新论》中使用过デゴザル，认为西周是这个"文末语"的

---

❶ ［日］佐藤武义：《概说日本語の歴史》，明倉書店1995年版，第223页。

❷ ［日］吉田一精：《现代日本文学史》，（东京）樱枫社昭和五十五年（1980年）版，第258页。

❸ ［日］山本正秀：《言文一致の歴史論考》，（东京）樱枫社昭和四十六年（1971年）版，第469～533页。

最早使用者，但实际上要比加藤弘之要晚。❶

（2）だ："だ调"的确立者是二叶亭四迷。

（3）です："です调"的确立者是山田美妙。

（4）であります："であります调"的确立者是嵯峨
の屋。

（5）である："である调"的确立者是尾崎红叶：尾崎
红叶通过明治二十五年（1892年）在《二人女房》和明治
二十九年（1896年）在《多情多恨》中成功地使用了"で
ある"，而使这种结尾词最终在日本文学中成为代表性的
词法。

在明治三十三年（1900年）进行的题为"言文一致的
现在、未来"的访谈中，作家岛村抱月表达了对象征"言文
一致"文体的"である调"的看法，他承认尾崎红叶的确应
该算作"である调"使用上的"先辈"。他说"である调"
不算是"江户语言"❷，它是外国语的翻译语言，因为在
"江户语言"中原本"で"的后面是不能接续"あ"的，因
此山田美妙等人早先用"です"做判断动词。虽然"です"
听起来给人的感觉是"迂阔"，但由于有些"悠长"，因此

❶ 由于"でござる"之中的"で"是指定助动词"だ"的连用形，因
此，"でござる"应该是"である"的"叮咛语"（寒暄语）。"でござる"在
江户时代的整个时期都被广泛使用，使用范围不局限在武士社会，江户前期在
女性中也被使用。进入江户后期之后，ござる的使用者主要是医生、武士和老
人，市井的一般人已经不太使用了，由此失去了它的庶民性。由于"文明开
化"初期的著书者大多出身武士家庭，因此它仍然频繁地在著作中使用，但这
只是一时的现象，由于它并不十分具备"市民语"的资格，是一种"封建遗
产"，ござる后来逐渐淡出人们的视线，被"であります""です""である"
等新的现代辞法所取代。

❷ "江户言葉"：东京地区的语言。

在激烈的场合使用"です"结句的话显得度量过于宏大。而另外一个"だ"呢，由于太简短，听起来也仿佛是自己在"吐纳气焰"而显得过于生硬，其他的诸如"あります"之类的结尾词又不含决断的意味，因此比起其他的若干种判断词的结尾词，"である"是最恰当的选择。

"である"至今仍旧是当代日本语中通用的系动词。

特别值得强调的是："文末辞法"的考察固然重要，但是千万不要"只见树木，不见森林"，只在"文末辞法"这一个维度上考察近代作家对言文一致的态度，其他的三个维度"字—文—语"是和"文末辞法"相互结合在一起的，四者环环相扣，缺一不可。本书"四大模块"的建立就是为了改变从前研究的只考察一个或少于四个维度的片面的研究习惯，使"言文一致"的研究立体化、系统化起来。只有这样才能不"盲人摸象"，才能看到语言变革的真实的全貌。

四、自然主义流派和"言文一致"

日本的自然主义文学在明治四十年（1970 年）前后进入了勃发（勃兴）期。关于自然主义文学和"言文一致体"的关系，片上天弦于明治四十一年（1908 年）发表了一篇题为"小说文章的新味"（"小说の文章の新味"）的文章对其进行论述，由于这篇文章是在自然主义的高潮期间以及"言文一致"已经接近成熟的时候写的，因此具有十分有价值的"在场点评"的味道和意义。片上天弦首先说当时（明治四十一年）的自然主义小说终于从前两年的"是还是非"的争议中站稳了脚跟，而且已经完全地"言文一致化"了，也就是说，自然主义流派的地位的确立和"言文一致体"的采用是一种连体现象。同时，随着自然主义在文坛上的"全面浸润"，"言文一致体"自然而然地变成了小说式的文章。我们可以将此理解为小说成就了"言文一致"，同时"言文一致"也辅助了自然主义的现代小说。但是，当时小说的文体还有除了"言文一致"之外的第二选择，就是"普通文"。但是"普通文"不是"言文一致"的对手。我们知道"和汉洋三位一体"的"普通文"是言文一致前期发展的成果，是最终的日本当代"言文一致体"的毛坯。

应该说明的是，片上天弦以上所说的"言文一致体"作为一种"能指"，所指的已经不是明治初期的等同于"文末辞法"的诸如"である"之类，已经是真正基本上等同于现代日本语的"言"和"文"基本一致的文体：明治、大正时期曾有过多种"言文一致体"的说法，但在不同时期所指的内容是大不一样的，只有在大正时期前后当言文一致借助于自然主义文学的力量真正作为文本被创作出来并为广大读者接受之后，"言文一致文"才是真正的言文一致的文章，才不是局部的、仅仅是使用了象征着言文一致的文末辞法的"夹生的言文一致"。

以自然主义的文章为界限，从明治初期开始的以言文一致为目标的漫长征途基本完成，日本已经基本上排除了"汉字""汉文"两个"羁绊"，汉字的数量大幅度减少，"汉文脉""和文脉""欧文脉"在"文"中的比例已经基本"三足鼎立"，自然主义文学成为最终将"言文一致"胎儿孕育出来的艺术母体。由于自然主义对"言文一致"的选择，以前的那种视"言文一致"为"达意简易的文体"的时代已经一去不复返了，乘着"自然主义"这条大船，随着作家们大量对人性和人的内心世界的丰富的描述——用"言文一致体"进行的，"言文一致"这个从前被视为"下品"、"粗俗"、登不上大雅之堂的"器"，终于被证明能够"善大事"。由于用"言文一致"写的小说已经占据文坛中心位置，"言文一致体"也成为"小说"这种"文类"的"指定文体"，变为"核心的核心"，用片上天弦的话说就是"从前被视为幼稚散漫的言文一致征服了文坛的中心"❶。片上天弦还在这篇文章中对明治四十年（1907 年）前后"言文一致"和自然主义作家、作品的关系进行了详述。到明治四十一年（1908 年）时，《文艺俱乐部》和《新小说》上"言文一致体"的小说已经达到 100%。和"普通文"一样，"言文一致"的作品也形成了各异的风格，国木田独步、田山花袋、正宗白鸟、岛崎藤村等作家都写出了"姿态丰富"的作品，最有代表性的有岛崎藤村的《破戒》（明治三十九年三月）、田山花袋的《蒲团》（明治四十年九月）、国木田独步的《运命》（明治三十九年三月）、正宗白鸟的《尘埃》（明治四十年二月）等。

从片上天弦对当时日本文坛的"同步点评"中我们看到了自然主义流派的文学的"勃兴"和"言文一致体"之间的紧密联系，前者代表了深入人的内心世界探其究竟的、张扬人的个性的意欲，后者是最能实现上述目的、最能用平实的语言通畅准确细腻地描述人的"内面""外面"的文体形式，因此二者一拍即合，相邀成就了彼此。

---

❶［日］片上天弦："小说の文章の新味"，载《文章世界》第三卷第一号《月旦》，明治四十一年（1908 年）一月十五日。

　　我们不妨做一个逆向的假设，假设日本的自然主义流派的出现不是在明治四十年而是提早 20 年发生，那时候的文体还是"百花齐放"，还是以各种古典文体的变种为基调的，那么毋庸怀疑，被我们假设的"明治二十年的自然主义流派"在没有成熟的"言文一致文体"的庇护和辅佐的情况下注定会步履维艰或者胎死腹中。

　　同中国的近现代文学一样，日本近代文学中是不乏各种主义的，比如"浪漫主义""唯美主义""象征主义"等，各种"主义"流行也是西方文学对日本文学发生影响的表现。和其他富于西方特色的"主义"相比，"自然主义"算是比较具备"日本特色"的一种"主义"，是 20 世纪初日本文学的一个可圈可点的"重大成果"。正如上文所述，笔者以为日本的"自由主义"不是偶然成型的，是一个集合了思想的解放、人性的放纵、与外界潮流的应和等诸多元素的成果，同时"自然主义"的发生也是文学思潮和日本近代语言的变革的"一大接轨"：自然的表述的要求需要"言文一致"的文体，而言文一致没有自然表露的需求也不可能"大行其道"：因为最自然的表现方式肯定是发自内心的、"不隔"的口语体，口语体是自然主义文学发达所必要的工具，而这个"工具"恰好在自然主义需要它的时候在 20 世纪初期刚刚在漫长的准备期、探索期结束后"初长成"，才"姗姗到来"，二者一见钟情、很自然地搂抱到一处，很快满足彼此的需求。

　　于是，"言文一致"这个跨时代婴儿受孕而生。

第二节　日本近代文体中"欧文脉"的形成

先介绍中国一方。中国语言受西方的影响是从"五四"开始的，关于中国语言在近代发生的变化，王力在《汉语史稿》中讨论语言史的分期方法时指出，"五四"之所以在汉语的变化史上是关键的一个时期，主要是因为汉语的语法和词汇从这个时代发生了巨大的变化，而不是因为文体发生了变化，他认为文体可以在大范围的语言变化之前先行发生变化，以中国为例，中国的白话文体早就存在于非正统的小说等文类之中，"五四"只是将之"正统化"了。王力认为在语音、语法、词汇三者中，语法的变化对语言变化发展所起的作用最大，虽然"五四"之后很多西方的词汇进入了汉语，但大多是一般词汇而不是基本词汇，而只有基本词汇才是语言本质和基础，所以不能将之作为衡量语言变化的主要标准。王力在描述现代汉语的特征时列举了两点：（1）适当地吸收西洋的语法；（2）大量地增加复音词。❶

在进入日本近代语言"欧化"的研究之前，王力的上述观点能为我们提供的参照是，虽然两种语言都在很大程度上受到了外来的影响，中国近代语言转型时的"欧化"主要体现在语法和词汇方面，而不是新文体的生成："五四"白话

---

❶　王力：《汉语史稿》，中华书局1980年版，第33～35页。

文运动只是将白话文体的地位提高，用其取代了文言文；但日本则不，日本在西方影响下的语言转型是全方位的，既包括文体在整体上向"欧化"的偏移，同时也包括语音、语法和词汇等三个方面的变化，也就是说日语与汉语一样也"适当地吸收西洋的语法"。

单从文体上看，日本近代文体革命是明治维新后各种文学现象和思想感情的确切表现，是历史发展的必然产物。明治维新之前的各种流行文体难于表现人物的内部思想和个性，在西洋文学的巨大影响之下，变化后的日本近代文体变成了能够表现作者个性的表达手段。日本近代文体中的所谓"欧文脉"即欧化的特征和欧化的成分，是随着"言文一致"的展开而逐步形成和固定下来的，可以说日文的"欧化"和"言文一致"的实现是两条并行的发展主线，后者是前者的原因，前者是后者的结果。

在第四章里我们已经介绍过近代的日本是怎样逐步将"文"中的"汉文脉"的比例调低，将"和文脉"的比例通过"新国文运动""和文运动"等运动提高，然而"和汉洋折中体"的形成还缺少"洋"的成分，"欧文脉"也需要纳入日本的新文体之中。

一、从语言学角度对"欧文脉"的概述

近代日语中欧化成分的摄取有语汇、语法、修辞法、文字记号等几个方面。而对近代日语产生最大影响的是英语。第一是单词方面。近代日语中加入了难以计数的从欧美输入的词汇，其中包括各种"和制英语"外来语（用片假名表述的，比如ニュース（news）、日本用汉字翻译的外语单词

（比如"野球、化学、社会"等）。第二是修辞方面。例如
"拟人法"的使用。在日本的古语中也有拟人法，但在西方
拟人法的影响下，日语里出现了十分抽象的拟人法，比如
说："恐怖が彼を捕えた"（他被恐惧抓住了）。第三是语法
方面。受英语的影响，近代日语的语法也发生了很大变化，
畿边弥一郎在明治三十九年（1906 年）发表《国语受英语
的感化》（《国語に及ぼせる英語の感化》）❶，对明治维新以
来日本语受英语的影响（感化）而使日语在"缜密化"上与
英语接近的现象进行总结，其中包括以下成分：（1）新名词
的出现。比如理想、修养、权利、灵感等，这些都是随着新
的西方文化、哲学概念被译介和接纳到日文中的。（2）代名
词比如"彼"（他）的"多用"。在此之前无论是和语还是
汉语都不过多地使用人称代名词比如"彼"（他），而采用
的是"实名词"的不断重复方法，那时使用人称代名词会使
人感到"轻蔑的意味"。除了人称代名词之外，指物代名词
"それ"（那个）也是随着英文的影响而被广泛使用的。
（3）形容词。原来在形容词的使用上日英两种语言是大相径
庭的。其中有趣的是将英文 systematic 中的 tic 的翻译。它被
译成了"的"。畿边弥一郎说这纯粹是一种戏剧性的译法：
有一天一些著名的翻译家如柳河春三、桂河甫策、大槻文彦
等人聚在一起讨论如何翻译 system 和 systematic 的问题，前
一个 system 很容易地被译为"组织"，但那个词缀 tic 怎么也

---

❶　［日］畿边弥一郎："国語に及ぼせる英語の感化"，载《文章世界》
第一卷第八号《论说》，明治三十九年（1906 年）十月十五日。明治新闻杂志
文库藏。

想不出好的译法。巧合他们几个平时都喜读中国古典小说《水浒传》和《金瓶梅》，有人想到那个 tic 和古典小说中的"的"的读法十分相近，就灵机一动，把它译成"的"而由此流传了下来。（4）冠词和比较级的使用。比如"一個"、"一人の"（一人的），形容词的比较级比如"より少き"（较少）、"より高い"（更高）等，这些都是传统日语中没有的。（5）被动语态（日文："受身体"）的使用大量增加。（6）新副词的加入。比如"概して言へば"（概而言之）、"然る後"（然后）、"換言すれば"（换言之）等。（7）接续词。比如"恰も"（恰好）的出现。（8）后置词。英文的 in 、at 被译成"於いて"，它被大量地用于日本的"国文"之中。（9）文章记号，即标点符号（句读法）。日语和中文的古文一样，原先也是没有标点符号的。在西洋的影响之下，明治维新之后的日文中开始出现"？""！""、""。"之类的标点符号，随后几乎所有的西文标点符号都被引入日文之中。❶

畿边弥一郎在这篇文章的开头还对日本文法受西洋外来影响（感化）的历史进行了梳理，将其上溯到"兰学"（荷兰学）、"独逸文学"（德国文学）和"英语文学"三个来源，指出在以上三种之中"英国文学"对日本近代语文的影响最为强烈，已经深入到骨髓也就是语法结构的深处。新思想从外国的输入对语言产生了改头换面的效用，反之语言的变革也更加促进了"思想的发达"，二者相互作用。

---

❶ 这一点和中文的变革有相似之处。值得研究的是，中文在引进标点符号时是否受到过日本的影响。

畿边弥一郎的这篇文章是对近代日语中"欧元素""欧文脉"的比较全面的总结，那么这些欧化的成分是怎样逐步渗透进日语中的呢？

二、"欧文脉"（文体）形成的五个时期

山本正秀在《言文一致の歴史論考》中将近代日文"欧文脉"形成分为五个时期，❶以下我们将逐一综述五个时期的特征并将它们和近代中文欧化的过程进行对比分析。

第一个时期从明治维新前后到明治十七年（1868～1884年）。这个时期的译文特征是用"意译"的手法进行西文的翻译，实行的是"意译主义"。一半以上的译文都是用传统的"漢文崩し体、马琴体、太平記調、净琉璃体"等文体直接意译成西文，这些译文读起来不仅佶屈聱牙，而且还极端地不忠实原文。山本正秀将这个时期称为"西洋文明惊异期"。在这个时期里人们对西洋文字文章的好奇心十分强烈。英文和法文开始大批量地进入了人们的生活，市井开始出现并流行起了"书生英语"，同时在文章里开始出现掺杂英文文体的迹象，"散装英文"也在坪内逍遥等作家的文章中出现（比如他的《当代书生气质》）。除了文学之外，大量的哲理性翻译词汇也是在这个时期产生的。比如由福泽谕吉、西周、中村正直等人根据英文意思创造出来的汉字词汇"铁道、演说、哲学"等。在这个时期发现的英文文章的译文大多数是逐字逐句地对应着"直译"的（逐語的直訳），是注

---

❶　［日］山本正秀：《言文一致の歴史論考》，（东京）樱枫社昭和四十六年（1971年）版，第442～450页。

释性的，由于并没有把意思翻译出来，解读起来十分困难，所以还不能称之为"译文"。这个时期虽然是"欧文脉"形成的最初阶段，并没有什么文体上的直接成果，但由于青年学者们对西文文体的热情被激发了出来，为后面的几个阶段打下基础。

假若将日本文体"欧文脉"化的第一期和中文近代文体欧化的过程相互联系地考察，我们应该注意的是这个时期包括"哲学、社会"等被福泽谕吉、西周等"洋学者"翻译并定型的汉字词汇后来在中国得到的广泛传播和应用，虽然不是文体而只是词汇的"西化"，这些词汇在包括日本、中国、韩国等地区的最终确立和应用是"西学东渐"以及东西方文明的相互交融不可缺失的步骤之一。另外，日本这个时期的"意译西文"和清末严复、林纾等人采用的翻译方法十分相似，在保留传统的文体的前提下将西方的观念和文章按照东方的行文方式加以表述。

日本文体"欧文脉"形成的第二个时期是从明治十八年到明治二十二年（1885～1889年）。这个阶段正值"欧化万能"的"鹿鸣馆时代"，在翻译界实现了"大跃进"，是日本文体摄取欧式文章养分的"开花时节"。《繫思谈》译自英文小说《Kenelm Chilliingly》，译者为藤田茂吉和尾气庸夫（有人说真正的译者是朝比奈知泉）。这部明治十八年出版的译作在日本文体史上有着重要的地位。它区别于早先"意译"和囫囵吞枣式的译法，有意识地从句法和结构上忠实于原著，开始逐字逐句而不是笼统模糊地进行翻译，它的出版标志着日本的译文从只偏重内容的无意识时代到内容和外形都要求兼备的有意识时代的转变，同时也标志着翻译者对翻译对象态度的改变。虽然严格地说在《繫思谈》出版之前也有过对外来作品"逐字译"的先例，但《繫思谈》是第一部在翻译的态度上积极明确地试图改变以往的不精确的翻译方式，从译者的主观上根本地认为翻译西方文学时应该"内容外形并重"的跨时代的作品，对其后日本的翻译家的态度的转变起到过重大的影响，这种做逐字逐句翻译的文体也被称为"周密文体"。由于《繫思谈》中的逐字逐句译法过于贴近原文，所使用的遣词造句也是沿用了旧式的华丽的"汉文直译体"，因此有些部分读来十分牵强和生硬，明显地表现出"硬译"以及将两种完全不同形态和源于不同体系的文字"使劲地"对接到一起的痕迹，而且它几乎完全漠视日本语固有的"语格"，显得十分"生硬芜杂"，因此尚不能说是完美的译作。

对之进行继承和改进的是森田思轩。因为用具有划时代意义的"独特的周密文体"翻译了雨果等文豪的著作，森田思轩成为这个时期的又一大翻译重镇，被誉为"翻译王"。和上一个时期仅仅用日本传统的汉文崩し体、马琴体、太平记调、净琉璃体等"意译"西文不同的是，在借鉴了《繫思谈》的"周密文体"的同时，森田思轩采用独特的"周密文体"逐字逐句地忠实地翻译西文，但又不同于早先的只以单词为单位标注西文意思却并不作出整体意思翻译的方法，他用"周密文体"还是想作出文章意义的把握和传译的，是一种"翻译"而不是"注释"。这种既要尊重原文又要厘清意思，还要用日本人能读懂的方式把外文的文章意思表达出来的愿望必将会促成对"文体"本身的新的摸索和追求，也必然要作出打破原有传统文体的限制的尝试，其结果就是森田思轩式的、令当时读者读起来也显得有些"生硬"但十分独特的"周密文体"。所谓的"周密",顾名思义,就是在翻译时周密地考虑原文的原意,用准确的日语将其表现出来。

笔者在追踪森田思轩的独特的"周密文体"时非常自然地将其和鲁迅的"硬译"方法联系起来。鲁迅的思路和方法和森田思轩的十分相似,二者都讲求在翻译时忠实原文的意思和写作风格,因此他也和森田一样陷入了在母语中找不到和原文接近的文体而不得不将对象文体"和盘托出"而显得异常"生硬"的境地,这里的"生硬"当然是相对于母语的传统表达形式而言的。从森田思轩的"周密文体"到鲁迅的"硬译"中我们都可以看到翻译家们考虑怎么用东方文章文体的"旧瓶子"灌装西方文章中的内容——"新酒"时候的煞费苦心,结果无疑只能是两种,一种是不改革文体,用旧瓶子装新酒,但结果是旧瓶子像坛子,装不好装不下洋酒,另外就是改造旧瓶子,改装文体,让瓶子适用于新酒。从这层意思上说森田思轩和鲁迅就不仅仅是译者,也是文体上的思考者和先驱。

德富苏峰❶是森田思轩同期的、影响更大的文体革新家,也是那个时期的一颗耀眼的新星。德富苏峰是著名的平民主义的思想家,因此也是文体革命的大力倡导者,明治十九年(1886年)九月发表著名的《将来之日本》(《将来の日本》),该文章破天荒地采用欧文素七分、汉文素三分的完全

---

❶ 德富苏峰又名"苏峰德富猪一郎",1863年出生于熊本县一个富豪家庭,幼年在私塾中学习汉学。明治六年到十三年(1873～1880年),他在东京英语学校、京都"同志社"等处学习英文并接受了基督教的教义,这些构成他西学的教养和学问。

新式的、典型的"欧文直译体"。在此之前日本的议论文使用的都是"汉文直译体"且绝大部分的成分是汉文，不用汉文直译体就无法写出议论文体裁的文章是一种当时全社会的共识，因此德富苏峰的《将来之日本》和《新青年的日本》等文章出现之后被视为一件破天荒的大事，犹如文体中的异类，但是德富苏峰的已经非常含有"欧文脉"的新文体正好迎合了当时日本年轻人追求欧化的热情，他的一系列革新性极强的"欧文直译体"的议论文也无疑掀起轩然大波，刊载德富苏峰文章的《国民之友》（《国民の友》）因此销量大增。德富苏峰独创的、有很多"洋元素"的文体最突出的优点是行文自由自在。之前的汉文直译体虽然文章成型容易，其缺点是描写时容易夸张和华而不实。德富苏峰的文章非常巧妙地克服了这些缺点。由于新式文体在写作时能随心所欲和纵横捭阖，加上德富苏峰的"八面玲珑"和文采飞扬，他的文章读起来才华横溢，风流倜傥，一扫旧式文章之厚重的腐朽之气。❶ 在德富苏峰的带领下，"民友社"的许多作家，比如国木田独步、德富芦花等人都先后用"欧文脉"见长的体裁发表文章，在当时掀起了一场轰轰烈烈的欧化热高潮，成为年轻人追随和模仿的对象。由于德富苏峰的出现，"欧文直译体"被世人所承认，这对于以前"汉文直译体"占主导地位的日本文坛来说无疑是划时代的。必须指出的是，无论是森田思轩还是德富苏峰的欧式改良，都是在旧式的文言

---

❶ 德富苏峰的性格和气质以及其文风与梁启超十分相似，他的"欧文直译体"的风格也和梁氏在"豪杰译"以及"新文体"中的磅礴大气和才华横溢十分相像。梁氏受德富苏峰的影响颇深和"心心相印"或许也源于此，二人在日本和中国的文体变革中所起到的作用也十分相仿。

文（文語調）的大的规范中进行的，都只是一种改良而不是彻底的改革，都没能彻底地从旧的文体的束缚中完全挣脱出来，他们采用的"周密文体"和"欧文直译体"也都不是具备自由表达功能的近代文体。

最终是小说家二叶亭四迷和山田美妙完成了这个使命，因此说文言一致小说的创造者们在文体变革上的功劳是十分显著的。山田美妙在文体上的创新总共有两个亮点：第一是他在历史小说《武藏野》中第一次运用拟人的表现手法，在运用比喻时也十分新奇。第二是他第一次在文章里使用"、。?！……"等欧式的标点符号。山田美妙之所以受到后人的赞誉，以上两项文体和文章形式上的突破是主要原因。二叶亭四迷在文体上的突破主要是受俄罗斯文学家屠格涅夫和陀思妥耶夫斯基的影响。在小说《浮云》里他仿照俄国文豪们使用了大量的人物心理描写和人物独白等欧式表现方式。二叶亭四迷在翻译屠格涅夫的《猎人笔记》时由于非常注重忠实原著，翻译出来的结果，几乎是与原著完全一样的、非常成熟的"周密文体"，而由于屠格涅夫的原文本身就是"言文一致"（白话体）的，所以二叶亭四迷的译文便自然而然地成为日本文学史上最初的"言文一致"体的小说。就这样，山田美妙和二叶亭四迷通过他们在小说方面的创作实践，特别是通过翻译西方文学的翻译实践，开了日本文学文体史上口语和"欧式文脉"——用自然的、清新的语言写作的先河，紧随他们之后，国木田独步、田山花袋、岛崎藤村等人又以他们二人为榜样，在"欧文脉"的路径上继续探索和前进。可以说山田美妙、二叶亭四迷在将欧文文体导入到日本文学语言上面起到不可或缺的作用，也正是在语言开始欧化之后，日本文学才走上一条近代的现实主义的道路。

日本文学文体史上的"欧化"的第三个时期是明治二十三年到二十七年（1890～1894年）。这个时期和"言文一致"的"反动期"一样，在文体的革新方面也是一个"反动期"，即倒退时期。在这个时期里欧文体反而变成了"革命"的对象。以尾崎红叶、幸田露伴为代表的作家大力提倡回归传统的"雅俗折中体"，目的就是和前期二叶亭四迷、山田美妙的欧化日本文体的"激进行为"进行对抗。在这期间就连二叶亭四迷本人也在是否应该继续文体的改造方面犹豫不决，表现出前所未有的消极。我们可以将这个时期视为日本文体变革的"沉淀期"和"反思期"。任何革命都会产生破坏的效果，何况是文体的改革呢？在日文中进行欧式的改造本身就是对人们已经习以为常的表达方式的某种程度上的破坏，必定会引发传统势力的反戈一击。值得欣慰的是即使是保守派也没有对新文体完全持抵制态度，例如尾崎红叶就是在这个时期在小说中划时代地使用了"言文一致"的结尾词"である"，同时他也对左拉等欧洲译文小说中的细致入微的表达方法怀有极大的兴趣。

按照山本正秀的分类，日本文学的文体转型是在中日甲午战争之后才进入第四个时期的。明治二十八年到四十二年（1895～1909年），在西方自然主义文学的强烈影响下日本近代文体进入最终确立的时期。由于赢得了甲午战争的胜利，日本增加了国际视野，西洋文学被大量地介绍到日本并引发了丰富多彩的文学现象。日本的自然主义文学就是在这个时期形成流派的，以田山花袋为代表的自然主义作家们打破了美丑截然不同的概念，用"露骨"的手法表现文物的

"内面"即内心世界。用日常的口语写作是这个时期作品的语言特点，这样每个作家就能形成自己独特的写作风格和特征，从而在行文中显露出每个作家的鲜明个性。在这个时期，日本文学无论从内面还是从外面、从里到外都在西方文学的引导下发生了明显的欧式的改变。田山花袋提出如实地客观地描写人物的内心世界即自然主义的文学观念，在写作方法上他也学习西方人写作的技巧——比如印象派的写法，尝试过用名词结尾、将动词省略等新的表达方式，但总的来说田山花袋的文体没有太大的欧文风格上的突破。另一个自然主义作家岛崎藤村则在欧文体方面有技巧上的突破。他强调写生式的"印象描写"，在《破戒》等代表作中，岛崎藤村尝试着用简单的手法写十分复杂的内容，在文章的形态——文体上也有意突破旧式日本文章的形态和吸收消化西方的新颖的写作技巧。就这样，自然主义的各个代表性作家们各自在语文风格和文体上进行了具有个性的尝试，最终形成了具备近代文体特性的日本文体。

第五期为明治四十三年到大正十年（1910~1921年）是日本近代文体的"完成期"。这个时期最具代表性的是"白桦派"，"白桦派"的作家通过各自风格不同的创造让日本近代文体开花结果。这个时期也是欧洲文学作品的翻译盛况空前的时期，大量欧洲文学被引入日本或被翻译成日语，这样作家们既可阅读原文又可以通过著名译著了解西方作家的写作技巧和方法。很多作家——比如有岛武郎，将借鉴的写作方法和自己原本个性的写作风格、技巧融会贯通，将其"糅进"自己的文章中又不留明显的痕迹，使文章脱离开了"翻译体"的生硬和不自然，最终形成了比"和文"和"欧文"都丰满的、多姿多彩的文章。

无论从"欧文脉"特点的概述还是从"欧文脉"产生的过程（五个阶段）的描述，我们都能发现这个进程是从明治初期直到大正时代"马不停蹄"地进行的，在此期间和日本的语言有关的"各路人马"——既包括翻译家也包括作家各显神通，一步步将日本的"文"中糅进了西方文章的个性，由于日本的文体被同时确定为"和汉洋"的"三合一"的格局，那么，"欧文脉"的增加就将前二者的空间挤压，最终达到了"和平共处"的局面。

在日本的文体"欧化"的后几个阶段，从"五四"开始中国也开始了文体的"严密化"❶，汉语的"严密化"和日语的"周密化"几乎是同义语，都是增强语言逻辑的缜密性，而由于日语的基础结构也是汉文的，所以两种语言在19、20世纪之交得的同样的"病"，吃的也几乎是同一副药。因此，就有了受德富苏峰启发和影响的梁启超的"新文体"的开创以及鲁迅、森田思轩如出一辙的"硬译"，那都是在一种文体上的强行突破。

如果说前期"废汉、限汉、减少汉文"等行为是在为建设言文一致的道路所做的"三通一平"的工作的话，那么在清除了"汉字、汉文"的"两个羁绊"之后"欧文脉"的嵌入填补了由于"根除"所产生的沟壑和空白，从而为言文一致之路做了最后的疏通和铺轨，也进行了最终的塑型，从此日本的语文中掺入了"洋血和洋肉"。

中日不同的是中国并没有在"新文体"的生成上费周

---

❶　王力：《汉语史稿》，中华书局1980年版，第473页。

折，日本的言文一致文体对于中国来说是现成的，因此中国没有必要像日本那样自从明治初年就进行没有退路的、只能成功不能失败的文体生成的博弈——和自己的、和外来的。当"欧文"的血脉被用管道输入了中日两种语言的肌体之后，中日两种语言的基因就产生了变化，就非常的"富于逻辑性"了，而文体本身的大幅度更新，将其他的语言要素——欧化的语音、欧化的语法、欧化的词汇等都连带地"裹挟"了进去，由此，20世纪初的东亚变化的版图就不由自主地发生了王力所说的通常不易发生的"质变"了。由此，文字、文体、语言等几大语言模块在近百年间不停地彼此作用着、互动着，从而形成了东洋到西洋、东方到西方的令人目不暇接的语言大运动、大革命的宏伟景观。

魏育邻在讨论日本近代文学和"言文一致"运动的关系时说："通过从'形式'探寻日本近代文学的起源，即对'形式'的'历史化'，我们发现了近代文学是'言文一致'的产物，而非相反，不是'写实'和'内面'孕育了'言文一致'，而是前两者恰恰是后者的一对'孪生儿'。"❶

从对大量的史料的分析中，我们很难苟同魏育邻的"近代文学是'言文一致'的产物"的论点，毋宁说，我们从语言学和文学之间的关系以及从欧洲到亚洲的历史规律的研究和梳理中，却发现了魏育邻所说的"孪生儿"的说法的某种正确性，即无论在西方还是在东方，文学的变革和语言的变革都是互为因果的。这就好比"水"和"船"之间的辩证关

---

❶ 魏育邻："'言文一致'：日本近代文学的形式起源——从历史主义到历史化"，载《解放军外国语学院学报》2003年第2期，第115页。

系：语言仿佛是"水"，文学仿佛是"船"，什么样的水势，就能决定什么样的船的行程，但"水形"并不是不能修正的，也可以因行船的目的的需求，而改道、而变形而顺应之。

假若将以上用更加明确和直白的方式表述的话，就是没有日本近代文学家们在"文"上的不懈的努力，言文一致是不可能实现的，而并不是先有了言文一致之后才有了近代文学。因为"文人"终究是"文"的创造者和把握者，"言文一致"的理想是需要文人们通过范文的实践将其落实和定型的，同时，一旦一种新的"文"（文体、文风）被塑造出来之后，就可以变为后辈文人们行文时候的模板，就变成一种固定的、长久的新模式。从这层意义上说，坪内逍遥、二叶亭四迷、山田美妙、岛村抱月、德富苏峰、夏目漱石、森鸥外等文人在"言文一致体"上的开拓对日本近代文体的形成起到了不可或缺的作用。

除了讨论文学和语言变革的关系之外，在本章里我们还对"欧文脉"在日本语言中形成的过程进行了介绍和分析。这一部分既可以被视为本书第四章的延伸，也可以作为"文学"功能的扩展。一部近代日本文学史既可以被看成"文脉"的演化史，即日本语从"汉—和"的框架架构变化为"和—汉—洋"的三重结构的历史，也可以被视作"字—文—语"逐级提升、朝统一的言文一致语言逐级进化的历史，而在这个过程中文学的作用和第二章里介绍的"思想者"们的贡献是难分伯仲的。或许从时间上看"思想者"们觉悟得要早，因此参与得也早，但在后期的"文"的成立的阶段，文学家们对"文"的塑造——尤其是自然主义作家在明治后期和大正、昭和时期对文本的打磨，使作为现代日本语的样板的言文一致的文本能够面世，让日本语文的言文一致最终得以实现，从而也最终完成了从明治初期就启动的日本语文改革的最终使命。借此，日本语成功地完成了语言的"现代转型"，也为"二战"后现代日本国家的建立打下必要的基础。

结　语

如何从世界的整体视角、从语言甚至超过语言的高度看待近代日本所发生的语言转型，在理论和态度上是有一定的挑战性的。

塞缪尔·亨廷顿在其《文明的冲突与世界秩序的重建》中是这样定义"日本文明"的："一些学者在一个单一的远东文明的称呼下把日本文明和中国文明合并在一起，然而，大多数学者不这样看，而是承认日本文明是一个独特的文明，它是中国文明的后代，出现于公元100~400年之间。"❶虽然亨廷顿关于"日本文明"的定义并没有为本课题的研究提供直接有效的例证，但从方法论上，可以为我们确定究竟用何种方法做中日之间的"相同"和"不同"的比较研究提供一种鸟瞰式的领悟和史料处理时的感觉。

首先，假如中日同属一个"大文明"（civilization）的话，我们在进行中日对"汉字""汉文"这些"质料"取舍的考察时就相对直观些——因为那将是同一文明中的技术上的、量化的对比研究。欧洲的从拉丁文作为"共同书面语"到法、西、葡、意等各种口语样的"方言"的"多足鼎立"和分化过程就是同一文明量化分化的最好例证，它是在同一种"天主教文明"的同质性的量化的加减和分歧，但它和日文、中文从"书面汉文"到口语化的日文和口语化的中文的变革并不是相仿的——假若我们认同亨廷顿的"日本是一个独立的文明"的说法的话。也就是说，解释和研究后一种"非同一种文明下的、却使用过或者正在使用同一种文字"

---

❶　［美］塞缪尔·亨廷顿：《文明的冲突与世界秩序的重建》（修改版），新华出版社2010年版，第24页。

的两个国家的语言嬗变以及相互的影响，要比前者更具不确定性和挑战性。

即便如上，由于亨廷顿同时也说过日本文明是"中国文明的后代"，这也为我们仿效西方学者研究从拉丁文到西欧诸国文字演变时所使用的模式来进行我们的中日文的"言文一致"对比研究提供了一种可用的思路。

换句话说，我们在本书中进行的漫长的文字旅行，就是在诸多的历史的相同和相异中寻找着从不确定但可能存在的答案。

我们的研究首先得到的"答案"是：由于中日近代语言变革有着极大的相似性，为了与其他各国的语言变革区别开来，我们将之称作"中日语言变化模式"。这个模式包括以下几个重点内容：

（1）追求言文一致，手段是对汉字以及"文脉"的改革，用拼音文字，包括罗马字、假名等，也包括"汉文脉"中的"西式文脉"的注入。

（2）统一语言的打造，这种语言或称作"国语"，或称作"普通文"，等等。

以上这两项内容无疑是中日近代语言变革的"共同事项"和核心内容，只是这个语言变革的时间表在中日之间有所不同，在日本起步于明治维新（1868年），在中国起步于"五四"（1919年），虽然在这两个"起始点"之前语言的变革分别在两个国家也都有过"悸动"，但真正的起始是从这两个时间点上开始的。两个语言变革中中国的以"运动"命名；至于日本的语言变革究竟是不是正式的"运动"虽然各家有各自的说辞，我们也没有必要在此就什么是"运动"、什么不是"运动"进行澄清，但从日本的语言变革所包含的内容来看，它几乎和中国的"五四"白话文运动有至少五成至七成的重合性，因此我们可以将之归纳到同一种"大模式"之中进行考察，换句话说，在世界语言的变化史上，没有比日本的白话文运动和中国的白话文运动更相近，也更能作为对比和参照的对象的了，二者本应面对对方"顾影自怜"。

我们之所以有能力将"中日模式"作为一个特殊案例提炼出来考察，是因为：首先，与西方的拼音文字和其他国家诸如印度、埃及的文字相比，"中日模式"中有表意的汉字，而其他国家没有；其次，与越南、朝鲜等最终将汉字废除了的"汉字圈"内的国家相比，中日虽然曾都站在取消汉字的"悬崖"上面，但最终汉字没被废除，所以中日的言文一致之路和其他任何国家的都不同；再次，中日语言的"近代化"的起始时间点是比较独特的，都是在 19～20 世纪之交的"时间段"，这比古埃及、古玛雅的"去象形"要晚得多，比欧洲"去拉丁"也晚了几个世纪，因此是独特的；又由于中文、日文中的汉字是象形的、表意的，其向表音文字的"进化"过程必定是艰苦的，是不情愿的，是迫不得已的，这又和拉丁文向法、意、西、葡、德等语言的从文字上看是"换汤不换药"的变化迥异。中日的"语音化"仿佛是"生死抉择"是"脱胎换骨"，是难产时候的强行分娩，而西方的"言文一致"充其量只是同一种文字符号下的口语化而已，何况用于置换汉字的罗马字、世界语等文字文章压根就不是亚洲地区原有的，是陌生的"异种语言文字"，用它们将使用了几千年的熟悉的汉字进行置换，其过程必定是理性和感性、理想和情感之间的较量，必定会万分地痛苦和纠结。这一点，从本书的诸多史料中是可以"亲临其境"地读到的。

中日语文变革极端地相近出自于日文本来就是汉文的一种"近亲变异体"，因此才有"同一模式"之说。认同"同一性"并不是想和日本拉近乎，而是一旦模式的共同性被识别出来之后，在我们进行中国白话文研究的时候，日本的同一范畴中的所有东西都能拿过来进行对照和参考，正所谓"你中有我，我中有你"，而这一点是到目前为止中国学术界所忽视的，这也正是本书的意义之所在：笔者认为不进行日本近代语言变革的研究，中国的白话文运动就是不全面的、是片面的、是局部的和阶段性的，比如如果汉字的废除问题从明治维新之前，从前岛密就开始"预谋"的话，那么东亚汉字的"废除之路"就比从"五四"时期开始的惯常认知要早得多。我们可以从日本的语文变化之路的研究入手，将朝鲜、越南、日本、中国的"汉字去留、汉文存废、'国语'产生"等作为汉字文化圈的共同课题进行研究，因为这都是近代西方列强对东亚的"文攻武卫"下汉字文化圈内诸国分头作出的十分本能的反应，因此，从日本的言文一致道路的反观中我们能够找到一种"东亚视野"和亚洲的汉文明胸怀，并用这种视野和态度进行整体的亚洲文明和汉字文明下的回顾和反思。

中国近代白话文运动的源头共有三个：一个是胡适等人从美国引入的，一个是"无政府主义者"从欧洲引入的，另外一个就是黄遵宪、梁启超等人受日本的言文一致的影响从日本引入的。在三个"脉络"中应该说第三个发动得最早，它构成晚清白话文基础的一部分，同时在"五四"时期，它又被鲁迅、钱玄同等留日人士所传承，因此对这一个脉络源头的考察是必需的，是不可缺少的，但到目前为止，中国学术界尚未有人根据原始资料将对日本的语文改造过程进行系统性的考察，这不能不说是一种缺憾。另外从文字学的角度上看，将共同范畴下的核心内容放在中日两个国家的语言变革中对比——比如将对罗马字的处理、对汉字的限制等，是十分值得进行的。马建忠参照西洋语法构建中国的语法体系，在日本也有先例。本书由于只是对此问题进行"初探"，故不深入涉及这些项目。我们追寻汉语白话文的另外一个法相源头的目的并不是证明孰先孰后，而是通过对"镜像"的考察更清晰地照耀自己的面貌。笔者相信随着中国立场上的日本言文一致问题的逐步细致和深入，中国学人能发现白话文上游的那条"延伸线"，能认识到20世纪初的新文化运动只是总体上的"汉字保卫战"的一个后期的战场，汉文汉字的堤坝早在若干年前就险些在汉字母国的外围崩堤，而这条延伸线经过"五四"之后又一直被延长了下去，一直到当代的诸个汉字国度，比如今天还在韩国进行着的汉字教育之争以及至今在日本还在进行中的汉字数量是否该增该减的讨论，等等。还有至今中国学术界还没说清楚的究竟中国的当代语言是否已经"失语"的问题、当代汉语是不是被有的西方学者尖锐批评的"过度欧化"的问题，等等。笔者相信，随着中国的崛起、随着"复兴"后的中国在世界版图中位置的重新向中心点的复原，这个汉字大国度周边的小国在未来的一个世纪中还会在汉字、汉文的问题上不断进行态度和做法上的调整，在未来的一个世纪之中，这个从19世纪下半段自日本起始、20 世纪早期在中国大幅度兴发的"语文地震"的余震或许还会继续延长它的余波。虽然说"语言是存在之家",但是当"存在"本身发生实质性的变化的时候,语言也会随着变化。这,或许能够被称作"语言地缘论"吧!

在"中日语言变化模式"之下还存在笔者认为的"日本语言变化模式",后者是前者的一个变异体,是一个分支,这就如同日本作为一种"文明"相对于中国来说是"亚文明"一样。强调"日本语言变化模式"的存在也是本书写作的目的之一,因为笔者发现在此之前的研究中日语言变化比较的文章中里存在两种欠缺:一种是先将中日视为"可比"之后进行比较,比较其相似相异之处,但在比较的时候由于没有"模式"的思维,其结果是只重视枝节而忽视了整体;另一种是完全忽视了语言变革的"日本特色",或者相反,只强调"日本特色"的东西——日本学者往往有这种倾向,比如在讨论言文一致问题时只看重"文末辞法"的变化,等等。使用以上种种方法研究出来的成果,或者是以偏概全,或者是乏味无比。

所谓"日本模式"的核心有两点:第一是有着别的语言没有的系动词"文末辞法";第二是日本语言自古就是表意文字和表音文字的结合体,其中的表意文字就是汉字,表音文字是假名。这一点日语和韩语是相同的。由于没有进行过韩语近代变革的研究,笔者无法确定是否"文末辞法"的变化也是近现代韩语变化的一个"代表性议题",假若不是的话,那么日本的语言变革就是独一无二的,将之称为"日本模式"并不过分。

由于有作为"中日语言变化模式"下的"子项目"——"日本语言变化模式",在弄清楚"母模式"(元)和"子模式"(亚)之间的差别之后,我们在研究时处理史料的时候就可以进行整体判断和综合判断了,就能避免那些在上文中批判的以偏概全的做法,就不会只见树木不见森林了,比如我们就不会像大多数中国学者那样在论述日本言文一致问题的时候全然漠视"文末辞法"现象的存在,也不会像大多数日本学者那样在论述"言文一致"问题的时候只是纠缠于"文末辞法"而忽视汉字、汉文、罗马字改革这些比日本模式更高一层次的"中日模式"中的问题。

不看"元模式"而沉迷于"亚模式"或者相反,都是从事这项工作的大敌。我们可以将这种模式思维向其他汉文化圈的国家延展,比如和日本最相近的韩国,还有越南。朝鲜语言在结构上和日文是一样的,因此朝鲜语言的"去汉字道路"和日本的必定有极大的相似之处,虽然技术上应该基本相同,由于朝鲜半岛长期被日本占据,语言的自然变化被殖民地强行中断了。20世纪中期之后韩国急迫地将汉字全部取缔只留下"文脉"上的汉文,因此研究中韩、日韩语言变化的异同是一个十分有意义的课题,是本课题的有必要的延伸。同样,笔者认为在进行那项工作的时候本书中提倡的"模式"的思维方式肯定会提供很多帮助。

另外值得指出的是日本学者在研究"言文一致"和近代语言转型问题的时候从本能上倾向于强调"日本模式",强调"文末辞法""语音中心"等议题,而忽视"中日模式"中最最核心的汉字、汉文问题,尤其是当代的日本学界更是如此,追其动机,无非是想"忘掉过去",想淡化日本近代史上那段比较痛苦的"汉字蜕皮"的历史，他们往往想借助"语言中心""想象的共同体""内面外面""风景"等当今比较时髦的、从西方搬过来的"学术新关键词"对那段历史进行"取其所需"式的切割和利用。作为中国学人，我们要对之认识清醒，要主动地将历史变革的轮盘转回到那个时段的真实的场景，要在现象上对那段历史的"在场"进行复原，因此我们就需要用"元模式"的思维方法将汉字汉文的议题使劲地"拉回"到明治时代的"火红的现场"，而这，也是本书写作目的之一。

在本书的第二章中笔者将致使日本近代语文发生重大变革的原因归结为三个：（1）受以西方为主导的世界口语化的潮流的主导；（2）受近代日本参与的以甲午战争为代表的战争因素的影响；（3）受近代日本"思想家"的指引。其实，原因（1）为我们提供了第一个关于"必然、偶然"的思考依据，我们的假设是，假若西方势力并没有在19世纪那样大规模、大范围地向以中国为中心的东方侵犯和扩张的话，那么注定，无论是中国还是日本都不可能发生断裂性的、受外来巨大力量冲撞而引发的语言变革，即便汉文文化圈的语言也可能会发生变革，但那种方式本应是缓慢的、自然的，而19世纪末20世纪初的中日语文变革却是被动的和不情愿的，那个过程如果对日本尚可说是从容的、慢热式的话，那么对中国来说就是危急关头的、迫不及待的、生死存亡式的了。所以说中日近代的语言转型从西方强东方弱的角度来说或许是必然的，但从语言本身的变化规律上看又是极其偶然的和本不该发生的。

战争的因素同样为我们提供了"偶然、必然"的思考。

因为甲午战争日本战胜了中国这件事本身就是偶然的，从当时中日水师的兵舰总吨位对比上看日本并不一定会战胜中国，但恰恰就是那场日本侥幸获胜的战争将日本原本停顿了的语言变革推向了新的高潮，从而让日本的言文一致之路在那之后一帆风顺。我们可以将这一段史实列为世界语言变化史上的一个"另类案例"。其实，无论是日本海军打败了俄国的远洋舰队，还是对美国"珍珠港"的偷袭，近代日本这个国家的兴衰始终是在种种的偶然性的成功中存在，或许是在必然、偶然的辩证状态中生存，因此我们研究日本的语言和文化的变迁，也可以从这个套路中尝试。

至于日本近代的西周、福泽谕吉等"思想者"究竟对日本的言文一致起到过多大的牵引作用，笔者已经在文章中详述，但必须指出的是，所谓日本的"思想家群"其实是思想的"一传手"，他们最多只能算是西方思想的最早的接受者和传播者，他们并不是思想的发明人。在这方面，中国的严复、胡适等人不也都是西方原发想法的传球手吗？遗憾的是这种状况至今还在延续，因此我们或许不能强求于故人。即便如此，西周、福泽谕吉、中江兆民、严复、胡适等思想上的"先领悟者们"在亚洲近代语言变化过程中所起到的引导作用也是可圈可点的，他们都功不可没。

无疑，本书比较大的"建设性贡献"是"国字—国文—国语"三个模块的叠加式的搭配，它们分别在第三、第四、第五章里的逐级递进是前所未有的。笔者如此安排的用意有两点：其一是将主题有关的零碎的历史资料体系性地放到与它们相关的"单位"中去，在"单位"中再自行建立起独自运行的逻辑结构，这样，三个独自的"单位"在分别建成之后就可以在既有区别又有联系中互动起来了。必须说明的是，无论是"国字"还是"国文""国语"的模块都不是最终的，都能够自行增生和自我扬弃，都应该能够永不休止地将更新的理论要素和史料的、现实的、当下的要素包容进去，本书所做的充其量只是它们的初期构建，是受着笔者自身能力限制的阶段性的建设，不过，能让这种模式在更广阔的范围中利用和延展，则是笔者最为期盼的。比如，我们完全能够将中国近代的甚至古代的某一个阶段的语言变化过程——比如20世纪初期的，放到"字""文""语"三个模块中研究；再如，我们还可以将一个国家的完全不同时期的语言现象，比如古代的和当代的，先分别放进三个模块中考察，然后将它们分头做"字、文、语"的跨时代性比较，当然，这种比较也能跨越国界和语种，例如东亚地区最能进行"近亲比较"的是日语和韩语的系统性比较，因为韩语和日语一样，早先也是"表意—表音"双性文字，20世纪中期韩语才将汉字从韩文中彻底地废除；将这两种"近亲语言"的"字、文、语"的模块建立起来并进行同类的比较将使我们更加明晰地了解东亚周边地区的汉字、汉文的变化和现状，而这种研究更是深入进行国与国之间关系研究的入手之处。正所谓"人如其文"，国不也是"如其文"吗？

可以与"国字—国文—国语"三个模块相提并论的是本文里的另外一个以"汉文脉—和文脉—欧文脉"三个"文脉"连接在一起的"文脉"系列，这种以文的脉络为中心的阐释方法从本书第四章开始，一直延续到第六章关于"欧文脉"的讨论。"文脉"的思路为近代日本文学以及东亚文学的研究提供了另外一个新的范畴和纬度，是一个不可缺少的

"关键词"。"脉"是"脉络",又仿佛是水流的纹理,是流动的管道,是交流的渠道,是一条可供追寻源头的线路。东亚的文脉在西方势力渗入亚洲之前无疑是以"汉文脉"为主要的营养源头的,汉文脉犹如一汪清泉,一直用汩汩的"文之水"灌溉着中华大地以及周边的这些以汉文为主要文字的国家,日本当然也包括在内。汉文作为文脉被切断、被截断、被分流是从近代西方的思想和文学被引入开始的,由此,从西方混进亚洲的蓝色的"文之水"和汉文的黄土色的文脉和各国本土的原色的文脉混合在一处,在周边各国形成了各自独特的"三文鼎力"的局面。这种"三合一"过程是从文字的置换开始的,然后到文章,然后到国语,这是一条语文的从量变到质变的变化之路。如果说"字"到"文"之变是前半期,是量变的阶段的话,当"文"在变为"语"之后,变化就从量变到质变了。因此,我们的两个模块:"文—字—语"以及"汉文脉—本土文脉—欧文脉"是你中有我,我中也有你的两大系统,它们之间也是能互动和相互作用的。

必须说明的是,无论是在中国还是在日本以及朝鲜、越南,这些模块和由模块构成的系统之间的变化都是在外来的冲击下发生的,都不是自然的,关于这一点我们在第二章中已经进行了讨论。正因为两大系统"字—文—语"以及"文脉"的变化是突发的,是仓促的,是非自然的,因此和自然形成的缓慢的语言变革相比,亚洲诸国的两大系统的模样和互动的状态是无规则的,是纷乱的,是令人眼花缭乱的,变化的结果甚至是超乎想象和不可思议的,举例说明:在朝鲜半岛,如果没有从 19 世纪末开始的日本的语言殖民和 20 世纪的冷战背景下的南北分裂，假如听凭语言自己变化的话，那么无论如何 21 世纪的朝鲜语言也不可能是现在这般模样。或许其中还有许多汉字？或许南北不分？总之不会是今天这样。

"脱亚入欧"之后的日本是东亚语言变革中的一个变种，是一个特殊的案例。当代日本语是近代语言变革的产物，这个"产物"最突出的特色是它是一种世界上仅存的由象形的、表意的汉字和表音的拼音字母平、片假名合成的语言——当原本也是"表音、表意组合体"的韩文在 20 世纪后半期将汉字去除之后。当代日本语的形成史其实就是本书这两大系统（"文—字—语"的和"汉—和—洋"的）的互动史，日本语其实是它们相互进行媾和了近一百年之久之后生产出来的一个畸形儿。这个畸形儿的基因中有三种文化源流积存下来的三种血脉：大和的是本土的，汉字的是中华的，洋的是"八国联军"的，因此，这个畸形儿的嬗变性不仅存在于它的可表意也可表音的独特的、能左右逢源的、变化多端的语言的可变性之中，还存在于它的由三种基因构成的特殊生理结构里面。正所谓"国如其文，文如其人"，嬗变性其实就是日本这个国家的特性，是大和民族所寄生的地理环境和文化土壤中产生的一种特质。由此，我们这部关于语言变迁的漫长的讨论就可以被同时视为一种解读日本国家国民文化密码的努力：因为日本的语言符号中有着三个文明的内容，它就可以非常娴熟地在日、汉、欧美这三个角色中跳跃，可以随意"变脸"，也能在三股势力中根据实际需求瞬时选边、站队，这就注定使日本这个国家成为一个极端现实主义的、机会主义的国家。所谓"船小好掉"，调头对于别的单一文字符号的国家来说或许是个痛苦的过程，但对于在文字符号和文脉中本来就三者兼具的国家日本来说充其量只是在"和、汉、洋"三者之间进行比例上的重新安排而已，是非常随意和容易的。

或许，这才是亨廷顿想要说的"日本的独特性"之所在。

说日本是否拥有一个"独立文明"的资格，这要从如何将"文明"定义开始。虽然日本学者一再将日本文明说成是一个"独立的文明"，但这并不是一个被世界主流学界认同的观点。单从构成文明的语言上看，在构成日本现代语言中"三大要素"中汉字的和用片假名表示的外来语都不是产自日本本土的，一个是借来的，一个是舶来的，它们决定了日本文化的对外依赖性以及国家定位的"嬗变性"。近现代的一部日本史就是一部嬗变的、机会主义的历史。

在全书结束之前，让我们再回来把摸一下"汉文脉"吧。"汉文脉"不仅是水的纹脉，也是血脉。19～20世纪欧亚两大文明板块史无前例的大碰撞是以欧洲拉丁文化的全面进攻和亚洲方块字文明全方位的防守为大背景展开的，那时候，外来文明的入侵仿佛是外星的陨石从天而降，在太平洋激起万丈巨浪；拉丁文化的大潮先后冲向中国的沿海，企图登陆并征服未果，然后就转道日本，被苦心求变的日本顺势接受。之后，在文字上和潜意识中已经逐步言文一致了的日本再将这股文字变革之风传染向了中国内地，由"五四"新文化的白话文运动将其推向了高潮。与此同时，另外几个传统的汉字的"据点"——越南、朝鲜也分别承受拉丁海啸的冲击，有的没能守住瞬间变成拉丁字母的国度，有的虽然进行过殊死的抵抗，但最终将汉字取代废除。

　　19～20世纪的亚洲是一个文字的试验场，是拉丁文和汉文的文字战争血肉横飞的时代，是表意、表音文字的短兵相接。传承了几千年的汉字差点像其他古老的象形文字——古埃及文、玛雅文那样在突然而至的外来文字的强烈冲击中灭绝，而汉字能在日本和中国先后经受过罗马字运动、世界语运动和用英语、法语代替本土语言的运动等诸多旨在消灭汉字的"运动"之后还没灭绝算是"大难不死"，但是，即使守住了绝大部分的亚洲汉文字的版图，汉字和汉文的血脉在经过一百年的外来语种的"侵略"之后也没能保住全身，毕竟越南的汉字地盘、朝鲜的汉字地盘丢失了，日本的汉字"半壁江山"变为三分之一，中国内地的字形被简化，中文中的文言文被废除，如此种种。同遭遇"海啸"之前相比，而今的汉文圈已经变得非常的残破，非常的惨不忍睹。这种一个洲际的语言在百年中全面的"大变脸"即使在世界语言变革史上也是罕见的，当然，这在强势的欧洲人眼中或许是自然的，因为他们曾经以极快的速度改变过非洲、南美洲的语言文字的版图，但是在东亚、在这个本来就是"中央帝国"的传统的"文字领地"的纵横万里的大地上，用如此之迅猛的态势攻击一个文化区域并且得手，不能不说是欧美人的幸运，也不能不说是东亚人的悲哀。

　　日本正是引领东亚地区去汉字、去汉文的第一个变节者，因此我们对这个过程不可不察。日本最终在文字、文体结构上的选择正是当今这个国家的"国际坐标"——"和汉洋三合一"，对这个"万能结构"的部件的分析是解读这个国家的密码，同时也是与之打交道的秘籍。从好处上说，日本能够用尚存的三分之一的"原汁原味"的汉字将汉文脉的、汉语文明的东西用他们的细致耐心封存下来，对汉字文明的传承来说是件好事，但是我们应该同时保持警觉的是，另外两种文明的要素——本土的、西洋的会随时在日本身上发生效应，让日本远离汉字的中国。

毋庸置疑，日本这个邻国和汉字、汉文的关系无论在什么时代都是一个"鲜活的问题"，日本19世纪末从企图废除汉字到局部使用汉字的这段历史拥有它永久的现实性。汉字是日本语言的根本性问题之一，同时也是日本这个国家和邻国关系的一个自然的、难以割断的纽带。尽管近代日本的"言文一致"问题在日本也一再被重新炒热，但日本学者在这个问题上所进行的是"选择性的研究"，是为迎合诸如"语音中心"之类的新的学术时髦而进行的目的性的阐释，日本学界像他们所惯于做的一样，对近代史上关乎汉字汉文的至今读起来仍令人回肠荡气的全民范围的大讨论，以及那个让朝野上下无人能退避的历史性的关于民族语文根本性的进退大抉择往往采取"选择性遗忘"的态度，因此汉字汉文在日本的兴废的这段还带着热乎气的近代历史在日本并不是一种显学——尽管关于"言文一致"尚有纷纷的议论。从这方面我们可以批评日本是忘本了，忘记了自己的国家的先人们曾经如何大量地使用汉字、用大爱钟情于汉字并对汉字的母国抱着怎样的感恩之心。

因此中国的学人有必要替他们找回失去的记忆。

以史为鉴，首先要研究史，日本的一部近代文字文体变化史，是我们无法回避和必须追究的历史。

主要参考文献

［1］［日］大塚孝明.森有礼［M］.吉川弘文馆，1986.

［2］東京大学教養部.漢字がつくる日本、古典日本語の世界［M］.东京：东京大学出版会，2010.

［3］［日］古桥信孝.日本文学の流れ［M］.东京：岩波书店，2010.

［4］［日］絓秀实.近代文学の誕生—言文一致運動とナショナリズム［M］.太田出版社，1995.

［5］［日］吉田一精.现代日本文学史［M］.东京：樱枫社，1980.

［6］［日］井上ひさし.文章読本［M］.新潮文庫，1987.

［7］［日］福田恒存.反近代の思想［M］.筑摩书房，1965.

［8］［日］富田仁.小説移入考［M］.东京：东京书籍，1981.

［9］［日］福泽谕吉.福翁自伝［M］.庆应通信，1957.

［10］［日］江藤淳.漱石とその時代［M］.新潮選書，1970.

［11］近代文学館.明治の文人たち 候文と言文一致体［M］.博文館新社，2008.

［12］［日］久松潜一.日本文学史 近代Ⅰ［M］.至文堂刊.

［13］［日］久松潜一，吉田精一.近代日本文学辞典［M］.东京：东京堂出版，1954.

［14］［日］金田一春彦.日本語［M］.东京：岩波书店，1988.

［15］［日］木夏本隆司.日本文学史［M］.ミネルウア书

房，2010.

[16] ［日］桥本治理. 言文一致体の誕生［M］. 东京：朝日新闻出版，2010.

[17] ［日］森一. 啄木の思想と英文学——比較文学的考察［M］. 洋洋社，1983.

[18] ［日］十川信介. 明治文学回想录［M］. 东京：岩波文库，1999.

[19] ［日］山本正秀. 近代文体発生の史的研究［M］. 东京：岩波书店，1965.

[20] ［日］山本正秀. 近代文体形成史料集成发生篇［M］. 东京：樱枫社，1978.

[21] ［日］山本正秀. 近代文体形成史料集成成立篇［M］. 东京：樱枫社，1979.

[22] ［日］山本正秀. 言文一致の歴史論考［M］. 东京：樱枫社，1971.

[23] ［日］小田切秀雄. 日本文学の百年［M］. 东京：东京新闻出版局，1998.

[24] ［日］中村光夫. 文学の思想［M］. 筑摩书房，1965.

[25] ［日］中村真一郎. 明治作家论［M］. 构想社，1978.

[26] ［日］中村真一郎. 大正作家论［M］. 构想社，1977.

[27] ［日］原子朗. 文体論考［M］. 冬树社，1975.

[28] ［日］真铜正宏. 永井荷風　の彩り［M］. 世界思想社，2010.

[29] ［日］佐藤武义. 概説日本語の歴史［M］. 朝倉书店，1995.

[30] ［日］柄谷行人. 日本现代文学的起源［M］. 赵京

华，译．北京：生活·读书·新知三联书店，2003．

[31] ［日］茂吕美耶．平安日本［M］．桂林：广西师范大学出版社，2007．

[32] ［日］南博．日本人论——从明治维新到现代［M］．邱埱雯，译．桂林：广西师范大学出版社，2007．

[33] ［日］坪内逍遥．小说神髓［M］．刘振瀛，译．上海：上海译文出版社，2010．

[34] ［日］桥本万太郎．语言地理类型学［M］．余志鸿，译．北京：世界图书出版公司，2008．

[35] ［日］丸山真男．日本近代思想家福泽谕吉［M］．欧建英，译．北京：世界知识出版社，1997．

[36] ［日］小森阳一．日本近代国语批判［M］．陈多友，译．长春：吉林人民出版社，2003．

[37] ［日］野村浩一．近代日本的中国认识［M］．张学锋，译．北京：中央编译出版社，1999．

[38] ［日］子安宣邦．东亚论——日本现代思想批判［M］．赵京华，译．长春：吉林人民出版社，2004．

[39] ［日］竹内实．比较文学与文化研究［M］．北京：中国文联出版社，2006．

[40] ［英］彼得·伯克．语言的文化史［M］．北京：北京大学出版社，2004．

[41] ［英］彼得·伯克．语言的文化史——近代早期欧洲的语言和共同体［M］．北京：北京大学出版社，2007．

[42] ［英］尼古拉斯·奥斯特勒．语言帝国——世界语言史［M］．章璐等，译．上海：上海人民出版社，2009．

[43] ［美］本尼迪克特·安德森．想象的共同体——民族主

义的起源与散布的新描述［M］. 吴叡人，译. 上海：
上海人民出版社，2003.

［44］［美］塞缪尔·亨廷顿. 文明的冲突与世界秩序的重
建［M］. 修订版. 北京：新华出版社，2010.

［45］［法］德里达. 论文字学［M］. 上海：上海译文出版
社，1999.

［46］［瑞士］索绪尔. 普通语言学教程［M］. 高名凯，
译. 北京：商务印书馆，1980.

［47］［瑞典］高本汉. 中国语与中国文［M］. 张世禄，
译. 台北：文史哲出版社，1985.

［48］北大日语系. 日本语言文化研究（第七辑）［M］. 北
京：学苑出版社，2007.

［49］曹聚仁. 文坛五十年［M］. 北京：生活·读书·新知
三联书店，2010.

［50］曹而云. 白话文体与现代性［M］. 上海：上海三联书
店，2006.

［51］陈都伟. 日本战后思想史研究——以丸山真男为中心
［M］. 海口：海南出版社，2011.

［52］陈独秀. 新青年［M］. 郑州：中州古籍出版社，1999.

［53］陈嘉映. 语言哲学［M］. 北京：北京大学出版社，2003.

［54］陈平原. 中国小说叙事模式的转变［M］. 北京：北京
大学出版社，2003.

［55］陈跃红. 比较诗学导论［M］. 北京：北京大学出版
社，2005.

［56］邓伟. 分裂与建构：清末民初文学语言新变研究
（1898～1917）［M］. 北京：中国社会科学出版

社，2009.

[57] 丁志伟，陈崧．中西体用之间［M］．北京：社会科学文献出版社，2011.

[58] 高玉．现代汉语与中国现代文学［M］．北京：中国社会科学出版社，2003.

[59] 胡适．白话文学史［M］．天津：百花文艺出版社，2002.

[60] 黄俊杰．日本汉学研究初探［M］．上海：华东师范大学出版社，2008.

[61] 黄遵宪．日本国志［M］．天津：天津人民出版社，2005.

[62] 黄遵宪．黄遵宪集［M］．天津：天津人民出版社，2003.

[63] 蒋林．梁启超"豪杰译"研究［M］．上海：上海译文出版社，2009.

[64] 李少军．甲午战争前中日西学比较研究［M］．武汉：湖北人民出版社，2007.

[65] 李怡．日本体验与中国现代文学的发生［M］．北京：北京大学出版社，2009.

[66] 林少阳．"文"与日本的现代性［M］．北京：中央编译出版社，2004.

[67] 林少阳．"文"与日本学术思想［M］．北京：中央编译出版社，2012.

[68] 林文月．读中文系的人［M］．北京：文化艺术出版社，2010.

[69] 刘禾．跨语际实践［M］．北京：生活·读书·新知三

联书店，2008．

[70] 刘进才．语言运动与中国现代文学［M］．北京：中华书局，2007．

[71] 刘元满．汉字在日本的文化意义研究［M］．北京：北京大学出版社，2003．

[72] 刘增杰，孙先科．中国近现代文学转捩点研究［M］．上海：上海文艺出版社，2008．

[73] 刘岳兵．日本近现代思想史［M］．北京：世界知识出版社，2010．

[74] 刘振生．鲜活与枯寂——日本近现代文学新论［M］．长春：吉林大学出版社，2010．

[75] 刘东方．"五四"时期胡适的文体理论［M］．济南：齐鲁书社，2007．

[76] 陆锡兴．汉字传播史［M］．北京：语文出版社，2002．

[77] 孟庆枢，等．二十世纪日本文学评语［M］．长春：吉林人民出版社，2009．

[78] 南博．日本人论——从明治维新到现代［M］．桂林：广西师范大学出版社，2007．

[79] ［日］内山完造．我的朋友鲁迅［M］．何花，徐怡等，译．北京：北京联合出版公司，2012．

[80] 彭修银，皮俊珺．近代中日文艺学话语的转型及其关系之研究［M］．北京：人民出版社，2009．

[81] 翟东娜．日语语言学［M］．北京：高等教育出版社，2006．

[82] 钱玄同．钱玄同文集［M］．1～6卷，北京：中国人

民大学出版社，1999.

［83］钱国红．走近"西洋"和"东洋"——中日世界意识形成的比较研究［M］．北京：商务印书馆，2009.

［84］沈国威．近代中日词汇交流研究［M］．北京：中华书局，2010.

［85］谭晶华．日本近代文学史［M］．上海：上海外语教育出版社，2003.

［86］谭晶华．日本文学研究：历史足迹与学术现状［M］．南京：译林出版社，2010.

［87］童晓薇．日本影响下的创造社文学之路［M］．北京：社会科学文献出版社，2011.

［88］唐德刚．胡适口述自传［M］．上海：华东师范大学出版社，1993.

［89］徐时仪．汉语白话发展史［M］．北京：北京大学出版社，2007.

［90］王力．汉语史稿［M］．北京：中华书局，1980.

［91］［美］王德威．被压抑的现代性——晚清小说新论［M］．宋伟杰，译．北京：北京大学出版社，2005.

［92］王向远．中日现代文学比较论［M］．长沙：湖南教育出版社，1998.

［93］王向远．中国题材日本文学史［M］．上海：上海古籍出版社，2007.

［94］王晓平．日本中国学术闻［M］．北京：中华书局，2008.

［95］夏晓虹．晚清社会与文化［M］．武汉：湖北教育出版社，2001.

［96］肖夏．日本现代文学发展轨迹［M］．济南：山东大学出版社，2011．

［97］徐琼．樋口一叶及其作品研究［M］．北京：知识产权出版社，2012．

［98］杨联芬．晚清至五四：中国文学现代性的发生［M］．北京：北京大学出版社，2003．

［99］杨天石．哲人与文士［M］．北京：中国人民大学出版社，2009．

［100］王海涛．日本改变中国［M］．北京：中国友谊出版公司，2009．

［101］叶琳，等．现代日本文学批评史［M］．上海：上海外语教育出版社，2008．

［102］叶渭渠，唐月梅．日本文学史［M］．近代卷．北京：经济日报出版社，1999．

［103］叶渭渠．日本文学思潮史［M］．北京：北京大学出版社，2009．

［104］叶渭渠．日本小说史［M］．北京：北京大学出版社，2009．

［105］叶渭渠．日本文化史［M］．北京：北京理工大学出版社，2010．

［106］余英时．中国文化的重建［M］．北京：中信出版社，2011．

［107］张艳华．新文学发生期的语言选择与文体流变［M］．济南：山东大学出版社，2009．

［108］张小玲．夏目漱石与近代日本的文化身份建构［M］．北京：北京大学出版社，2009．

［109］张晓希，等．中日古典文学比较研究［M］．天津：南开大学出版社，2009．

［110］朱云影．中国文化对日韩越的影响［M］．桂林：广西师范大学出版社，2007．

［111］郑匡民．西学的中介：清末民初的中日文化交流［M］．成都：四川人民出版社，2008．

［112］周有光．孔子教拼音——语文通论［M］．北京：世界图书出版公司，2011．

［113］赵元任．赵元任语言学论文集［M］．北京：商务印书馆，2002．

［114］钟叔河．周作人文类编7：日本管窥［M］．长沙：湖南文艺出版社，1998．

［115］郭勇，孙文宪．"言文一致"与中国文学观念的现代转型［J］．新疆大学学报，2009（7）．

［116］何德功．梁启超的新文体和日本明治文坛中州学报［J］．中州学报，1987（2）．

［117］雷晓敏．日本"言文一致"与中国白话文运动［J］．天津外国语学院学报，2008（2）．

［118］李春阳．白话文运动的危机［D］．北京：中国艺术研究院，2009．

［119］李运博．梁启超在中日近代汉字词汇交流中的作用［J］．日语学习与研究，2006（2）．

［120］刘金举．日本"言文一致"运动再认识［J］．深圳大学学报，2006（5）．

［121］刘芳亮．近代化视域下的话语体系变革——中国"五四"白话文运动和日本言文一致运动之共性研究

[J]．解放军外国语学院学报，2004（3）．

[122] 沈迪中．巧合是怎样产生的——中国白话文运动和日本言文一致运动 [J]．辽宁大学学报（哲学社会科学版），1985（5）．

[123] 王芳．简论汉字在日本的变迁 [J]．北京大学学报（哲学社会科学版），1997（2）．

[124] 王平．语言重构的两种向度——日本言文一致运动与晚清白话文运动之比较 [J]．兰州大学学报，2009（2）．

[125] 魏育邻．"言文一致"：日本近代文学的形式起源——从历史主义到历史化 [J]．解放军外国语学院学报，2003（2）．

[126] 魏育邻．"言文一致"：后现代视阈下的考察 [J]．解放军外国语学院学报，2003（2）．

[127] 魏育邻．日本语言民族主义剖析——从所谓"纯粹日语"到"言文一致"[J]．日本学刊，2008（1）．

[128] 吴建华．鲁迅的语言文字观与日本语言文章发展之关系 [J]．比较文学研究，2006（3）．

[129] 杨英华，土屋富枝．日本の"言文一致"运动と中国の"口语文"运动との比较 [J]．日语学习与研究，1990（4）．

[130] 章毅，关冰冰．日本近代文学与"言文一致"运动 [J]．东北大学学报，2009（2）．

后　记

假如能用当下时尚的"穿越"二字形容我五年来的北大博士生的生活的话，那么，我体验到的"穿越"就是和隔代人相互为"真正同学关系"的、恐怕世间很少有如我这样幸运的人才能体验到的、作为最高学府的几乎年龄最大的学生的真实感觉，现在，我终于能够在临近毕业时、在年过半百之后告诉大家：本人或许是天下最最幸福的天生喜欢读书的人了。因此：

我首先要衷心感谢我的指导老师陈跃红老师。2008年入学的时候我已经46岁，算是被陈老师冒着风险破格录取的，陈老师帮我圆了我长久的北大之梦，但也正是因为陈老师当时这一有魄力的破格的选择，才使得我的北大五年的"老年学子"的学习生涯给陈老师增添了许许多多的"难题"和"麻烦"，使我们一同探索的这条学术的道路（尤其是在论文写作方面）充满了"惊险"和对未来结果的猜疑，但是，无论学术的旅途多么艰苦，也无论论文的命运如何"生死未卜"，陈老师始终都能保持师长和兄长一般的坚韧和耐心，始终鼓励我在"前方不明"的境遇中坚持和坚定。陈老师的每次指导对我最终能够完成论文都是极其精准的指南，我的论文大方向一直是在陈老师的准确而精练的教诲中确定的，这为我能最终将一个在整个过程中连自己都一直非常"疑惑"的课题以相对满意的结果终结创造了极为必要的条件，这也是我能将日本"言文一致"这个课题作出来的根本保证。再谢陈老师之恩！

我其次应该感谢的是中文系比较文学所所有的老师们：严绍璗老师、康士林老师、张辉老师、车槿山老师、张沛老师、秦立彦老师、戴锦华老师、王勇老师，是你们亦师亦友的真切情谊和严谨认真的学术态度以及几年来在整个培养过程中的严格把关和热心专业的指导，将我这个在学术上"半路出家"的、极其不规范的学生在不算长的时间中引入学术的殿堂，并让我一步步走上专业研究的正路，没有几年来老师们在中文系五院会议室那么多次的循循善诱和专业水平极高的批评和引导，我绝不能在如此短的时间内（虽然比别的同学多了一年）领悟到学术的"真谛"，也根本不可能完成最后的博士论文，在此，向你们鞠躬并衷心表示敬意！

我还要感谢外系的老师们，比如哲学系的冀建中老师、日语系为我写开题论证书的李强先生，你们的无私帮助令我难以忘怀！

我接着要感激的所有比较所的"小同学"们、感谢邹赞和魏然，尤其是要感谢同一"师门"的小师兄和师弟师妹们，他们是李根硕、钟厚涛、安宁、范晶晶、杨果、孙凌钰、胡根法、靳成诚、李树春，我虽然不生活在校内，但你们是我与北大连接的桥梁，你们替我分担了许多本来我应该做的工作，你们为与校内联系不及时方便的我提供了无以计数次数的帮助（尤其是安宁小同学！），使得我能够用更多的时间进行论文的写作，再次，请接受老大哥的一拜！

当然，让以上所有能够实现的是我的至亲，我两位年过八旬的父母——即便父亲已经"老迈"得连"博士"二字的意思都模模糊糊了；我更不能忘记虽然充满了焦虑却始终不干扰我在家中长时间"闭门造车"（写论文）的老妻，以及去年刚刚变为北京理工大学学生的我的女儿——她实在向她的室友们解释不清她的老爸的真实职业究竟是什么，而且她最怕同学们问你的父亲为什么至今还没有大学毕业……

　　感谢对本论文写作提供过热忱帮助的北京语言大学刘丹老师、赵雪梅老师、周婉梅老师、冯会茹老师；感谢 2010年同赴日本金泽大学访学的邵燕君老师和北大中文系的小同学们；感谢金泽大学乐于助人的大泷幸子教授、杉山欣也教授；感谢时常就论文课题和我切磋讨论的老同学季元宏……

　　最后，我要感激这个几乎一切都在想到后会有实现的可能性的我们这个激情似乎永远也燃烧不尽的伟大的时代，她让我在年过五旬之后终于能在被人称呼为"齐博士"（而且是北大的）的梦想之路上，已经非常地接近终点线了……

齐一民 草写于论文答辩之前

2013 年 5 月 25 日，星期六